ESTHER TUSQUETS

Confesiones de una vieja dama indigna

BRUGUERA

Barcelona · Bogotá · Buenos Aires · Caracas · Madrid · México D.F. · Montevideo · Quito · Santiago de Chile

1.ª edición: noviembre 2009

para el sello Bruguera
Bailén, 84 - 08009 Barcelona (España)
www.edicionesb.com

Printed in Spain
ISBN: 978-84-02-42106-7
Depósito legal: B. 34.792-2009

Impreso por LIBERDÚPLEX, S.L.U.
Ctra. BV 2249 Km 7,4 Polígono Torrentfondo
08791 - Sant Llorenç d'Hortons (Barcelona)

ESTHER TUSQUETS

Confesiones de una vieja dama indigna

1

Las viejas damas indignas no se confiesan

Tal vez sería más exacto decir que las viejas damas indignas no debieran confesarse, ni explicarse, ni justificarse, ni dar testimonio ni dejar memoria de nada. Sin embargo, aquí estoy yo, empezando mi tercer libro de memorias. Seguramente no he alcanzado todavía el grado de insumisión suficiente para sentirme liberada de un tipo de compromisos contraídos mediante tramposas coacciones, ni para ingresar, como a veces me gustaría, en la cofradía de viejas damas indignas. Porque a mí no me ha atraído nunca especialmente el género memorialista. No me interesa demasiado la realidad en sí, narrada tal cual fue o tal como el autor la recuerda; prefiero la realidad metamorfoseada en historias, elaborada. No me interesan demasiado los paisajes —salvo el mar, siempre cambiante y vivo—, antes de que haya intervenido en ellos de algún modo la mano del hombre. Jorge Herralde quedó estupefacto cuando afirmé, muy seria, que *Correspondencia privada* —una novela desarrollada en cuatro cartas y un epílogo, que él iba a editar en Anagrama— no era propiamente un texto autobiográfico. Sí lo era en gran parte, claro, pero mantenía vivo el juego entre la realidad y la ficción, permitía los equívocos, las insinuaciones, la ambigüedad, la duda, incluso la mentira...

Mi primera inmersión en el género tuvo lugar hace cuatro años, cuando escribí *Confesiones de una editora poco mentirosa.*

«No estoy segura —digo en el prólogo— de quién es el responsable de que yo esté escribiendo ahora las líneas iniciales de un libro que siempre creí no iba a escribir jamás. En primer lugar, porque temía careciera de suficiente interés para quienes no pertenecían al mundo de la edición, y, en segundo lugar, y era la razón concluyente y definitiva, porque no me apetecía. Y, sin embargo, aquí me tenéis, pese a mi fama de mujer dura, que hace siempre lo que se le antoja —¡ya me gustaría que fuera siquiera a medias cierto!—, tecleando el comienzo de un libro que siempre dije, y me dije, que no iba a escribir, un libro sobre mis experiencias profesionales.»

Pero, en aquel caso, era fácil localizar al responsable. Milena, mi hija mayor. Los hijos —tengo dos—, esos seres peculiares por los que una piensa que ha hecho mucho —teniendo en cuenta el grado de egoísmo que en sí misma reconoce—, auténticos gestos heroicos y otros de una delicadeza y sensibilidad infinitas, y que lo han aceptado con absoluta naturalidad, convencidos de que se les debe esto y mucho más, de que se les debe todo, y de que no hay motivo alguno para la reciprocidad, no es un camino de ida y vuelta, es un camino de dirección única. Los padres debiéramos tenerlo muy pronto aprendido y aceptado, pero no es así. Y le sorprende a una durante bastante tiempo descubrirse ante ellos rendida casi de antemano, aunque intente inútiles gestos de protesta, pues los hijos son, al menos para mí, y eso sí lo descubres pronto, irrenunciables. Puedes romper con tus padres, con tus maridos, con tus amantes, incluso con tus mejores amigos, pero no puedes romper con tus cachorros, y eso te deja inerme entre sus manos, y causa cierta molesta irritación. Afirman que hay familias donde los hijos se desviven por sus padres, en que éstos se enorgullecen de lo bien que han ejercido sus funciones, y en que todos se aman de manera entrañable, en que nunca han surgido conflictos graves, ni se han dicho esas frases terribles que he cruzado con mis padres y con mis hijos, de una crueldad tan refinada como sólo puede darse entre aquellos que se aman mucho y dependen sin remedio unos de otros. Hay casos distintos al mío... y esas madres admirables no se convertirán nunca, como yo, en viejas damas indignas o irrespetuosas, sino en ancianas venerables y mimadas.

Decía que la responsable de que escribiera *Confesiones de una editora poco mentirosa* fue Milena. Una noche, en una cena de cuatro o cinco amigos, cuando, para animar una sobremesa que languidecía, naufragando en silencios insoportables, meciéndose ya junto al terrible abismo del hastío —ni que decir tiene que el aburrimiento es el peor castigo para las viejas damas, conscientes de que les queda poco tiempo y en absoluto dispuestas a desperdiciarlo con nadie—, me lancé desesperada a contar historias, centradas, aquella noche, en mi vida profesional. Los invitados rieron mucho y escapamos, al menos por un rato, al letal abismo del hastío.

—Mira —me dijo Milena (que había debutado hacía poco como editora, dirigiendo una pequeña empresa en la que participaban mi hermano Oscar y un par de amigos, que pretendía repetir otra vez el milagro de Lumen, y que Ana María Moix había bautizado RqueR, lo cual implicaba para mi hija, gajes del oficio, vivir como editora todas las horas del día y soñar con libros la mayor parte de la noche)—, quiero que escribas esto para mí. No unas memorias solemnes, donde hables de los grandes problemas de la edición, sino esas pequeñas anécdotas que constituyen la vida cotidiana de una editorial y que, si las cuentas tú, resultan tan divertidas, incluso para personas que nada tienen que ver con los libros.

—Confesiones de un pequeño editor —apostillé, pensando en Azorín—, y tal vez podríamos añadir «poco mentiroso».

Y en cuanto lo dije supe que estaba perdida.

No sólo porque Milena se precipitó a anotar el título, como si se tratara de un encargo formal y no de una charla de sobremesa, en el bloc que tenemos siempre junto al teléfono —donde sigue figurando en primera página y en solitario, porque nunca escribimos allí nada: seguimos apuntándolo todo en el primer papel que encontramos a mano y que nos apresuramos a extraviar, o en el margen del periódico, que la asistenta tirará a la basura indefectiblemente en cuanto llegue a la mañana siguiente, aunque la casa rebose de números más viejos—, sino porque ponerles nombre a las cosas equivale a dotarlas en cierto modo de entidad.

Además el título me gustaba. En muchas ocasiones he dejado el título de mis libros para el final y he aceptado agradecida sugerencias ajenas. De no ser por José Batlló, *El mismo mar de todos los veranos* se hubiera llamado *Y Wendy creció*, último capítulo, tristísimo, de *Peter Pan* (se me ocurre que convertirse en vieja dama indigna es un intento tan válido como otro cualquiera de evitar el desastre, porque ellas, por muy viejas que sean, no han conseguido o no han querido crecer, y tienen más probabilidades de visitar de vez en cuando el país de Nuncajamás), y debo el título *Con la miel en los labios* a mi amigo y editor Jorge Herralde. Y advierto desde ahora que cuando escribo «amigo» hay que tomarlo al pie de la letra, pues si la editora que fui era poco mentirosa, las viejas damas indignas en cuya cofradía me gustaría ingresar no mienten casi nunca, o mienten únicamente por diversión, pues mentir es fatigoso, requiere una inventiva y una memoria para las que son demasiado perezosas, y, por otra parte, la amistad es una de las pocas cosas que siguen tomando relativamente en serio, y tienen además la certeza de que es rara y poco frecuente (¿a qué se referiría Matilde Urrutia al declarar que su marido, Pablo Neruda, había tenido miles de amigos?, ¡hay que guardarse de las viudas de los genios, damas con frecuencia demasiado respetables y sin esta pizca de indignidad, esa mínima capacidad para el humor, ese cachito de sentido de la proporción y del ridículo, que las haría incluso simpáticas!).

En otras ocasiones, pocas, he escrito un texto tomando como punto de partida un título que me fascinaba, como es el caso de «La niña lunática», un bonito dibujo de Kokoschka, que me brindaba además la oportunidad de utilizar para la cubierta la imagen de aquella muchachita desmadejada e inquietante.

Confesiones de un pequeño editor me gustaba también por el calificativo «pequeño», pues no se trataba de falsa modestia, ni de que Lumen, por razones ajenas a nuestra voluntad y frustrando posibles sueños de grandeza, se nos hubiera quedado chica. De hecho hubiéramos podido, al menos en dos ocasiones —con los cuadernitos de *Mafalda* y con las novelas de Umberto

Eco—, dar el salto y convertirnos en una empresa mucho mayor. Pero debe de ser en mí una manía esta obsesión por no crecer...

De modo que, hace ya tres años, escribí el libro que nunca creí que escribiría (el primero de ellos, pues habría más). Porque me lo pidió mi hija para una editorial que acabábamos de iniciar, y yo, que sabía lo difícil que es salir adelante en esta profesión y lo improbable de que un milagro se repita dos veces, estaba dispuesta a hacer cualquier cosa por ayudarla; porque me gustó lo de «pequeño editor», entendido más que como limitación económica como opción ideológica; porque me sentía incómoda cada vez que veía el título en el bloc del teléfono. Y de hecho la jubilación me había dejado mucho tiempo libre, y trabajar crea, incluso en una persona tan dada a la vagancia como yo, un hábito al que es difícil sustraerse y que puede terminar convirtiéndose incluso en una peligrosa adicción.

Se editó por fin con otro título, porque a mi hermano Oscar, al que hago mucho caso desde niña —a pesar de llevarle casi cinco años—, porque es un tipo a menudo insoportable pero que suele tener razón, no le gustaba ni pizca lo de «pequeña», le parecía inadecuado y la relación con Azorín irrelevante —¿qué pintaba Azorín en aquella historia?—, y en cambio le encantó lo de «poco mentirosa», que dije un día al azar, sin convencimiento alguno.

Se editó, pues, con el título de *Confesiones de una editora poco mentirosa*, gustó más de lo que yo esperaba, se hicieron dos ediciones, y después Milena y yo nos vimos obligadas a vender nuestra parte de RqueR. Y eso sí puso punto final a mi larga experiencia de editora, de la que en ningún momento posterior, por sorprendente que parezca, por sorprendente que a mí misma me parezca, he sentido nostalgia.

Había decidido, dije al principio, no escribir nunca mis memorias, ni profesionales ni personales. Y, sin embargo, apenas terminar *Confesiones de una editora poco mentirosa*, me vi inmersa en otro texto inequívocamente memorialista (ya la palabra en sí me desagrada). Si pretendo citar responsables, habría en esta ocasión dos, uno lejano e insistente, y otro reciente y puntual. El lejano, la profesora Nora Catelli, vieja y querida amiga (insisto en que nunca utilizo esa expresión en vano) argentina, residente en España desde hace más de treinta años, cuando tuvo lugar el éxodo masivo huyendo de la dictadura de Videla, estudiosa de literatura, profesora en la Universidad de Barcelona, un poco niña mala en ocasiones, un poco perversa, deliberadamente perversa, una coquetería más en una mujer que es y se sabe atractiva, un poco repipi a veces, pocas, siempre inteligente y siempre haciendo gala de un personal y estupendo sentido del humor, extraordinaria amiga de sus amigos (creo que los españoles no podemos rivalizar con los de su país de origen, los que compartieron con ella la juventud y los años de universidad en Rosario, y en algunos momentos me siento, sin motivo, celosa y discriminada), tanto que se puede confiar en ella a ciegas, o casi. Nora llevaba años insistiendo en que debía escribir mis memorias, y yo diciendo que no, que había decidido...

La segunda responsable, en este caso involuntaria, sería Marta Pessarrodona, que aparecerá con frecuencia en este libro. Somos amigas —hemos sido amigas sin interrupciones, aunque haya habido temporadas en que nos hemos visto con menor frecuencia— desde hace más de cincuenta años. Y en estos cincuenta años ha cambiado (aunque tal vez ella no lo considere así) muy poco. Es una *lletraferida* (letraherida) ejemplar, de manual, a tope. Marta todo lo es a tope. Lo suyo es la desmesura, ignora los términos medios. Las cosas y las personas no le gustan, la apasionan; tiene opiniones tajantes sobre casi todo («opinionada» la llamaba Joan Ferraté, uno de los personajes siniestros en su vida, tal vez el que, sin motivo ninguno, le ocasionó más daño), siempre acaba de hacer un descubrimiento maravilloso y siempre tiene en marcha un proyecto fascinante.

Decidió un día, hace mucho, renunciar a la reconfortante seguridad de un empleo y lo ha cumplido (hay personas, ¡qué envidia!, capaces de cumplir lo que deciden). Nunca a partir de entonces ha tenido jefes ni horarios; ha trabajado seguramente más, pero a su aire, en traducciones, libros de ensayo, conferencias, congresos, siempre en actividades literarias, y con especial empeño en su obra personal como poeta. Un día remoto me citó en nuestro bar habitual para comunicarme algo importante: había decidido cambiar de lengua y pasar a escribir en catalán. Quedé estupefacta. Y, sin embargo, no se trataba de un caso aislado. Fueron muchos los jóvenes más o menos de su generación que abandonaron una lengua hablada en medio mundo y que era la que habían aprendido —no sólo la enseñanza, sino los libros en su casi totalidad, la prensa, la radio, el cine, la incipiente televisión, todo era en castellano— para someterse al duro aprendizaje de una lengua de la que únicamente conocían el uso familiar y coloquial, y que tenía una difusión muy inferior. Es una actitud que se me hace difícil comprender, que no se me ha ocurrido en ningún momento imitar, pero que me inspira —a mí, tan irrespetuosa— un profundo respeto. Si tenemos en cuenta que

Marta, además de decidir escribir en catalán y de renunciar a la seguridad de un empleo, ha renunciado también a las indudables ventajas de vivir en pareja, son ya tres las razones que me la hacen admirable.

Aquí me referiré sólo a un breve incidente que está en el origen de mi segundo libro de memorias. En una de las fiestas que da con cierta frecuencia en el jardín de su casa de Sant Cugat, se habló de nuestra Guerra Civil, y Marta afirmó, con la seguridad que pone siempre en cuanto dice: «La guerra la perdieron, o la perdimos, todos.» Yo protesté que no. Y enseguida pasamos a hablar de otras cuestiones. Pero luego, más tarde, estuve dándole vueltas a la idea, y recordando mi infancia, recordando cómo era, o cómo había vivido yo, la Barcelona de los años 40 y 50, y considerando lo mucho y bien que se había novelado la posguerra desde el bando de los vencidos y lo menos y peor desde el bando de los vencedores. Y se me ocurrió que algunas de las cosas que había vivido yo —niña burguesa, hija de padres franquistas, sobrina de monseñor Tusquets (que había jugado un papel importante en el «alzamiento» y era amigo del Generalísimo), alumna del Colegio Alemán en la etapa más exacerbada del nazismo— podían tener interés para otros.

En *Habíamos ganado la guerra* no me propuse en primer lugar contar mi historia personal —también lo hago, claro, pero tal vez haya más de mí, sea más fácil encontrarme, en mis novelas que en este libro—, sino reflejar el ambiente de unos años, de una ciudad, de una clase social, visto por una niña y por una adolescente que pertenecía al grupo de los privilegiados, de los vencedores, pero que tuvo desde la infancia la incómoda sensación (compartida, he ido descubriendo después, por bastantes otros niños que vivieron las mismas circunstancias) de que algo no funcionaba, de que algo no encajaba, de que el mundo que la rodeaba no era precisamente el mejor de los mundos.

Habíamos ganado la guerra se editó hace dos años, cuando RqueR había dejado de existir (el milagro de Lumen no se repitió por segunda vez: los milagros son poco frecuentes y dios no los prodiga entre viejas damas indignas de ellos, que ni siquiera creen que, caso de existir, se interese por los problemas de esas hormiguitas tontas que debió de crear en un momento de torpeza y aburrimiento). Mi editor era Herralde. Es sin duda un gran editor, tiene viva en su catálogo la casi totalidad de mi obra, la relación profesional ha sido buena, y, por otra parte, me parece equivocada la tendencia de muchos autores a ir cambiando caprichosamente de editor, casi siempre para conseguir un anticipo más alto. Y, sin embargo, en una decisión repentina, di el libro a Editorial Bruguera. Ni para ganar más dinero, ni para vender más. Sencillamente la dirigía desde hacía relativamente poco tiempo Ana María Moix, a la que me une desde hace cuarenta años un amor incondicional, a la que debo muchísimo y para quien, sin duda, mi libro tenía una importancia mucho mayor que para Herralde, que había alcanzado la cima del éxito, del prestigio, de la fama, y atesoraba en su catálogo un elenco de autores impresionante.

Con *Habíamos ganado la guerra* ocurrieron dos cosas para mí inesperadas. La primera fue el éxito. Nunca, desde *El mismo mar de todos los veranos*, se habían vendido de un libro mío tantos ejemplares. «Me entero de que tu libro va por la cuarta edición —me escribió Oscar, mi hermano—. Me alegra y me sorprende, pues no pensaba que tía Blanca y monseñor Tusquets pudiesen interesar a tanta gente.» Y yo tampoco. La segunda sorpresa fue que había creído escribir un texto provocativo, y estaba preparada para afrontar el enfado de parte de mi familia y las airadas protestas de la burguesía de mi ciudad, esa burguesía bienpensante y pacata que pretende no haber sido nunca franquista. Pues no. Si algo dijeron mis parientes, fue en todos los casos positivo. (Tal vez los que disentían optaron por callar.) Ni siquiera la sugerencia de que los Tusquets pudiéramos ser medio judíos les movió un pelo. Y en cuanto a la «gente bien», a los más pijos de mis amigos, les encantaba encontrar en mi libro su propio pasado, y lo que más les divertía era reconocer a sus amigas o parientes o conocidas de entonces en las chicas de la fotografía de la cubierta, el Salón de los Espejos del Liceo, el Tontódromo.

Y este pequeño éxito hizo que los lectores, la prensa y los editores pidieran con insistencia una segunda parte de *Habíamos ganado la guerra.* Me parecía imposible. Han alabado el «valor» que muestro en aquel libro. No merezco tal alabanza. No se requiere excesivo valor para narrar —con total veracidad y citando nombres— historias lejanas, cuyos protagonistas han muerto hace mucho. Ya he dicho que los elementos provocativos del libro han caído en el vacío y no parecen haber ofendido a nadie. En la segunda parte, escrita con el talante de la anterior, tendrían que aparecer personajes vivos, muy próximos a mí. De algunos habría que revelar aspectos denigrantes, ofensivos, o que sencillamente prefieren mantener en secreto. Y en cuanto a las historias eróticas o amorosas que he vivido, puedo contar sin rebozo lo que a mí concierne, pero ¿tengo derecho a revelar la intimidad de otros? Ni siquiera en mi actual situación de vieja dama irrespetuosa, que pasa de casi todo, me sentía, ni me siento, capaz de algo así.

Sin embargo, me han propuesto también reeditar *Confesiones de una editora poco mentirosa*, ampliando la versión anterior. Es cierto, y me lo ha dicho gente muy diversa, que el libro es demasiado breve; que omito acontecimientos importantes; que es benévolo y respetuoso en exceso. Comentó Beatriz de Moura que la experiencia editorial no había sido tan fácil y feliz como yo la describía, que hubo momentos malos, desagradables, durísimos, que parezco haber olvidado. Tienen razón. *Confesiones* no es en absoluto un libro revanchista, ni un libro que pretenda poner al descubierto las lacras miserables del mundo del libro. No es un ajuste de cuentas. La crítica que me permití era muy leve. Dije mucho menos de lo que hubiera podido decir. Creo que me pasé de discreta, fiel a ese papel de «gran señora de la edición» que me atribuía, con cierta dosis de respeto y admiración y grandes dosis, me temo, de sarcasmo, Carmen Balcells. Pero ya no soy (si es cierto que lo fui alguna vez) la gran señora (o la insigne mema) de la edición. Soy una humilde y aplicada aprendiz de vieja dama indigna, lo cual amplía mi margen de libre desenfado.

También es cierto que personajes inefables, extraordinarios, sorprendentes, a veces muy queridos, no están ni esbozados, a veces ni citados siquiera, en *Confesiones de una editora poco mentirosa.* Por otra parte, mi vida profesional no terminó el día que dejé Lumen. Y no hace falta subrayar que mi vida personal no terminó —estaba sólo empezando— la noche que en un pueblecito del Pirineo Aragonés decidí romper con Falange, como había roto con la Iglesia; decidí no afiliarme nunca más a nada, y supe definitivamente que, me aceptaran o no en sus filas, yo pertenecía al bando que había perdido la guerra.

Tanto en el campo profesional como en el personal, la vida ha proseguido su curso, hasta llegar casi a su fin. He crecido, he descubierto personas nuevas, mundos nuevos, he pasado por experiencias que nunca sospeché, he conocido modalidades de amor que ni imaginaba. La última es el amor que se siente por los nietos, que suele coincidir con el momento en que constatas de verdad, hasta el fondo del alma —y tratas de aceptar desde el fondo del alma—, que los hijos o los nietos no son algo tuyo, que tienen su propia vida, en la que ocupas a menudo un espacio reducido.

He seguido escribiendo, formando parte de jurados literarios, colaborando con editoriales. Y, en fecha muy reciente, me he visto involucrada sin comerlo ni beberlo (o al menos sin conciencia ninguna de comerlo ni beberlo) en un asunto tan feo, tan sucio, tan lastrado de mentiras y de prepotencia y de hipocresía, que siento la imperiosa necesidad de contarlo entero, sin tapujos, no por lo que a mí personalmente me haya perjudicado, que tampoco ha sido tanto, sino porque me escandaliza que aquí y ahora, entre personajes destacados de mi ciudad, puedan producirse atropellos y abusos de influencias y de poder que creí relegados al pasado. Alguien tiene que contarlo. Y me ha tocado a mí.

Y, por último, en esta etapa final, he constatado definitivamente que la vida humana no parece tener mucho sentido —y, si lo tiene, escapa a nuestra comprensión, que viene a ser lo mismo—, que la vida es un disparate, que es cierto que los hombres mueren (todos) y que (la inmensa mayoría) no son felices, y, lo que es peor, que no entendemos lo que nos está ocurriendo, pero sabemos que ocurre algo que no entendemos: al contrario del resto de los animales, el ser humano es lo bastante listo para plantearse las grandes, las eternas preguntas, pero no para hallar respuesta a la más insignificante de ellas, lo cual resulta como mínimo irritante. Tal vez exista algo parecido a lo que llamamos dios, pero de ser así, yo le imagino en otra nebulosa, absolutamente ajeno a esos ridículos hombrecillos fatuos que creó en un mal momento —también los dioses se aburren las tardes de los domingos— y que no pueden pretender ni en sueños hablar con él de tú a tú todas las noches.

Y, sin embargo, me alegro de haber nacido, y, aunque la vida que llevamos los hombres en el planeta Tierra sea (para unos más que para otros) loca, entendí muy pronto que no iba a disponer de otra y que lo mejor sería devorar ésta con glotonería, ávida de todos sus sabores, de todo cuanto pudiera ofrecerme, que ha sido mucho. A veces siento tentaciones de sumar mi voz a la de Violeta Parra, pero me da corte dirigirme en esos tonos de loa y gratitud a una señora, la vida, a la que no me han presentado. Si, cosa que no creo, soy consciente en el momento de mi muerte de que me estoy muriendo, me reconfortará pensar que nada me he perdido por prudencia o pereza, que le he arrancado a bocados a la vida —a las buenas o a las malas, y algunas veces a un precio exorbitante, por eso me siento exonerada de darle las gracias— cuanto ha puesto a mi alcance.

Y ahora, en este tercer libro de memorias, que sí tendrá que ser forzosamente el último, porque el cuarto consistiría en memorias de ultratumba (y para alguien que como yo aborrece el género sería de veras excesivo), voy a contar alguna de mis historias, omitiendo, qué pena, por demasiado indiscretas, o enmascarándolas un poco, algunas de las más sabrosas.

Para mí significará volver a vivir lo que aconteció desde mi primera juventud hasta hoy, recuperar mi tiempo perdido, y tal vez, aunque ni mi hermano ni yo entendamos por qué, si a los lectores les resultaron interesantes las historias que cuento en *Habíamos ganado la guerra* (como la de nuestra abuela paterna, que iba para monja y fue atrapada en una boda de conveniencia —era «una Milá» pero al mismo tiempo una pobre huerfanita—, o la de nuestro abuelo, banquero judío, que consiguió una novia guapa, virginal y de excelente familia, y tuvo, según mamá, un turbio y bodevilesco final en París, o de nuestro tío monseñor, que participó en la revuelta franquista, o, por parte materna, de mi abuelo masón, mujeriego, progresista , librepensador, o de tío Víctor, el nazi de opereta, que tenía en su casa un pequeño museo dedicado al Führer), tal vez también les gusten las que voy a contar a continuación. Historias de familia que reflejan lo que fue, durante una larga etapa, una clase social determinada, la burguesía barcelonesa, o al menos la visión personal que yo tuve y guardo de ella. En esto debe de consistir —si es que lo tienen— el interés de mis memorias.

2

Mi honorable familia al terminar la década de los 50

Siempre, desde pequeña, me habían gustado apasionadamente los libros. Quizás sería más exacto decir que siempre, hasta donde alcanza mi memoria, me habían apasionado las historias: los fantásticos cuentos de mi madre y sus hermanas, tres narradoras de excepción; los truculentos dramas que se chismorreaban en la cocina y en el cuarto de la plancha, y que me fascinaban y aterraban, aunque casi nunca los terminara de entender; los inefables seriales radiofónicos de los años 40; las películas, que entonces, antes de la televisión, los vídeos e internet, eran la puerta grande abierta al mundo de la fantasía. Pero sobre todo me apasionaban los libros. Leía, desde que aprendí a leer, a todas horas y en todas partes, con un fervor que no he recuperado en ninguna otra etapa de mi vida. Y que ahora he terminado por perder. Me comparaban con la niña de una película, creo que de Capra, una chiquilla con gafas y coletas, que ni para contestar al teléfono soltaba el libro que tenía entre las manos. Y las más convencionales de mis tías me aconsejaban que no leyera tantos libros, porque a los hombres no les gustaban las chicas muy leídas y no iba a encontrar novio cuando fuera mayor.

Pero ya en la universidad, en la Facultad de Filosofía y Letras, no me matriculé en la especialidad de Hispánicas, sino en Historia. Quería que los libros siguieran siendo puro placer, no un objeto de estudio, ni nada relacionado con el trabajo. No me atraía ser profesora de literatura, crítica literaria, sesuda hispanista. Y entrar en el mundo de la edición ni me pasó nunca por la imaginación. Los libros sólo me interesaban para leerlos o, tal vez, para algún día escribirlos.

Yo había pasado una infancia y una adolescencia difíciles —no exentas de paréntesis de intensa felicidad—, centradas en una complicada relación con mi madre, conflicto por lo visto insoluble, porque todavía hoy, cuando lleva años muerta, lo arrastro conmigo, y a veces pienso que el único tema de mi escritura es ella, y que todos los grandes amores, las grandes pasiones, se han desvanecido, han sido, unos más y otras menos, olvidados, pero mamá sigue presente y las heridas que, tal vez sin saberlo ni quererlo, abrió, siguen sangrando, escociendo, doliendo, como si haber alcanzado el magnífico grado de vieja dama irrespetuosa, que me hace inmune a casi todo, no sirviera en estos lances para nada, y, al pensar en mi madre, al recordarla, me viera reducida de golpe a mi condición de adolescente tímida, insegura, siempre mendigando —mendigándole a ella— un cariño del que no me sentía segura, con la eterna pregunta colgando estúpida de mis labios, «¿tú me quieres, mamá?».

Durante años me pareció una historia diáfana: yo había tenido una madre en muchos aspectos extraordinaria, a la que adoré de niña, y de la que aprendí a amar casi todas las cosas que han llenado mi vida —los animales, el mar, los libros, la pintura—, pero que no me quiso, o no me quiso lo bastante, o no me quiso del modo en que yo necesitaba ser querida, o no supo mostrar que me quería. De modo que creó en mí una terrible inseguridad, a base muchas veces de pequeñas frases en apariencia inocentes y hasta bien intencionadas. Durante mucho tiempo, pues, pensé en mi madre como en la mala de la película y en mí como en una pobre víctima bastante tonta. Infeliz niñita a la que no la quería su mamá, y que le decía esas maldades demoledoras que se lanzan las parejas cuando empiezan a desear en secreto minar la autoestima del otro.

Su muerte no me afectó demasiado, por lo menos no en el momento en que se produjo ni en los años siguientes. Ha tenido que pasar mucho tiempo, mucho, para que me descubriese un día echándola en falta, y ahora me pregunto a veces si, después de tanto pelear, no la habré querido siempre. En parte no me apenó su muerte porque los últimos años, sobre todo después de que muriera mi padre (¡tantos años siendo para ella un estorbo y fue a desaparecer cuando más le necesitaba!), se había abandonado a una vida miserable. No disfrutaba de nada ni la alegraba nada. No quería ver apenas a nadie. No se vestía y había que insistir para que se bañara. Sólo salía a la calle para las visitas al médico que le trataba el parkinson. Y todo a su alrededor, el piso entero, estaba sucio, roto, feo. Los relojes, algunos muy hermosos, que habían sido una de sus pasiones, se habían parado; imposible entender que ninguna de las personas de servicio que pululaban por allí les diera cuerda. La moqueta estaba raída y olía a pis de perro, casi ninguna de las numerosas figuras de porcelana seguía entera, y los tapetes y cortinas y sábanas habían sido agredidos algunas noches de insomnio tijera en mano. Cualquiera sabe por qué. Mi hermano estaba convencido de que se debía a una prematura senilidad, pero yo no lo veía claro. Muchas de las maldades que decía con aparente ingenuidad podían ser deliberadas. Su acre y amargo sentido del humor se había acrecentado: si la vida le había parecido desde siempre injusta y aburrida, ahora tomaba su enfermedad como un agravio personal que se negaba a aceptar.

Los dos hermanos íbamos a comer con nuestra madre un día fijo a la semana, y a Oscar le horrorizaba. Cuando salíamos y bajábamos juntos en el ascensor, iba repitiendo en voz baja, sin mirarme: «Es terrible, es terrible, es terrible.» Nunca ha soportado la sordidez, el dolor, la enfermedad, la estupidez, la fealdad. El mero olor de una clínica le mareaba. En el fondo se parece bastante a su, a nuestra, madre.

Pero todo esto ocurriría muchísimo después. Al terminar la década de los 50 mi madre era una mujer deslumbrante. Distinta. Tenía un cuerpo maravilloso, unas piernas interminables, de esas que Umbral llamaría líricas, unos pechos quizás un poco excesivos pero todavía firmes, unos ojos claros y relampagueantes, las manos más bonitas que he visto jamás. No era propiamente guapa, pero lograba que a su lado la belleza establecida como tal resultara anodina, casi vulgar. Ajena a la moda, la inventaba. Era la única señora que usaba zapatos planos, que llevaba las uñas sin pintar, que usaba apenas maquillaje. Me encantaba acompañarla al sastre, al peluquero, y sobre todo a la sombrerera, exiliada de un país del Este y envidiada propietaria (envidiada por mí, claro) de dos perros grandes, feroces y bellísimos, que, entre todas las clientas, sólo se dejaban acariciar por mi señora madre.

Mi señora madre conseguía además, creo que sin proponérselo, aceptar lo que los otros le daban como si fuera ella quien les estuviera haciendo un favor. Me dejaba pasmada. Por ejemplo, cuando llegó la época en que la divirtió hacer criar a nuestras perras, y había que vender algunos cachorros, yo lo hacía muerta de vergüenza, siempre con la mala conciencia de poner un precio excesivo. Mi madre cobraba el doble, se consideraba generosa, y el comprador quedaba agradecido por el privilegio de haber sido elegido como propietario de aquel bicho excepcional. En definitiva, mamá le estaba haciendo un favor vendiéndole un cachorro. Todo maravilloso. Si no hubiera formado parte de una generación —múltiples generaciones— de burguesa, entre las que ocupaban un lugar destacado la frustración y el aburrimiento.

Las mujeres obreras tenían muchos problemas reales que afrontar, llevaban una vida demasiado achuchada para tomarse todas las mañanas la temperatura emocional y averiguar si estaban hundidas y anuladas, resignadas a su suerte, o si quedaba en ellas algo de la furia que durante tres años las había mantenido en pie de guerra. Luchaban por sobrevivir, junto con sus familias, y no debían de tener muy claro que fuera preferible morir de pie que vivir de rodillas. Claro que lo que escribo son meras suposiciones, no responden a ninguna experiencia personal, porque las muchachas burguesas de la posguerra no conocíamos a un solo obrero. Vivían en otros barrios, que nosotras no pisábamos, frecuentaban otros lugares, otras escuelas.

En cierta ocasión, una profesora del colegio organizó una obra benéfica en la que colaborábamos todas las niñas de mi clase. Se trataba de confeccionar una canastilla para un bebé que iba a nacer en breve y cuya familia estaba en una apurada situación económica. Lo especial del caso residía en que la canastilla la íbamos a llevar nosotras personalmente. Era la primera vez que yo pisaba una casa de verdad humilde. Pero no me impresionó lo siniestro de la escalera, la pobre luz que proporcionaban unas bombillas que pendían del techo, el frío glacial. Lo que me dejó confusa y avergonzada, lo realmente siniestro, fue la actitud de las dos mujeres que nos recibieron, sus reiteradas y excesivas muestras de gratitud, sus exclamaciones entusiastas ante cada chisme que sacábamos de la canastilla, su admiración por nuestra increíble generosidad, por lo buenísimas que éramos. Mi incomodidad llegó al límite cuando, al aparecer unas botitas que eran para un niño que tuviera como mínimo dos años, aseguraron que eran preciosas y que le irían de maravilla al bebé.

Los hombres de la burguesía sí mantenían casi todos, en razón de su trabajo, relaciones con la clase obrera, pero sus señoras, salvo en los centros de beneficencia (mi madre tuvo el buen gusto de no pisar nunca ninguno), sólo trataban con el servicio. Y el servicio doméstico —la doncella, la cocinera, el conserje, el chófer, la manicura, la costurera, la peluquera— tiene poco que ver con la clase obrera. Forman un mundo curioso, híbrido, desplazado. Tienen un trato íntimo con los señores, se mueven en su ambiente, escuchan sus conversaciones, aprenden sus modales, saben mucho, muchísimo, de nosotros, y es difícil calibrar los niveles de su odio y de su amor.

Mi madre siempre se llevó bien con las criadas. No se metía apenas en la marcha de la casa, no las reprendía, no despidió, que yo recuerde, a ninguna jamás. A una cocinera que estaba absolutamente desquiciada, hasta grados que hacían temer que cometiera un disparate, la sentó a su lado en el salón y la convenció de que la profesión que desempeñaba quedaba muy por debajo de sus posibilidades, de que era demasiado sensible, demasiado inteligente, demasiado culta para hacer de criada, y la chica, contentísima, agradecida y con su autoestima por las nubes, buscó y encontró enseguida trabajo en unos almacenes. Pero aunque las criadas, por su parte, parecían adorarla y todas salían de casa para casarse... no se fió nunca de este cariño. Pienso que, al contrario que la mayor parte de sus amigas, no veía motivos para que las personas que formaban parte del servicio doméstico estimaran a sus señores, cuando existían tantas razones para la envidia y el rencor. Por otra parte —la guerra estaba, a finales de los 50, todavía muy reciente— aquellas personas habían aprendido a callar.

Me parece que las mujeres de la clase media lo tenían mejor. Se ocupaban, a menudo con placer, del marido y de los hijos, trababan amistad con otras mujeres del barrio, cotilleaban, intercambiaban recetas de cocina y patrones de vestidos, seguían con pasión los consultorios sentimentales y los seriales de la radio. Los domingos las veía pasear con sus familias por el Tibidabo, viajar en las golondrinas del puerto, montar una merendola en el parque Güell. Y existían los cines de sesión continua, donde echaban dos películas y, entre una y otra, algunas veces había atracciones, de un mago, un payaso, una bailarina. Pagabas la entrada y podías quedarte todo el tiempo que quisieras, hasta que cerraban, aunque vieras las dos mismas películas toda la tarde. Yo iba algunas veces con las criadas o con la «señorita de los domingos», y me encantaba.

Por otra parte, tía Sara, hermana de mi madre, que desde niña tenía dos finalidades en la vida —la primera, hacer a los demás y hacerse a sí misma lo más desgraciados posible, y, la segunda, pasar de la opulencia inicial a la miseria—, y que tuvo el talento de realizarlas las dos, estaba cuando yo era niña y adolescente en la fase de su descenso social (arruinarse del todo le llevó su tiempo), que coincidía con la clase media, y, en sus funciones de parienta pobre, cuidaba por las tardes, cuando salíamos del colegio, de mi hermano y de mí. Tía Sara echó a perder buena parte de nuestra infancia, pero nos hizo conocer un mundo del que sin ella no habríamos tenido noticia, a base, entre otras cosas, de largas colas en la calle para las rebajas, viajes en tranvías atestados y cines de sesión continua.

Entre las mujeres de la burguesía catalana —de la que sí puedo hablar con cierta autoridad— se ha producido el mismo lamentable desperdicio de talentos, la misma pérdida de oportunidades de realizarse en el trabajo, de hacer en ocasiones obras importantes, que en el resto de las mujeres de todos los países y de todos los tiempos, y en la inmensa mayoría de los hombres. Imposible saber cuántos Einstein, cuántos Rembrandt, cuántos Cervantes, existieron en embrión en las tribus africanas, cuántos individuos que no aprendieron siquiera a leer habrían sido excelentes profesionales.

Pero lo que ocurría con las mujeres burguesas del siglo XX era un poco distinto, porque ellas, algunas de ellas, las más capacitadas, las más conscientes o inconformistas, sí lo sabían, o lo intuían, aunque casi nadie pusiera en duda que la profesión de la mujer era el matrimonio, que la peor desgracia era quedarse soltera y que hacer una exitosa carrera consistía en agenciarse un buen marido (o sea, un marido bien situado y a ser posible de buena familia).

Las mujeres de clase acomodada gozan, qué duda cabe, de enormes ventajas. Se ocupan, unas más y otras menos —los niños de la burguesía están casi siempre a cargo de las personas de servicio, y pasan más tiempo con la *nurse* o la *mademoiselle* que con sus padres—, de la casa y de los hijos. Uno —yo, por ejemplo— diría que no hacen nada, pero casi todas aseguran que van de cabeza, que no les llega el tiempo para lo que tienen que hacer. Me parece que su ocupación más laboriosa es revisar la cuenta de la compra y lidiar con las criadas. Además van con las amigas de tiendas, al cine, al teatro, a merendar; van con el marido y otros matrimonios a la ópera o a cenar. Y dedican muchas horas a vestir bien y a mantenerse guapas. Sin embargo, a pesar de todas sus ventajas, muchas de estas mujeres se aburren y se sienten en cierto modo frustradas. ¿Cómo explicar si no las jaquecas, las dolencias nerviosas o imaginarias, los brotes histéricos de muchas —no de todas, en absoluto de todas— de las amigas de mi madre?

Mamá es un caso extremo. Casada con un hombre al que no ama, se siente doblemente frustrada. La casa no le interesa, no revisa las cuentas de la cocinera, porque nunca ha sabido lo que vale un kilo de tomates, ni ha tenido la curiosidad de asomar la cabeza a un mercado. Carece del apasionante pasatiempo de pelear con el servicio. Pero aquello de lo que sí se ocupa lo resuelve bien y en unos minutos. Y sabe que hay otras cosas que hacer en la vida, que le habrían gustado y que habría hecho bien.

Al terminar la década de los 50, mi madre era la mujer con más talento —talento desperdiciado— y mayor descontento que yo conocía, y creo que nadie se ha aburrido tanto como ella se aburría y se seguiría aburriendo el resto de su vida.

Al terminar la década de los 50, yo, aparte de pelear con mamá, había terminado la carrera, había estudiado un año en el Instituto del Teatro y había participado en funciones de aficionados (todavía no había abandonado la idea de ser actriz: no recuerdo en qué momento la abandoné, igual no lo hice nunca y muero con ella); había comprendido que mi lugar no estaba entre los que habían ganado la guerra (muy lejos todavía el momento de convertirme en dama indigna y saber que no había lugar para mí en ninguna parte) y había tratado de integrarme, con entusiasmo pero sin éxito, en un catolicismo de izquierdas, y casi a continuación, todavía con mayor entusiasmo y mayor desencanto, en una Falange que también creí de izquierdas, y tras dos errores de tal calibre me había prometido, una noche de reflexión en un pueblecito del Pirineo Aragonés, tras una trifulca con el jefe del albergue falangista en que participaba, no afiliarme nunca más a nada. También me había enamorado varias veces, siempre con entusiasmo, de varios hombres y de algunas muchachas, y, como casi todas las universitarias de entonces, había terminado la carrera sin haber dejado de ser virgen. Las ideas morales imperantes y la ignorancia generalizada de los métodos anticonceptivos nos lo ponían difícil.

A finales de la década de los 50, había terminado yo, pues, la carrera, y acababa de morir el profesor Vicens Vives, lo cual eliminaba toda tentación de seguir en el mundo académico y dejaba en el aire mi futuro profesional. Debo reconocer, en honor de mis padres, que nunca creyeron que mi sexo me eximiera de trabajar ni que la única profesión de la mujer fuera el matrimonio, pero esto no impidió, sin embargo, y refleja cuál era todavía la mentalidad imperante, que ni se les ocurriera que yo quisiera entrar en la universidad. Cuando lo hice, el noventa por ciento de los alumnos de primero era femenino, y entre las aproximadamente cien chicas no creo que hubiera más que tres o cuatro que pertenecieran a la burguesía. Había sido decisión mía dejar a los catorce años la sección de «enseñanzas del hogar» y empezar el bachillerato, y, para colmo, no lo hice con la intención de cursar una carrera universitaria que me gustara, sino para conseguir el título de asistenta sanitaria y trabajar yo, a quien marea el simple olor de una clínica o la visión de una gota de sangre, en eso sí me parezco a mi hermano, en la consulta de mi padre.

En cuanto a Oscar, estudiaba segundo de Arquitectura. He escrito todas las veces Oscar sin acento, porque si cuando me lee descubre que cometo el delito nefando —aprobado por la Real Academia, o sea por la ley, pero igualmente nefando, un pecado contra natura, merecedor del último círculo del infierno, donde los acentuadores de mayúsculas compartirían torturas con los tipógrafos y diseñadores gráficos, abismados allí por Barral el Magnífico, debido a la infamia, también contra natura, de utilizar asexuados tipos de letras futuras— de coronar con un acento la «o» de su nombre, puede caer en una de sus terribles furias apocalípticas, que sólo la indignidad de mi vejez me libra de temer, y que en ocasiones incluso me divierten, pero que en otras resultan incómodas.

De niños nos habíamos llevado al parecer mal. Tengo cinco años más que él y en la infancia cinco años es una enormidad de tiempo. Además no nos parecíamos

—supongo que en el carácter seguimos sin parecernos— nada. Hasta los diez años, en que cambié de colegio y decidí, con bastante éxito, modificar mi actitud, yo fui una niña «rara», tímida, sensiblera, cursi, retraída (un coñazo de niña, sentencia la vieja dama indigna en que aspiro a convertirme). Oscar era mucho más guapo, muy simpático, muy sociable.

Conservo, de nuestra relación infantil, pocos recuerdos, y no muy alentadores. Cuentan (yo no creo que ocurriera así) que, siendo él un bebé, intenté venderlo a unos vecinos. Recuerdo una mañana en que, mientras esperábamos delante de casa el autocar del colegio, Oscar se enfadó y tiró todo el contenido de mi cartera a la acera mojada por la lluvia. Yo le di una bofetada y me puse a recoger los libros y libretas. Él volvió a tirarlo todo al suelo, y yo a abofetearle y a recoger los libros. Hubo varias rondas de lo mismo. Desde la ventana, la criada que nos vigilaba (no fueran a secuestrarnos antes de que llegara el autocar) me daba a gritos la razón, pero los transeúntes, que sólo veían que una chica le pegaba a un niño mucho menor, me reñían y amenazaban. Así aprendí que no hay justicia en este mundo y que el pueblo, la inmensa mayoría, puede equivocarse.

La tercera anécdota de lo bien que nos llevábamos de pequeños los hermanos Tusquets Guillén no la entendí (o, mejor, la malentendí) hasta hace un par de años. Yo recordaba sólo que el bruto de Oscar me había tirado un cuchillo en la mesa del restaurante del hotel donde veraneábamos y que me había roto un pedacito de diente. Pero en un homenaje que montó para mí, a instancias de José Luis Giménez Frontín, la Asociación Colegial de Escritores de Cataluña, intervino mi hermano y contó su versión del incidente, sin duda exacta, que me avergonzó terriblemente y puede ser la causa de que, si llega a sus oídos, no me acepten en la congregación de viejas damas indignas.

Oscar —tras comenzar su intervención con un rotundo «como es natural, de niño no podía ver a mi hermana» y reconocer que «nuestros intereses no podían ser más opuestos; mientras a mí me atraía dibujar y todo lo mecánico, los trenes eléctricos, los juegos de construcción, el Meccano..., Esther devoraba libros, cuentos de hadas, de pequeña, y todo Esquilo, Sófocles y Eurípides poco más tarde»— cuenta: «De muy pequeños, bueno, de muy pequeño yo, estábamos cenando, naturalmente a las órdenes del servicio, en el comedor de segunda del hotel Costa Brava de la entonces desierta Playa de Aro. La cruel criada me estaba obligando a tragar un plato de patatas y espinacas rehervidas que me repugnaba... En el colmo de la desesperación se me escaparon algunas lágrimas, y, al acto, con gran jolgorio del servicio, saltó Esther: "Anda, mirad, se pone a llorar como una nena." En un inconsciente acto de impotencia, cogí lo que tenía más a mano, mi cubierto, y se lo tiré a la cabeza, con tan mala fortuna que le rompió la puntita de un diente.»

A finales de la década de los 50 la situación había cambiado. Seguíamos siendo distintos, pero compartíamos bastantes intereses y nos respetábamos, que no es poco. Yo había descubierto que Oscar, leyera o no a los trágicos griegos, poseía una inteligencia original y mucho más creativa que la mía. Lo cual significaba que, el día que leyera a Esquilo o a Cervantes o a Joyce, su lectura sería personal y me aportaría nuevos puntos de vista. De nadie he aprendido tanto como de mi por otra parte insoportable hermano, y todavía ahora, cuando me aburren casi siempre todas las conversaciones, manifiesta opiniones que, las comparta a no, me interesan, me provocan, me fuerzan a pensar, a replantearme temas que daba por agotados. Y hay algo que, para mí, no tiene precio: con Oscar no me aburro nunca.

Por razones inexplicables —seguramente pura casualidad— pasan por la universidad cursos y cursos absolutamente anodinos, y luego se reúnen en un mismo curso varios estudiantes de talento. Fue el caso de la promoción de mi hermano. Allí coincidieron —y montarían luego un despacho conjunto, el Estudio Per—, Oscar, Lluís Clotet, Cristián Cirici, hijo de Alexandre Cirici Pellicer y Pep Bonet. Todos bajo la batuta de un extraordinario maestro, Federico Correa, cuya generosidad para con ellos no tenía ni tendría límites.

Mi padre, que durante nuestra infancia se había ocupado apenas de Oscar y de mí —convencido, supongo, de que los hijos pertenecían al ámbito de la mujer y de que mamá lo haría mejor que él—, nos había visto poquísimo y no había compartido con nosotros apenas nada, nos descubrió (o le descubrimos nosotros a él, cualquiera sabe) en la adolescencia. Era de todos modos lo habitual en la burguesía de la época: de los niños se ocupaban las personas del servicio, a ratos las madres, y los padres no asumían sus funciones hasta más adelante. Era inimaginable que un hombre le diera un biberón al bebé o le cambiara los pañales.

Mi padre había entrado por fin en nuestras vidas. Y, creo que por primera vez, hubo en la familia algo montado por él, algo que era idea suya, que organizó a la perfección, hasta el más nimio detalle, y que tuvo una importancia de la que entonces no fuimos conscientes: los viajes en coche durante Semana Santa. En los años 50 esto no lo hacía apenas nadie. Los españoles viajaban poco, y cuando lo hacían, era en grupos montados por agencias. Constituía una rareza ver un coche español por las carreteras europeas, y la gente se nos acercaba para preguntar de qué país era la matrícula. Íbamos repartidos en dos coches: en uno, mamá y los amigos; en el otro, el nuestro, los jóvenes —Oscar, nuestro primo Emilio, una de las dos hijas de tío Luis (se lo turnaban) y yo— y nuestro padre. Descubrimos Europa y nos conocimos mejor unos a otros. Es especial la intimidad que se crea en los coches, sobre todo si se viaja de noche, y la densidad que adquieren las conversaciones.

Mi padre seguía ejerciendo oficialmente la medicina —que había sido una auténtica vocación, para la que estaba además especialmente dotado—, pero lo cierto era que la había ido abandonando —creo que equivocadamente— para consagrar la mayor parte de su tiempo a la agencia de seguros surgida de la herencia de mi abuelo materno. Era un negocio excelente, y papá creyó que le debía a su esposa, o a su familia en general, un nivel de vida superior a lo que permitía su actividad de cirujano, o creyó, craso error, que así la haría a ella más feliz.

A finales de los 50, pues, mi madre era una mujer atractiva, inteligente, dotada para un montón de cosas, divertida, brillante, pero, tal vez por ello, más insatisfecha y aburrida que las señoras insatisfechas y aburridas de la burguesía de su tiempo; papá había establecido una relación satisfactoria con sus hijos, había entrado en sus vidas, tal vez había renunciado a conseguir lo mismo con una mujer de la que estaría enamorado hasta su muerte, y se ganaba muy bien la vida en un trabajo que no le interesaba en absoluto; Oscar era un brillante estudiante de Arquitectura, había empezado a trabajar en el estudio de Federico Correa y Alfonso Milá, dos de los mejores arquitectos del país, alimentaba al mismo tiempo la ambición de ser pintor, y creo que habría vivido en el mejor de los mundos de no ser por el problema de las chicas, adiestradas para provocar y para defender luego con el fervor de una María Goretti su virtud, de modo que él volvía siempre de los guateques cachondo y cabreado, y yo había terminado Filosofía y Letras, había renunciado a seguir en la universidad, sabía que lo que me gustaba era hacer teatro y escribir, que a la larga iba a ser novelista o actriz, pero no tenía ni idea de en qué iba a ocuparme por el momento.

Así estábamos los cuatro, en el piso más mío que todos los pisos que he habitado, el de la calle Rosellón, o tal vez fuera en el Pasaje de los Cerezos, sin advertir que se había levantado viento del este (yo ni sabía dónde quedaba el este) y sin la más remota sospecha de que iba a caernos desde el cielo, para cambiar nuestras vidas, para adueñarse de nuestras vidas (al menos, de la mía), un ente tan absurdo pero seductor como la inefable Mary Poppins, con la diferencia de que no se trataba de un ser humano e iba a permanecer conmigo cuarenta años.

3

Disparatados inicios de una editorial de turbio pasado y dudoso futuro

Un día del año 1959, creo que era en otoño y no tengo la más remota idea de si soplaba viento del este, llegó mi padre a casa a la hora del almuerzo y nos comunicó, sin darle mayor importancia, que había comprado a tío Carlos una pequeña editorial, Lumen. Lo había hecho como un favor, porque su hermano quería invertir el dinero en otro negocio y se trataba de una cantidad muy pequeña. Además la empresa funcionaba por sí sola, a base de los textos de religión para todos los cursos de bachillerato, que tenían una salida anual asegurada, y de un curioso best seller, del que se habían vendido más de doscientos o trescientos mil ejemplares, *A Dios por la ciencia,* de un jesuita llamado Simon. Lumen seguiría viviendo, explicó mi padre, de estos títulos, sin otro empleado que tío Guillermo —marido de una de sus hermanas, que ejercía desde de director hasta de mozo de almacén—, pero nos proponía, sobre todo a mí, que sacáramos dos o tres libros al año de calidad, de los que nos gustaban a nosotros.

Oscar y yo apenas habíamos oído hablar de Lumen —recordábamos vagamente que papá traía a casa algunas veces unos cuadernos para colorear y unas siniestras historias de mártires y misioneros que sólo yo, que habría leído una guía de teléfonos, era capaz de engullir— y jamás se nos había ocurrido que iba a jugar un papel en nuestras vidas.

Supe también, en algún momento posterior, seguramente en la universidad, que otro de nuestros muchos tíos paternos, el primogénito, el reverendo Juan Tusquets, luego monseñor Tusquets, que vivía con Abuelita y era una especie de jefe espiritual de la encopetada, empobrecida y ultraconservadora familia Tusquets, había librado en sus escritos una feroz batalla contra marxistas, judíos y masones, había estado en contacto con los militares amotinados antes de iniciarse la Guerra Civil, había tenido, en Burgos, relaciones personales con Franco, y había creado allí una editorial de libros religiosos. Me preguntaba alguna vez qué peregrina ocurrencia le habría inducido a dedicar su tiempo y sus esfuerzos, en plena Guerra Civil —cuando se luchaba en todos los frentes, la gente moría a mansalva y había sin duda cometidos más urgentes—, a una empresa de este tipo. Tal vez temiera que, tras las nefastas enseñanzas ateas y librepensadoras, fuera apremiante ofrecer a los jóvenes unos textos edificantes que les devolvieran a la fe de sus mayores, a la España portadora de valores eternos, y pusieran feliz término a tan pecaminoso y peligroso dislate, fruto sin duda del contubernio judeo-masónico-marxista...

Durante años me divirtió la paradoja de que una editorial franquista y religiosa, que mi tío Juan había tenido la peregrina ocurrencia de crear en Burgos, hubiera caído de modo inesperado en nuestras manos, que no éramos sólo librepensadores, sino resueltamente ateos, y de que una editorial fundada el año 1936 para defender los valores de la España cristiana, reaccionaria y tradicional fuera a convertirse en las décadas de los 60 y de los 70 en una de las editoriales formalmente comprometidas en la lucha contra el franquismo.

Como en el caso de mi diente roto, la versión completa de la historia no la obtuve hasta mucho más tarde, en abril de 2005 —yo estaba ya fuera de Lumen—, cuando se armó en Barcelona un pequeño revuelo, a raíz de la conferencia que dio Paul Preston, el historiador inglés, sobre monseñor Tusquets. Me sorprendió saber que mi abuelo banquero podía ser —era, según Preston— judío, pero lo realmente interesante fue descubrir que el origen de Lumen no era una editorial de textos religiosos, sino una editorial llamada inicialmente Ediciones Antisectarias, que contó con la colaboración de Serrano Suñer, fue financiada en parte por el cuartel general de Franco y tenía entre sus objetivos la propaganda franquista y antisemita. Al terminar la guerra, fue trasladada a Barcelona y supongo que cambió su nombre por el de Editorial Lumen.

La propuesta de mi padre nos gustó a todos. Mi madre vio por fin abierta la posibilidad de trabajar en algo, y en algo que la apasionaba tanto como los libros: fue casi hasta la vejez tan ávida lectora como lo era yo. A mi hermano le gustó la aventura de trabajar en el mundo de la imagen y del diseño gráfico, del que no tenía experiencia ninguna pero que era muy afín a sus intereses, en la que involucró enseguida a Lluís Clotet, compañero de curso en la universidad, de trabajo en el estudio Correa-Milá, y después, durante un montón de años, su socio y uno de sus mejores amigos. Mi padre había dejado finalmente por completo su profesión de médico, el negocio de los seguros funcionaba sin problemas bajo la dirección de primo Emilio y de una tal María, empleada devota, competente y abnegada (cuando se produjeron las inundaciones de Terrassa, estuvo visitando a los clientes, embarazada de siete meses, por las calles llenas de lodo y de cadáveres), y a él no le interesaba (jamás sugirió la posibilidad de que Oscar o yo continuáramos con la agencia; pienso que nos valoraba demasiado a los dos y confiaba en nosotros y se adhería a nuestras ideas con un entusiasmo algo desmesurado), y le dejaba tiempo libre para dedicarlo a una actividad más creativa, más idealista, más gratificante. Tal vez para él la aparición de una editorial no fue algo tan extraño e inesperado, porque recuerdo que había ya invertido algún dinero en editoriales de amigos y que seguía con interés lo que publicaban. En cuanto a mí, aunque sabía desde antes casi de tener uso de razón que sólo podía satisfacerme ser novelista o actriz, pensaba en la enseñanza como provisional salida de emergencia (la verdad es que siempre me ha gustado dar clase, sobre todo a adolescentes), y me venía de perlas un trabajo a tiempo parcial en la edición.

Parecía un pequeño proyecto muy bien planteado, muy sensato, beneficioso para todos. Pero ocurrió algo inesperado, que todavía hoy, casi cincuenta años después, no deja de sorprenderme, a pesar de que he presenciado luego el mismo fenómeno en otras personas: mi familia, tan aparentemente equilibrada, se vio aquejada de una locura colectiva, sumamente extraña y de difícil —en ese caso imposible— curación. Nadie me convencerá a partir de entonces de que una editorial es una empresa como tantas otras, de que hacer libros es lo mismo que fabricar salchichas o paraguas. Editar es, qué duda cabe, una actividad peligrosa y adictiva, que requiere, para ejercerla a conciencia, para llegar a ser un gran profesional, cierto grado elevado de chifladura, de amor por el riesgo y las apuestas duras.

Se había hablado, los primeros días, de agregar tres o cuatro títulos elegidos por nosotros a la programación del año, y de dejar que el resto —dirigido por tío Guillermo desde el minúsculo despacho que tenía en nuestro almacén de la calle Rocafort— siguiera su curso, que garantizaba unos beneficios modestos pero segurísimos. ¿Qué ocurrió para que apenas tres semanas más tarde se hubiera decidido —no recuerdo cómo ni a propuesta de quién; mía, desde luego, no— abandonar los textos escolares de religión e incluso nuestro gran best seller, *A Dios por la ciencia*, o por lo menos descatalogarlos y venderlos sólo bajo pedido, o sea, eliminar de raíz el viejo catálogo y empezar a partir de cero una nueva editorial, que aprovecharía de la anterior apenas otra cosa que el nombre —sólo los italianos lo relacionaban con el tema religioso—, el permiso de edición y el almacén con su minúsculo despacho? ¿Qué ocurrió para que mi padre dedicara cada día menos tiempo e interés a los seguros y más a la editorial, que terminaría siendo su única ocupación? ¿Para que no se hablara ya de títulos sino de colecciones? ¿Para que Oscar pasara horas y horas trabajando en casa con Lluís Clotet? ¿Y para que incluso mamá, que no había dado golpe en su vida, quisiera participar?

¿Qué provocó que, casi de la noche a la mañana, sólo se hablara de Lumen, sólo se planificaran actividades en función de Lumen, sólo pareciéramos vivir los cuatro para Lumen? En realidad los cinco, porque mi padre había incorporado a primo Emilio a la empresa. Lo incorporaba a todo, casi como a un hijo más (a su padre lo habían asesinado sin motivo alguno durante la guerra, y en aquella ocasión habían sido los que iban a perderla, o sea los míos, aunque tal vez la condición de vieja dama indigna e irreverente me libere de la molesta obligación de asumir a los criminales, sea cual sea el bando en que militen...), y ponía en sus manos la agencia de seguros con una confianza total.

Todos se habían vuelto locos, y yo, que habría debido ser quizás la más entusiasta, me sentía desconcertada y asustada. Ni siquiera estaba segura de querer ser editora. Me gustaban los libros, me gustaba ante todo leerlos, sabía que me gustaría escribirlos, me atraía también el aspecto artesanal, del que no sabía nada y que, sin embargo, me apetecía aprender. Pero la mera idea de ser empresaria me horrorizaba, aunque quedara claro que de las cuestiones económicas se iba a ocupar mi padre.

Ninguno de los cuatro, o de los cinco, tenía ni la más remota idea de en qué consistía una editorial ni de cómo había que manejarla. No habíamos estado jamás en contacto con ninguna, no conocíamos a otros editores. Nadie, ni siquiera mi padre —aunque poseía, gracias sean dadas a los cielos, un certero instinto comercial, un sentido común notable y un entusiasmo a prueba de bomba—, sabía cómo se llevaba una empresa... A lo mejor no se le ocurrió a nadie que una editorial, aparte de ser otras cosas, era también una empresa.

De tío Guillermo no podíamos aprender gran cosa. Teníamos que recurrir al diccionario para averiguar en cuánto papel consistía una resma. Las técnicas de impresión y de encuadernación resultaban misterios insondables. Los únicos críticos cuyos nombres conocíamos eran aquellos que leíamos en *Destino* y en *La Vanguardia.* ¿Cómo se redactaba el contrato con un escritor? ¿Cómo se determinaba de cuántos ejemplares debía constar una edición? ¿Cómo se fijaba el precio de un libro? Obviamente los libros se tenían que vender en las librerías, pero ¿quién los situaba allí?

La única norma de nuestra editorial, nuestro único proyecto —en esto coincidíamos los cinco—, era que sólo íbamos a publicar aquellos libros que nos gustaran de verdad. Creo que ni siquiera yo, pese a mis miedos, era consciente de la insensatez en que nos metíamos.

En septiembre fuimos los cinco, por primera vez, a la Feria de Frankfurt, gran mercado internacional de la edición, donde se compran y venden derechos de libros, se negocian coediciones y se reúnen los editores para discutir temas de interés general y montar proyectos en los que participen varios países. Nosotros recorrimos en motrollón todos los pabellones, kilómetros y kilómetros de pasillo, tomamos un montón de notas, acumulamos montañas de catálogos, folletos, maquetas. Y volvimos habiendo comprado el libro que Oscar consideró el más hermoso de la feria (seguramente lo era), *Muerto por las rosas*, con fotos de Eikoh Hosoe y un texto de Yukio Mishima, y algunos libros para niños, bonitos, pero un poco inquietantes para mí, porque no se parecían en absoluto a los que veía en las paupérrimas secciones infantiles de las librerías españolas.

La verdad es que nadie hubiera apostado una perra chica por el futuro de Lumen. Mis amigos de la universidad me miraban con preocupación unos, y con socarronería la mayoría. Nadie nos pronosticaba más de dos años de vida, lo que tardaría mi padre en aburrirse de tirar dinero a un pozo sin fondo. (O hasta que se le terminase, pensaba yo, convencida de que el dinero de que disponíamos no podía ser tanto.)

Para triunfar en aquella empresa quijotesca y disparatada hacía falta un milagro. Y hubo un milagro. Hubo varios milagros. Yo no los merecía, ni creía en ellos, ni los propiciaba (quizás fuera la fe desmesurada de papá en mí y en Oscar la razón del milagro), pero también es cierto que, cuando se produjeron, supe aprovecharlos. Jamás me perdonaría no sacar buen partido de una escalera real o un póquer de ases.

Creo que las personas, o al menos muchas personas, entre ellas yo, tenemos, aunque hayamos vivido en un montón de lugares distintos, una casa que es «nuestra casa», única, exclusiva, que recordamos siempre, y a la que soñamos regresar y a la que regresamos en sueños. La mía es la de la calle Rosellón, justo enfrente de esa especie de castillo medieval que construyó el arquitecto modernista Puig i Cadafalch y que llamamos popularmente la Casa de les Punxes, y entre la casa del alcalde Porcioles y una comisaría de policía. Me encantaba el piso de Rambla de Cataluña, donde nací y viví diez años, fui enormemente feliz con Esteban (el hombre de mi vida y padre de mis hijos) en el pisito de la avenida del Hospital Militar, y llevo treinta y cinco años viviendo en uno del paseo Bonanova, que es, por lo tanto, el que he ocupado más tiempo, pero si digo «mi casa» me estoy refiriendo a la de Rosellón. Y «mi habitación» no era el espléndido dormitorio con baño del que disponía, sino la biblioteca. Forrada de libros de arriba abajo, unos estantes para los de mi madre y otros para los míos, un sofá increíble, con gruesos almohadones de pluma en los que te hundías, caías de espaldas como en un mar de nubes, una chimenea de madera empotrada en la pared que quedaba delante del sofá, y encima de la chimenea un retrato de mi madre vestida de amazona: el cuerpo erguido y los ojos centelleantes, con Puck, el perro que entonces teníamos, un cocker blanco y negro, tumbado a sus pies. Había además dos sillones, a juego con el sofá, una espesa alfombra que mi madre había tejido a mano y una mesa de trabajo.

Durante dos o tres años, Editorial Lumen consistió en esta biblioteca, porque en el almacén de Rocafort era imposible instalarse, no había ni sillas, ni espacio, y hacía un frío de muerte. Allí tío Guillermo, con abrigo y bufanda y quizás una estufita a los pies, hacía los paquetes más perfectos que se habían hecho o se harían jamás. Cuando yo me empeñé en que los libros de América tenían que llegar a su destino antes de que transcurriera un año desde que se había recibido el pedido, causé un auténtico trastorno y, en lugar de hacerlo todo a mano, tuvo que utilizar cajas prefabricadas.

Un punto más a favor de la biblioteca consistía en que daba a un *patinejo*, porque era una de las pocas habitaciones interiores de la casa. Teníamos que estar siempre con la luz encendida. Y soy mujer de interiores cerrados y acolchados, del mismo modo en que soy nocturna. Un paseo al sol —salvo si estamos en invierno y hace frío y el sol es pálido— me ha resultado siempre desagradable y, por poco alta que sea la temperatura, un verdadero suplicio.

En la biblioteca pasaba yo horas leyendo, o abriendo fichas de los libros, ordenándolos según criterios cambiantes, o escribiendo a máquina. En la biblioteca recibía a mis amigas, a menudo en grupo, y, ante una taza de té y un bocadillo de jamón, hablábamos de todo lo divino y lo humano, pero, con primordial interés, de nuestros conflictos amorosos. A veces venía también algún chico, pero eran básicamente reuniones de mujeres. También usábamos la biblioteca para ensayar, cuando íbamos a dar una función y no encontrábamos ningún sitio mejor. Y en la biblioteca tuvieron lugar mis primeras sesiones amorosas: sobre los mullidos almohadones representé distintas versiones de la «escena del sofá», siempre sin alcanzar el punto final, pero tampoco lo hace Doña Inés, y para colmo a ellos les interrumpe la llegada de un padre hecho un energúmeno, dispuesto a toda costa a conseguir que lo maten y a disfrazarse de fantasma, mientras que en mi biblioteca la máxima injerencia era mi madre, entreabriendo la puerta para despedirse antes de irse al Club de Bridge.

Me divierte pensar que durante más de dos años Lumen consistió sólo en la mesa de una biblioteca particular. Y que tenía entonces dos únicos empleados a sueldo: tío Guillermo, desde siempre, y yo, desde que, muy pronto, se decidió que no se iban a hacer dos o tres libros al año sino que sería una editorial en toda regla.

Ya he dicho que mi hermano le había pedido a Lluís Clotet que realizaran juntos los diseños de Lumen. Estudiaban y trabajaban en nuestra casa. No en la biblioteca, ni en el dormitorio de mi hermano (una habitación interior y diminuta, de la que él había diseñado la distribución y los muebles), sino en lo que había sido, de niños, nuestro cuarto de juegos y se había convertido luego en una especie de estudio de Oscar, donde tenía su tren eléctrico, su banco de carpintero y su material de dibujo.

Lluís era una mezcla curiosa de rigidez ideológica y de socarronería. Era, sin duda, uno de los tipos más inteligentes que he conocido, y llevaría a cabo, primero con

Oscar y luego solo, una importante labor arquitectónica. Hijo de madre viuda y con pocos medios, pertenecía, me parece, a una clase social inferior a la nuestra, hecho que ni Oscar ni yo y ni siquiera mis padres (mamá quizás se permitiera aires de diosa, pero no puedo acusarla de clasista, y no había hogar menos pretencioso que el nuestro: la menor ostentación era considerada por mis progenitores —en esto al menos coincidían— la peor prueba de mal gusto) teníamos presente en ningún momento. No nos importaba lo más mínimo. Se lo dijo Oscar un día, exaltado, con lágrimas en los ojos. Y replicó Lluís tranquilo, sin levantar ni un poco la voz: «Pero a mí sí me importa.» A él sí. Le importaba tanto que ponía límites a la amistad que sentía por Oscar, amistad que por parte de mi hermano era apasionada, total y sin reservas. Ese «pero a mí sí me importa» me dejó helada, me pareció terrible y estuvo en el origen de un amargo descubrimiento.

Yo ya sabía, claro, que existía un problema de clases, que nos movíamos en un sistema injusto, y que esto había dado lugar en España a una guerra civil y a casi medio millón de muertos; ya había decidido que mi lugar no estaba entre los que habían ganado la guerra, por más que hubiera gozado, y siguiera gozando, de los beneficios que esa victoria reportaba, pero ahora por primera vez, en el campo personal, una persona a la que yo quería y valoraba, y por la que me creía querida y valorada, me encuadraba en una burguesía, a la que, quisiera o no, pertenecía, y se me culpabilizaba por ello, y yo, en lugar de protestar o defenderme, temía que Lluís tuviera parte de razón. ¿Quién era yo para decidir que pertenecía al bando de los perdedores? Los que de veras perdieron aquella guerra habían pagado, seguían pagando un duro precio por ello, mientras que yo no pagué nada, y esto bastaba para marcar unas distancias que no podría borrar. No tenían por qué aceptarme entre los suyos. Hiciera lo que hiciese, siempre permanecería en mí algo de la niña que no había pasado nunca hambre, ni frío, ni miedo a la policía, que no había carecido de nada, que no había sufrido el temor a que sus padres se quedaran sin trabajo, o sufrieran humillaciones, o no llegara el sueldo hasta fin de mes. ¿Y qué significaba hiciera lo que hiciese? En realidad, he hecho poco más que sentirme desde siempre —desde que de niña veía unas diferencias entre la gente que no era capaz de entender— incómoda y culpable. El mundo está lleno de injusticias y las personas como yo estamos llenas de mala conciencia, una inútil mala conciencia que no bastaba para que Lluís —el Lluís de los años 60, que posiblemente no recuerde siquiera el incidente— nos aceptara. ¿Se acordará acaso de que en un viaje de trabajo que hicimos Oscar, él y yo en el dos caballos de mi hermano a Madrid, donde nos alojamos en una modesta pensión de un sexto piso, me hizo ilusión, sobre todo por él, llevarlos a una tasca de moda, donde se comía muy bien, y, en mitad de la cena, hizo un comentario, muy ponderado —no una crítica: una constatación— acerca de la tendencia a los lujos excesivos y al despilfarro?

En el encierro político de Montserrat, en diciembre de 1970, me intrigó que Vicente Aranda, el director de cine, lo estuviera pasando tan mal, se mostrara tan angustiado, cuando había alcanzado ya una posición que lo mantenía, como a tantos de nosotros, a salvo y hacía muy improbable que nos ocurriera nada grave. Y Vicente me explicó: «Tú no sabes lo que es para un niño pasar las noches en vela esperando que vengan a detener a su padre. Ese miedo no se cura nunca.»

Sí, supongo que ese miedo no se cura nunca. Como tampoco tiene cura mi mala conciencia. Envidio a los cristianos, que consideran una metáfora, algo desligado de la realidad y que por descontado no les afecta a ellos, lo que dice Jesús de los ricos y el ojo de la aguja y el camello.

De todos modos, aunque no terminara de perdonarnos las lacras que comporta tener dinero, Lluís era, y supongo es, un gran tipo, fuimos muy amigos y jugó un papel importante en Lumen, sobre todo cuando decidimos crear una colección, Palabra e Imagen, donde la colaboración entre el escritor y el fotógrafo, en torno a un tema común, fuera lo más estrecha posible. Yo elaboré una lista, muy extensa, muy ambiciosa, de escritores, y casi todos aceptaron. Entretanto, Oscar había elaborado una lista equivalente de fotógrafos. Y, junto con Lluís, se pusieron a trabajar en la maqueta de la colección. Ninguno de los dos había cumplido veinte años, pero creo que no me ciega la admiración que siento por ambos si afirmo que llevaron a cabo una labor excepcional. No sólo por su talento, sino porque se trataba de uno de los primerísimos, si no el primero, encargos que recibían, lo cual aumentaba la ilusión que ponían en él, y porque se daba para todos nosotros, en aquella etapa inicial de Lumen, una circunstancia peculiar y ambivalente, con tantas ventajas como inconvenientes: partíamos, para bien y para mal, de cero, de un cero absoluto, y eso suponía torpezas, errores, pérdidas de tiempo, pero también comportaba la posibilidad de llegar, casi sin ser conscientes de ello, a soluciones inéditas, extraordinarias.

«Eso no puede ser», protestaba yo, siempre más conservadora, cuando me llevaban de la biblioteca a su leonera para proponerme una locura. «¿Y por qué no puede ser?», interrogaba Lluís, con su aire más inocente y su voz pausada (a la primera de cambio, Oscar se pone a hablar a gritos, pero a Lluís no le he oído levantar nunca la voz), como si no entendiera realmente que aquello tan lógico no pudiera ser. «Porque no se hace nunca», decía yo, en plan de experta en materia de libros. Lluís se encogía de hombros. Oscar se encogía de hombros. Y se hacía. Eso sí, después de haberlo discutido muchísimo, porque cada ínfimo detalle se discutía con Lluís durante horas o durante días. Supongo que en la construcción de edificios esto podía suponer un retraso de la obra, pero no creo que le importara.

Algunas veces ganaba las batallas por cansancio del adversario, como cuando llegó a convencernos de que no era imprescindible, *aunque así se hiciera siempre*, que un libro llevara el título en la cubierta, y sin título en la cubierta apareció el primer libro de la colección. O cuando, de acuerdo Oscar y él, decidieron que la impresión de las fotos tenía que ser impecable y justificaba el mejor couché (no era, supongo, un despilfarro burgués), pero que para el texto, que al ser breve e ir en cuerpo grande no presentaba problemas de lectura, servía cualquier papel. Al oír «cualquier papel», no entreví la posibilidad de una cartulina de embalaje, grisácea y rugosa, impensable para libros. ¿No podía hacerse? Claro que sí, técnicamente podía hacerse, quedaba por ver si alguien compraría unos libros caros, de lujo, adecuados para regalo, impresos en esas inmundas cartulinas que se utilizan en el mercado para envolver en un cucurucho las cerezas o las sardinas. El asunto se discutió interminablemente, porque en el trabajo de Lluís podía haber errores (pocos), pero no se debían nunca a la improvisación.

La colección Palabra e Imagen fue seguramente, sobre todo por el diseño, la más hermosa que se hizo en Lumen. Y antes de que terminaran los años 60, cuando casi no se conocía, la vendíamos con cuentagotas —salvo *Izas, rabizas y colipoterras,* con texto de Camilo José Cela y fotos de Juan Colom, que se autorizó, según el propio Camilo, por su amistad personal con Fraga, y que causó un escándalo considerable—, y los críticos no habían dado apenas noticia de ella, recibimos con sorpresa desde Venecia un León de Bronce, premio internacional a la mejor colección de libros o a la mejor revista dedicada al cine o a la fotografía, al que no nos habíamos presentado ni sabíamos siquiera que existiese.

¿Y mi madre? A mi madre sólo la vi animosa, contenta, emprendedora, en dos ocasiones. Sólo en dos ocasiones dejó de aburrirse. Una fue cuando quebró —de modo oscuro y seguramente fraudulento— la Banca Tusquets, y, como era precisamente el momento en que mi padre había ingresado el dinero de los asegurados, sin pasarlo todavía a la aseguradora, pareció que estábamos arruinados. Mamá se puso inmediatamente en acción. Estableció un sistema para reducir gastos, examinó distintas posibilidades de trabajo, hizo tasar sus joyas. Estaba radiante. Pero mi padre se recuperó enseguida del golpe, que no había sido tan fuerte como temió en un principio, la vida familiar recuperó su ritmo normal, y mi madre volvió a sumergirse en el aburrimiento de siempre.

La segunda oportunidad fue Lumen. Me he preguntado a veces si era demasiado tarde para ella, o si fue también en parte culpa mía. Pero me lo he preguntado mucho más tarde, en aquel entonces mi atención estaba centrada en otras cosas. Mi madre no entendía que, si se comprometía, por ejemplo, a pasar todos los lunes por el almacén de Rocafort para recoger la correspondencia, eso significaba pasar todos los lunes, no aquellos lunes que le resultara cómodo o no tuviera otra cosa que hacer. Y si le encargabas que pasara a máquina —quedaba lejos todavía la era del ordenador— cien cartas idénticas, para mandárselas a los críticos, las necesitábamos iguales y deprisa, no que rizara el rizo de redactar cien cartas distintas. Le gustaba tratar con los escritores, seleccionar cuentos para la colección infantil, le gustaba *hacer de editora*, y podía hacerlo a veces, pero no constituía lo esencial de su trabajo. De modo que, al cabo de unos meses, decidió que era preferible aburrirse sin hacer nada que aburrirse haciendo cosas que la aburrían.

4

Federico Correa, la *gauche divine*, Cadaqués y Carmen Balcells

Dejar el mundo universitario para incorporarme al editorial pudo no haber significado un cambio demasiado grande. Se trataba de dos campos afines. Además yo empecé el nuevo catálogo con una colección infantil que se proponía publicar textos de calidad, seleccionados unos entre los clásicos y escritos otros especialmente para la colección —algo que en aquellos momentos no hacía nadie pero que no escapaba al marco de lo convencional— , y con una serie de libritos de humor, Nuestros Tipos, iniciada por Cesc con *La Florista*, *El Peón Caminero* y *El Barrendero,* cuya protesta quedaba en parte matizada por la ternura del dibujo y la modernidad del diseño. No me animé a empezar con una colección de narrativa porque mi admiración por Carlos el Grande, Carlos el Magnífico, me impedía tratar de competir con las colecciones Biblioteca Breve y Formentor. Me parecía que todo lo interesante que no se editaba, por motivos de nuestra censura, en América Latina, lo acaparaba aquí Carlos. En cuanto al ensayo, no me había interesado nunca; lo mío, supongo que como lo de las tribus primitivas, es entender mejor el mundo a través de las historias, de los mitos, que de las teorías.

De todos modos, estábamos en los umbrales de los 60, en los inicios barceloneses de la *gauche divine*, y muy pronto seríamos absorbidos por el grupo de escritores, arquitectos, publicistas, fotógrafos, modelos, editores, cineastas y adictos a actividades diversas, que se consideraban, aunque no militaran en el mismo partido político, progresistas. En la universidad había una izquierda, pero en general no era demasiado «divina», aunque gran parte de los miembros de la *gauche* hubiera pasado por la universidad y siguiera en contacto con ella.

El primer encuentro con este mundo distinto, o acaso la primera vez que advertí la diferencia, fue en una extensa conversación con Federico Correa. Casi todos nosotros éramos charlatanes —se hablaba mucho en los años 60, creo que más que ahora: nos encantaba discutirlo todo—, pero Federico se llevaba la palma. Podía hablar noches enteras en la sala de su casa de Cadaqués, siempre llena de invitados —a los que no nos permitía pagar, mientras éramos sus huéspedes, ni un simple café—, o en las interminables idas y regresos de Perpiñán, para asistir a las sesiones de cineclub La Linterna Mágica. Casi todo le parecía interesante y digno de discusión. Y decía, con absoluta naturalidad, creo que sin intención de escandalizar, ni mucho menos de ofender, cosas que no eran ya siquiera, a fuer de sinceras, políticamente incorrectas. Por ejemplo, camino de Perpiñán, tras una conversación sobre racismo y asegurar todos que no nos importaría lo más mínimo casarnos con un negro: «No, claro... Pero ¿qué pasaría si te presentaras con un niño mulato en el Golf del Prat?»

Federico, que trataba mucho a mi hermano —eran ya, además de discípulo y maestro, grandes amigos— y le oía hablar de Lumen y de mí, había sentido curiosidad por conocerme. Me había invitado a cenar en un restaurante de lujo que estaba de moda, Reno, una de sus últimas obras. Y, ante mi sorpresa, me sometió a un exhaustivo interrogatorio acerca de en qué consistía ser editor. Tuve que explicarle, con detalle, que no consistía en tener una imprenta, un taller de encuadernación, ni una fábrica de papel, ni medios propios de distribución ni unas grandes oficinas. Una editorial consistía, ante todo, en una carpetita llena de contratos de derechos de autor —una editorial no precisaba apenas espacio, el espacio de Lumen era la biblioteca del piso de mis padres—, ser editor consistía en elegirlos y conseguirlos y apostar por ellos. En segundo lugar, una editorial consistía en el arte, la habilidad, de congregar a su alrededor un grupo de colaboradores, en su mayor parte externos, capaces de proponer títulos y colecciones, de aportar contactos, de sugerir ideas, algo que Carlos el Grande, el Gran Seductor —pues no lo había conseguido a costa de dinero, sino de seducción— había logrado mejor que nadie.

Le expliqué que no estaba segura de tener vocación de editora: no había pensado nunca en ello, Lumen me había caído de las nubes, y la que había enloquecido de entusiasmo había sido, más que yo, mi familia. Pero sí sabía con absoluta certeza que nada podía seducirme menos que dirigir una editorial importante, con multitud de empleados, mucho capital en juego, varios centenares de novedades al año. Para mí era necesario mantener una relación personal con todos los títulos que publicaba.

Lo que más me gustaba, proseguí —pues Federico me escuchaba en silencio y con aparente interés—, era elegir títulos y descubrir autores. Suponía —a mí no me había sucedido todavía— que tenía que existir un momento en la vida de todo editor, un momento que, como los grandes amores, se produce escasas veces, y que no pertenece propiamente al aspecto comercial, porque ningún editor genuino, ningún editor de raza, piensa en primer lugar en la cantidad de ejemplares que va a vender, y es el momento en que abre al azar un original cualquiera, de autor desconocido, y se encuentra ante una obra maestra.

Después de cumplir con el interrogatorio, hablamos de mil temas diversos, y a mí me pareció una conversación de lo más normal, quizás más interesante y amena que otras, pero muy parecida a la que pueden mantener dos personas jóvenes, nada tontas, bastante cultas, muy educadas, que acaban de conocerse y cenan de maravilla (yo, langosta a la Cardinale, uno de mis platos favoritos) en un restaurante cómodo, elegante, exquisito como lo son todos los interiores de Federico.

Y, sin embargo, he dicho al empezar que la primera vez que advertí la diferencia entre mi mundo universitario y familiar y el mundo en que me había sumergido fue en una larga conversación con Federico, y sí me refería precisamente a la que sostuvimos en Reno. Fue un curioso fenómeno invertido. A mí Federico me pareció bastante más inteligente y un poco más pijo que los hombres que solía tratar, pero sin que se saliera de lo corriente. Sin embargo, me fui enterando luego con estupor de que él a mí sí me había encontrado rarísima, como de otro planeta, tan rara que iba comunicando el descubrimiento a sus amigos, a veces delante incluso de mí: «Pero ¿no conoces a Esther Tusquets? Es *imprescindible*. Tienes que conocerla enseguida.» Como si fuera una atracción recientemente instalada en la feria.

Era, supongo, halagador para mí. Y me ha ocurrido en otras ocasiones decir o hacer algo que me parece normal, anodino, y que es acogido con estupor y va de boca en boca como una extravagancia. Pero ¿qué había hecho yo aquella noche que se saliera de lo corriente y normal? Tras darle mil vueltas —antes de acceder a dama indigna, estas bobadas me quitaban el sueño— y estar segura de que vestía la ropa adecuada, había hablado sin salidas de tono, y ni siquiera me había quitado los zapatos o había escondido las piernas bajo el trasero, decidí que sólo podía haber un motivo: había bañado la exquisita langosta con dos o tres coca-colas (esta explicación sirvió hasta descubrir que una novia de Federico, pelirrubia de piernas interminables, se alimentaba a base de almejas con café con leche, sin que nadie me dijera que era *imprescindible* conocerla).

Fue Federico quien me llevó por primera vez a Cadaqués, uno de los pueblos más bonitos de la Costa Brava, con una larga tradición de artistas residentes en él. Dalí tenía una casa en Port Lligat, que habitaba buena parte del año, y una barca de madera como las de los pescadores, pintada de amarillo, que se llamaba Gala. Muchas veces, cuando ellos salían a navegar —hablo de unos años más tarde, cuando los Tusquets también teníamos casa y barca en Cadaqués—, nosotros estábamos saliendo al mismo tiempo. Y recuerdo con vergüenza —es otra de las razones por las que pueden negarme el ingreso en el clan de viejas damas indignas— que en cuatro o cinco ocasiones nos saludaron con la mano muy amables, pero nosotros... ¡éramos tan pero tan de izquierdas...!, clavamos la mirada en el infinito y les negamos el saludo.

Cadaqués fue uno de los centros emblemáticos de la *gauche divine*. Carlos el Magnífico tenía casa y barca en Calafell, y logró arrastrar hasta allí a algunos amigos incondicionales... muy incondicionales tenían que ser, porque entre ambos pueblos —entre ambos mares, sobre todo entre ambos mares, porque bañarse en la playa de Calafell y navegar delante de su costa no tiene nada que ver con navegar y bañarse en las calas que median entre Cadaqués y Cap de Creus— no hay comparación posible.

A principios de los 60, Federico, poco después de nuestra cena en Reno, me llevó a Cadaqués. Yo le había confesado que no había estado nunca allí, y quedó trastornado: no conocer Cadaqués era como para un árabe morir sin haber peregrinado a La Meca, o para un cristiano sin haber sido bautizado... o últimamente, para alguien de su mundo, sin conocer a Esther Tusquets. De modo que, para evitar que yo fuera a parar al limbo, organizó con urgencia un fin de semana en Cadaqués.

En aquel entonces, sin autopista y con pésimas carreteras mal enlazadas y peor asfaltadas, ir a Cadaqués constituía una auténtica expedición. Se partía al anochecer, nos deteníamos a cenar por el camino —en un restaurante de Vilasar, si se había hecho tarde, o en La Granota, a veinte kilómetros de Gerona, si habíamos logrado ponernos antes en camino—, una cena cena, nada de pizzas o bocadillos. Después se reanudaba el viaje y se llegaba a Cadaqués hacia las dos de la madrugada. Estas llegadas, con el pueblo absolutamente vacío, el rumor del mar y el cielo estrellado, eran mágicas. Más adelante, cuando tuvimos casa allí, me acompañaban mis dos perritas dackel —Safo y Corinna—, que se ponían a gemir impacientes en cuanto, seguramente por oler el mar, sabían que estábamos cerca, y, al llegar, saltaban fuera del coche y, enloquecidas de entusiasmo, daban un montón de vueltas vertiginosas a la plaza donde lo aparcábamos. Eran tan jóvenes, tan juguetonas, estaban tan vivas. También nosotros éramos tan jóvenes, estábamos tan vivos... Ellas no sabían lo que vendría después, nosotros, los humanos, hubiéramos debido saberlo, pero en realidad no lo sabíamos. Sí sabíamos, aunque nos pareciera raro, que íbamos a morir, pero no creo que la mayoría de nosotros imaginara que la vejez iba a ser lo que es.

La primera vez que subí a Cadaqués había luna llena, el cielo estaba estrellado, el mar casi inmóvil. Y hacía muchísimo frío. La casa que se construía Federico —que sería después durante muchos agostos el marco de la fiesta más multitudinaria, sofisticada y famosa de la *gauche divine*, de Cadaqués y acaso de toda la costa— todavía no estaba terminada, y nos alojamos en la que le habían prestado unos amigos. Federico era un anfitrión excepcional. Había invitado a algún alumno, creo que entre ellos Oscar y Lluís, y se habló mucho —ya he dicho que en los años 60 se hablaba todo el tiempo—, pero descubrí que en una reunión de arquitectos, sean de la *gauche*, de la izquierda antidivina o de extrema derecha, se habla sólo de arquitectura. Mi primera noche en Cadaqués, desde que llegamos hasta el amanecer —un amanecer bello a morir—, se discutió únicamente sobre retretes, y averigüé que planteaban serios problemas, pues no todos los usuarios quieren lo mismo, para algunos es básico ver sus deposiciones, y esto obliga a que el fondo tenga una plataforma plana, pero entonces, según la fuerza del agua, ésta rebota en la plataforma, asciende, quizás con parte de excrementos, y te da en el culo. Un auténtico problema.

Entretanto habíamos comenzado la nueva Lumen con libros infantiles. Tal vez me hubiera ilusionado más empezar con una serie de narrativa, pero me parecía que el campo estaba cubierto, que había ya otros editores, no sólo Carlos, publicando novelas de calidad. Pero además, caso poco frecuente entre intelectuales y universitarios, a mí los libros para niños me gustaban mucho y me parecían importantes. Tal vez uno tienda a considerar que debe ser importante para otros aquello que lo ha sido para él, y los cuentos que oí o leí en la infancia han tenido una influencia crucial en mí. Mucho de cuanto sé del amor lo aprendí en Proust, pero también en Andersen, en Grimm, en Perrault, y mi imagen del mundo no sería la misma sin haber conocido a Peter Pan.

Era sorprendente la poca exigencia que regía en la España de los 60 para los libros infantiles. Había, claro está, destacadas excepciones —los cuentos ilustrados por Arthur Rackham (una de las grandes pasiones que comparto con Ana María Matute), publicados por Juventud, o la colección de clásicos de Araluce, entre otras—, pero el nivel general era deplorable. ¿Qué demonios compraban para sus hijos los padres que exigían a sus propias lecturas un alto nivel de calidad? ¿Por qué casi todos mis amigos escritores consideraban la literatura infantil un género menor, reservado casi siempre a las mujeres? Era por una vez cierto que había un hueco que llenar.

Empezamos con dos colecciones, una de álbumes

ilustrados, para niños pequeños, para la que Oscar se puso a hojear catálogos extranjeros y a pedir, de algunos títulos, opción de compra y ejemplares de muestra. Contratamos alguno de estos libros en Frankfurt. Ya he dicho que no se parecían (excepto los dos de Topo Gigio, un ratón que se había hecho famoso en Italia) a los que yo veía en las menguadas secciones infantiles de las librerías españolas, y tendrían que pasar años, muchos, para que otros editores de nuestro país se interesaran en ellos, de modo que durante varias ferias compramos sin competencia, y los editores extranjeros nos presentaban como «esos locos de Barcelona», y abrían cajas de bombones y botellas de champán cuando llegábamos a su stand.

Los libros de Topo Gigio, aparte de ser los primeros que vendimos —no en grandes cantidades, pero vendimos—, dieron lugar a que conociéramos a Carmen Balcells. Hubo, poco antes de que saliera nuestra edición, un problema con unos tipos que pretendían hacer otra edición por su cuenta —no recuerdo bajo qué argucias—, aunque nosotros teníamos los derechos exclusivos. Éramos muy novatos y nos pusimos nerviosos. Y entonces apareció en Lumen, o sea en la biblioteca de mi casa, la agente que llevaba los derechos del dichoso Topo. Rubita, joven, simpática, dicharachera. Se hizo inmediatamente cargo de la situación y la resolvió en un plisplás. Después nos hizo un montón de preguntas. Pero no se me ocurrió que iba a convertirse en una de las mujeres más peculiares que he conocido nunca. Tal vez la más ambiciosa. ¡He conocido en mi trabajo una caterva de pequeñas ambiciosas! Ambiciosas de poder, de dinero, de prestigio. Ambiciones mediocres, que no entiendo... Sí entiendo, en cambio, la ambición de crear una obra que siglos más tarde haga llorar a los que la contemplen o la lean, la ambición de inventar algo que haga dar un paso hacia delante a la humanidad, algo que alivie su dolor o aumente su capacidad de ser feliz o modifique el curso de sus creencias, o de realizar un gesto de belleza perfecta, o de ser enormemente amado, o de conseguir recuperar la juventud (¡cuánto tiempo me ha llevado comprender a Fausto y qué bien le comprendo ahora!), incluso entiendo la ambición de algunos insensatos —acaso de mi madre— de ser dioses, o la mía de ingresar en la cofradía de viejas damas indignas...

Carmen Balcells ha deseado y conseguido poder, dinero, prestigio, pero no es una pequeña ambiciosa, porque ambiciona también todo lo demás (quizás le gustaría incluso ser irrespetuosa, de hecho lo es y me parece una de sus muchas cualidades, pero no le gustaría ser una vieja dama indigna, claro). Su poder se transforma en arbitrariedad, y la arbitrariedad pertenece al ámbito reservado a los dioses. Le encanta ser hacedora de prodigios. ¿Qué deseas más que nada en el mundo? Pues ahí lo tienes, con un lazo rosa y envuelto en celofán. ¿Qué novelista te parece más importante del siglo XX? Me lo han pedido todos los editores de España menos tú, me han ofrecido anticipos que ni imaginas, pero mañana te mandaré el contrato. Sí, elige de Pablo los veinte libros que más te gusten, pero te vas a cambiar ese horrendo peinado, ¿verdad? Dices que te encanta la casa pero que ni te planteas comprarla porque está absolutamente fuera de tus posibilidades. No te preocupes. Firma el contrato cuanto antes y yo lo arreglo. ¿No puedes escribir porque no te dejan tranquila tus críos? Aquí al lado tengo un piso vacío. Muy agradable y con tres ordenadores. Toma la llave. ¿No hay forma de que te dejen terminar tu novela? Te instalaré en una dependencia de mi despacho, no tendrás que ocuparte de nada, estarás absolutamente incomunicado y pondré a alguien para que te ayude.

Seguramente a nadie le han dedicado tantos libros como a Carmen. Ha ayudado a muchos autores, ha resuelto la vida a bastantes, ha disminuido los abusos —muchos— de los editores y reconozco que ha conseguido anticipos memorables. O sea que, otra ambición cumplida, es muy querida por muchos... No por todos, claro, no por todos.

Porque resulta que la arbitrariedad es atributo de los dioses, pero está reñida con la justicia. Y me cuesta entender el código ético —qué antigualla, dios mío— por el que se rige Carmen. Sabe, claro, lo que para ella está bien y lo que está mal. Pero los criterios que la llevan a establecerlo son peculiares, personales, y esto la vuelve imprevisible. A mí me hizo favores, bastantes y algunos importantes, y me hizo jugarretas inaceptables. Algunas las paré (como la edición en bolsillo por otro editor de la novela de Martín Garzo, *El lenguaje de las fuentes*, que se anunció en la prensa y que Carmen, cuando la telefoneé furiosa, porque los derechos eran de Lumen, pretendió que yo le había verbalmente autorizado vender), otras no hubiera tenido medios para hacerlo, y otras (como ceder a troche y moche, sin compensación ninguna para Lumen, los derechos de *Los cachorros,* del que teníamos un contrato en exclusiva legalmente irrebatible, pero ¿cómo iba a pelear contra Mario Vargas Llosa, y a dar por incuestionable que lo legal era siempre lo justo?) por pereza. Cedí en esta ocasión y cedí en otras. Supongo que por eso se ha referido a mí algunas veces como «la gran señora de la edición». Y yo he entendido que pensaba «la gran tonta», y lleva razón. A mí tienen que hacerme algo muy gordo, algo que me haga sentir en auténtico peligro, para que me defienda como un gato panza arriba, y no ha sido el caso. Ninguna razón de negocios o de dinero es nunca el caso.

Creo que Carmen, aunque haya conseguido dinero, prestigio y poder, no ha estado nunca enteramente satisfecha, porque no es una pequeña ambiciosa —lo digo como un elogio— y no se resigna a carecer de algunas cosas que sabe no tendrá nunca, a no lograr ser alguien que no va a ser nunca.

Ya he dicho que, a pesar de que he pensado mucho en ella, porque es un personaje único y porque le tengo cariño, es impredecible. De repente quiere a alguien y un buen día ya no le quiere. Es tierna hasta la sensiblería («bañada en lágrimas», escribió García Márquez en su dedicatoria, porque también le ha dedicado un libro) y es de acero, capaz de hablar con una brutalidad inusitada, y, si hace falta, de actuar con idéntica brutalidad. Huelga decir que es autoritaria: no le gusta que le planten cara ni que se discutan sus órdenes, lo cual puede acarrearle la pérdida de personas muy valiosas. Es tan lista que se hace difícil reconocerla inteligente —más a mí, porque mamá se pasó la vida haciéndome notar que yo era inteligente para lo teórico, pero rematadamente tonta para la vida práctica—, pero sí lo es. Y posee una rapidez mental, una capacidad de captar al vuelo de qué va la historia, que se iguala a la velocidad y audacia con que toma decisiones importantes.

Y, después de tantos años de tratarla, he llegado a la conclusión de que sus puntos flacos —como sus depresiones, sus berrinches, sus salidas de tono, su esnobismo y su adicción a jugar a los Reyes Magos— podían ocasionarle algún problemilla, algún gasto innecesario, pero que nunca le hacían perder la cabeza. La dama de acero bañada en lágrimas está siempre alerta y atenta. Tiene poquísimas distracciones.

Desde el día que la conocí han transcurrido más de cuarenta años, durante algunas temporadas nos vimos bastante —diría que incluso fuimos amigas—, y en algunos momentos nos hemos querido y en otros nos habremos casi detestado. Ahora no sé... Me habría gustado, si ella hubiera querido, verla una vez más —hace mucho, muchísimo que no la veo—, y a las viejas damas nos gusta, cuando nos queda ya poco tiempo, cerrar capítulos, redondear historias, despedirnos de las personas que han formado parte de nuestro pasado, ahora que sólo nos resta el pasado y todo queda demasiado lejos para suscitar discrepancias ni reproches.

5

Primer encuentro con Ana María Matute y primeras escapadas a Madrid

Mientras Oscar buscaba álbumes ilustrados, yo programé una colección infantil de textos literarios de calidad y de autores famosos. Me impuse dos condiciones: primera, los textos no podían mutilarse ni alterarse, se trataría de obras íntegras; segunda, los textos no podían ser aburridos. Las cumplí bastante bien. La colección iba a llamarse Grandes Autores para Niños, pero los vendedores dictaminaron que ningún niño aceptaría leer un libro calificado «para niños», y quedó en Grandes Autores.

La primera persona a quien quise encargar un libro fue Ana María Matute. Era una de mis autores favoritos y había ganado hacía poco el Premio Nadal (uno de mis sueños adolescentes, pero al que no me presenté nunca, ni a este premio ni a ningún otro, y creo sinceramente que el único premio que me habría hecho ilusión ganar hubiera sido el de la Crítica cuando saqué *El mismo mar de todos los veranos*). A Ana María le dieron el Nadal por una novela espléndida, *Primera memoria.* Yo emergía de un tifus providencial (sin fiebre, sin molestias, sin dolores, gracias a la medicación), que había justificado cuarenta maravillosos días de cama, algo muy parecido a las frecuentes anginas que me permitían de niña hacer novillos en la escuela, mejor si tocaba gimnasia, envuelta en lo que entonces llamábamos mañanitas —unas chaquetas de punto muy suaves, casi siempre rosas o azul celeste—, la habitación inundada del olor a tomillo que hervía en un rincón, una enorme jarra de limonada en la mesilla de noche, y montañas de libros por el suelo a mi alcance.

El tifus coincidió con unos días muy calurosos, pero inmóvil en cama, siguiendo un régimen ligero, con sábanas recién planchadas y la ventana entreabierta, se estaba de maravilla. Me levanté con cinco kilos menos, un cutis que ni el de Blancanieves, y habiéndome leído a Matute de cabo a rabo. Porque en aquel entonces no existía aún para mí la lectura en diagonal y el solapeo —tan propios de mi profesión—, y, si un autor me gustaba, comenzaba por su primera obra y seguía sin interrupción hasta la última.

Escribimos a Matute, le interesó el proyecto y concertamos una entrevista en su casa. Y allí se fue mi madre, nuestra flamante relaciones públicas —ese trabajo sí le gustaba—, a negociar el acuerdo con Ramón Eugenio de Goicoechea, un vasco ampuloso y esperpéntico, también escritor y marido en aquel entonces de Ana María, de quien administraba los derechos. De hecho lo administraba todo, le organizaba la vida, y la trataba con esa curiosa condescendencia que se destina a alguien dotado de un talento especial, pero tan torpe e incapaz en todo lo demás que necesita del otro para sobrevivir, porque no sabría cruzar la calle sin ser arrollado a la vez por varios conductores borrachos —«ignoras, pequeña, lo peligrosa que es la ciudad y lo muy mala que es la gente»—, ni cortarse las uñas sin herirse dos o tres dedos —«déjame a mí, nena, no vayas a hacerte daño»—, ni hacernos un café sin recibir pertinentes instrucciones —«recuerda, bonita, que es preciso moler los granos antes de echarlos en la cafetera»—, por no hablar de enfrentarse a la prensa sin tenerle a él a su lado, presto a responder por ella, ni, sobre todo, de manejar los bienes materiales. Yo no lograría entender por qué Ana María —a la que creo conocer muy bien y que posee una fortaleza extraordinaria— ha caído a veces en esta posición de dependencia, de no haberme sucedido a mí, años después, algo muy similar.

Me hubiera encantado asistir a la entrevista, que tuvo lugar en el piso recién adquirido —y seguramente a medias pagado, pues no lo conservaron mucho tiempo— de la calle Calvet. Ramón Eugenio había decidido que era el mejor modo de emplear el dinero del Nadal, había decidido (o eso contaba) que Ana María, hija de buena familia, no podía ser feliz sin un piso de cierta categoría en un barrio elegante. Ramón Eugenio —que era, por otra parte, un tipo simpático y cuyas historias rocambolescas, sus grandes frases, «llevo el Sena debajo del sobaco», y su petulancia resultaban, sobre todo al principio, divertidas— recibió a mi madre en pleno afeitado, o sea brocha en mano y con las mejillas cubiertas de espumoso jabón. Muy en su papel de *enfant terrible*, se proponía escandalizar a aquella burguesa tontuela que se las daba de editora. Escandalizarla, seducirla y sacarle una buena tajada. Y a continuación le enseñó el piso —supongo, porque más adelante me lo enseñó así a mí— con el respetuoso detenimiento que se destina a la visita de un museo.

Mi madre de tontuela no tenía un pelo, y que la recibiera afeitándose le debió de parecer de pésima educación, pero hacía falta mucho más que eso para escandalizarla (entre otras razones porque los dos hombres de su propia familia no cuidaban en absoluto ese tipo de formalidades: alguna criada amenazó con despedirse porque papá, si apretaba el calor, podía cruzar desnudo el pasillo, y los modales de Oscar, en aquella etapa juvenil, eran descaradamente indecorosos). La descripción de las maravillas de un piso que no le interesaba lo más mínimo la escandalizó un poco más. Del dichoso piso de la calle Calvet me quedaron a mí, cuando lo vi, grabados dos detalles: un armarito muy bonito, del que Ramón Eugenio hizo una explicación interminable, insistiendo en lo carísima que era la madera, y que, por parecer sacado del vestidor de Sherezade, pensé que podía gustarle a Matute, a la que todo lo demás le importaba un bledo, y el contraste entre una mesa enorme y suntuosa —ocupaba casi toda la habitación—, la de él, y una minúscula mesita, arrinconada junto al pasillo, donde trabajaba desaforada, a presión, Ana María.

En aquella entrevista se llegó a un acuerdo, seguramente abusivo, pero tampoco tanto, ya que mamá lo aceptó, y quedaron citados para, a los pocos días, tomar el té en nuestra casa y firmar el contrato.

Fue una velada curiosa. Era mi primer encuentro con un autor importante, y un autor, además, por el que sentía una devoción especial. Encargué a la cocinera una tarta de manzana, que le salía deliciosa, y mamá encendió un gran fuego en la chimenea. Mi madre y Ramón Eugenio hablaron por los codos, mundanos y sociables, se rieron uno al otro las ocurrencias, descubrieron un montón de afinidades. Ana María y yo no abrimos la boca. Supongo que yo por timidez, o porque no se me ocurría nada que decir sobre los temas de aquel diálogo. Ana María porque andaba camino de una de sus huelgas de silencio, su modo personal de defensa: callar. Supongo que estaríamos esperando la previsible llegada de la Liebre de Marzo o del Sombrerero Loco… pero ¡qué extraño!, faltaron a la cita. Claro que, en realidad, ni Carroll ni Alicia me han merecido nunca gran confianza. Carroll es, qué duda cabe, un genio, pero algunos genios me caen gordos. Y que aquella tarde no mandara a nadie en nuestro apoyo es imperdonable.

Yo era un pelillo mitómana (lo he sido hasta hace muy poco, tal vez lo soy todavía) y les pedí que me escribieran algo en el álbum de autógrafos que llevo desde niña. Sólo lo pedía a personas que admiraba de veras, que significaban algo para mí, y de Ramón Eugenio no había leído nada, pero era obligado pedírselo a los dos.

Él, a quien se le daban bien estos menesteres, escribió: «Una página en blanco invita siempre a decir la palabra exacta. ¡Qué difícil! Apenas el silencio, entonces, vale algo.» Ana María no suele esforzarse mucho en las dedicatorias —le dan, como tantas otras cosas, pereza— y cumplió con «un afectuoso recuerdo de su amiga». Pero años después cubriría una página de mi álbum con un precioso dibujo en color, donde aparece Astrid guiada por el Trasgo del Sur, ya en los míticos dominios del Rey Gudú.

Es curioso que Ana María no olvidara tampoco aquella tarde, de la que hemos hablado a veces: la verborrea de su marido y de mi madre, tan mundanos ellos, la obstinada mudez de nosotras dos, la chimenea encendida y sobre todo la tarta de manzana. Asegura que ningún otro editor ha hecho cocinar para ella una tarta tan exquisita en celebración de una fiesta de no cumpleaños.

Matute es una de las personas de mi mundo profesional a la que llegué a querer de veras, y con la que he mantenido y mantendré una amistad inquebrantable durante el resto —entonces quedaba mucho— de nuestras vidas. Descubrí muy pronto que, no sólo sabía hacer un café, sino que era una buena cocinera, y que, si yo la había conocido en una etapa de mudita enfurruñada, era asimismo una gran conversadora, ocurrente y graciosa, capaz de contar unas historias (tal vez no más veraces, pero mucho más divertidas y jugosas que las de su marido) que te tenían en vilo, y te llevaban al borde de las lágrimas o de una hilaridad disparatada. ¡Lo que habremos reído juntas a lo largo de tantos años!

Empezamos, pues, en Lumen, dos colecciones infantiles. La serie de álbumes, con un librito delicioso de André François, *Las lágrimas de cocodrilo*, y Grandes Autores, con el cuento que habíamos encargado a Matute, *El saltamontes verde.* Quedó muy bien y con el transcurso de los años se convertiría en un pequeño best seller, pero, cuando tuvimos terminada la primera edición, en las librerías no lo aceptaron —tan poco comercial les pareció— ni siquiera en depósito. Diría que durante aquellos primeros meses las ventas más importantes de Lumen fueron las que conseguía Marta Pessarrodona entre los viajeros que coincidían diariamente con ella en el tren que la llevaba y traía de Terrassa a Barcelona para asistir a su primer curso de universidad. Marta era simpática, convincente, insistente (insistente a morir: si estabas decidido a no comprarle nada, lo mejor era cambiar de tren) y además les hacía un pequeño descuento.

A las series infantiles siguió la colección Palabra e Imagen, a la que ya me he referido en páginas anteriores. Obstinada en la idea de que cada hombre debe construir su propio destino —lo cierto es que el fatalismo, como casi todo lo que procede de Oriente, me resulta ajeno y desagradable—, he usado sin mesura, al comienzo de mis afirmaciones, un prepotente «he decidido»: me gustaba creer que yo iba construyendo mi vida, bien o mal, a golpes de decisiones. He tenido que llegar a vieja para constatar que, al menos en mi caso concreto, las decisiones no han tenido apenas peso y que casi todo se ha producido por azar (empezando por mi profesión de editora).

Palabra e Imagen es fruto de un hecho casual. Eran unos momentos en que la fotografía estaba de moda. Barral el Magnífico la utilizaba —y era una novedad— para las cubiertas de Biblioteca Breve; se publicaban, sobre todo fuera de España, hermosos libros de fotografía; se oía con frecuencia la dudosa afirmación de que «una imagen vale más que mil palabras», y todos defendíamos con fervor que el cine y la fotografía eran artes a tan justo título como las cinco que habíamos heredado de la Antigüedad. En Lumen habíamos publicado, en tiradas muy pequeñas, libros de Cartier Bresson, Richard Avedon y Eikoh Hosoe, y estábamos abiertos a la posibilidad de seguir en esta línea. Pero tal vez Palabra e Imagen no habría existido jamás de no presentarse un día en nuestra biblioteca Jaime Buesa, un joven fotógrafo de talento —guapo y simpático además—, que colaboraba en *La Vanguardia.*

Nos traía, por sugerencia de Ramón Eugenio, un proyecto de libro: una serie de fotos de chiquillos de barrios miserables, para las que Ana María había escrito unos textos brevísimos, preciosos, en la línea de *Los ni-*

ños tontos. Era lo que andábamos buscando: libros procedentes de la estrecha colaboración, en plano de igualdad, entre un escritor y un fotógrafo. Nos venían a proponer un libro concreto y de esta propuesta nacería toda una colección.

A partir de este momento nos vimos inmersos de golpe en el mundo de la edición; conocimos a los mejores escritores, cineastas y fotógrafos del país (más algunos de América Latina), y pisamos los linderos de la naciente *gauche divine*. Yo permanecería siempre en los linderos, mientras que Oscar y su primera mujer, Beatriz de Moura, se integrarían algo más adelante en ella y serían unas de sus figuras relevantes.

Hice, pues, una lista, y pedí a los autores textos breves, que no les creaban ningún conflicto con sus editores habituales, para una colección que les encantaba y dándoles plena libertad para elegir el tema. Ni se hablaba de comercialidad: que escribieran lo que les apeteciera, y que no se preocuparan de si se iba a vender o no. Seguro que nos tomaban por chiflados, por muy ricos, o por ambas cosas a la vez... y sólo éramos la primera.

Entré en contacto con Miguel Delibes, Ignacio Aldecoa, Camilo José Cela, Rafael Azcona, Alfonso Sastre, Jesús Fernández Santos, Alfonso Grosso, Mario Vargas Llosa, Alejo Carpentier, Juan Benet, Juan García Hortelano, Pablo Neruda, Luis García Berlanga, Antonio Buero Vallejo, Julio Cortázar. Y Oscar conoció, aparte de al gran maestro Català Roca, a tres grandes fotógrafos catalanes: Xavier Miserachs, hermano de Toni, diseñadora gráfica de la que me hice y sigo siendo muy amiga, Ramón Masats, que se había trasladado a Madrid, y Oriol Maspons, con el que mantuve una relación —no sé si se puede calificar de amorosa— que duró un par de años, hasta que me casé. Fue el trato asiduo e íntimo con Oriol lo que me hizo dar el paso a un mundo distinto, que poco tenía que ver con el de la universidad. Si tuviera que resumir en algo la diferencia, diría que la expresión «enamorarse» se sustituía por «encoñarse». En la universidad nos enamorábamos, en la *gauche divine* se encoñaban. La primera vez que se lo oí a Oriol fue viendo *La chica de la maleta,* que no trataba, según él, de una historia de amor sino de encoñamiento. Yo, que en el fondo era romántica hasta rozar la cursilería, estaba atónita y escandalizada.

Con Palabra e Imagen comenzó la etapa de las largas conversaciones con fotógrafos y escritores, y de las frecuentes escapadas a Madrid. Me llama la atención, al recordar aquellos años, lo muchísimo que hablábamos (sobre todo los hombres, porque las mujeres teníamos que alzar mucho la voz para que nos permitieran meter baza). Las cenas en casa de amigos se prolongaban hasta que el sol entraba por las ventanas (y en ocasiones cerrábamos antes las persianas para no enterarnos); en los restaurantes, aunque fuéramos huéspedes de honor, llegaba un momento en que no les quedaba otro remedio que echarnos porque tenían que cerrar; nos conocíamos los pocos locales donde, a puerta abierta o a puerta cerrada, podías permanecer prácticamente la noche entera, y aquellos en que te servían, a horas muy tempranas, el más rico desayuno (si estábamos en Madrid, chocolate con churros). Hablábamos de todo (aunque casi nunca, qué tiempos aquéllos, de achaques de la edad o problemas de dinero), de política, de arte, de amor, de los grandes dilemas de siempre, pero también de cuestiones intrascendentes. Chismorreábamos, criticábamos, decíamos maldades. Me pregunto si los jóvenes de ahora siguen hablando tanto: si hemos cambiado nosotros al envejecer, o si también los tiempos han cambiado.

En la Barcelona de los 60 se hablaba mucho, pero Madrid era un hervidero casi mareante de palabras. Horas y horas sentados a las mesas de los cafés. Nadie tenía prisa, nadie comentaba que lo esperaban en una junta o que tenía que madrugar a la mañana siguiente. Se reunían antes del almuerzo, a la hora del café, a media tarde, la noche entera. Y eso no impedía que estuvieran llevando a cabo casi todos ellos una obra importante. Se hablaba más o menos de lo mismo que en Barcelona, sólo que en política demostraban estar más en el centro de los acontecimientos, de los entresijos del poder, y se dedicaba muchísima atención a los toros, lo cual yo vivía con cierta incomodidad, y en una ocasión concreta —ante la machacona insistencia de Javier Pradera, pasados todos de copas y de horas, en culpar a la «catalanidad» de mi penosa falta de sensibilidad ante el flamenco y mi rechazo a la fiesta nacional— como una agresión.

Viajábamos a Madrid en el dos caballos de mi hermano. Por las carreteras de la época tardábamos más de diez horas en llegar. Recuerdo una ida en pleno invierno: el paisaje cubierto por la nieve, la calzada helada transformada en pista de patinaje, los grandes camiones medio tumbados en la cuneta, y un frío atroz. Ya en Madrid, nos alojábamos en nuestra modesta pensión de un sexto piso de la calle de Alcalá, y, a la caza de textos y fotografías para Palabra e Imagen, encadenábamos aperitivo con un autor, almuerzo con otro, interminable tertulia de café con un tercero, cena en grupo, local de copas hasta el amanecer... La verdad es que lo pasábamos en grande. Casi todos eran jóvenes (no tanto como

Oscar o como Lluís o como yo, pero jóvenes al fin), un poco locos y muy simpáticos. Casi todos bebían demasiado.

Mi hermano mantuvo charlas interminables, y escandalosas y divertidas, con Luis Berlanga —un tipo inteligente y encantador, con el que Oscar y luego Beatriz, su primera esposa, establecerían una amistad de por vida—, en torno a la posibilidad de hacer un libro sobre erotismo. Es curioso hasta qué punto izquierdismo y pornografía, al ser objeto ambos de la represión franquista, iban hermanados en la España de los 60. Muchos de nosotros asistíamos a un burdo espectáculo porno en una cutre taberna del puerto de Hamburgo o a un sofisticado *striptease* del Crazy Horse como si participáramos en un acto revolucionario, y poco faltaba para que, al meterse en el coño la putita portuaria el último objeto que le venía a mano (que en una ocasión fueron las gafas de mi padre, lo que a él le enfadó mucho y a nosotros nos provocó un ataque de risa desaforada) o al desprenderse una de las mujeres más bellas del mundo de la última prenda de ropa, nos pusiéramos en pie y entonáramos, puño en alto, *La Internacional.*

Costaba que lo entendiera gente de otras culturas, de otros países, donde la pornografía, al menos la de lujo, iba ligada a la clase burguesa, y causaba sobre todo el escándalo de las feministas, que me resultó incomprensible hasta que un día Adela Turín, una de mis mejores amigas, con la que coeditaría años más tarde libros infantiles antimachistas, me explicó: «No se trata de moral, o por lo menos no de la moral en la que tú piensas. Nos parece ofensivo que otros tengan que inventarnos fantasías sexuales colectivas y a menudo vulgares, cuando todo ser humano debería hallar y cultivar, con su pareja, fantasías eróticas personales y exclusivas.» Quizás sí, quizás sea porque crecí en la España de Franco, pero a mí sigue sin escandalizarme y sin ofender mi feminidad la pornografía.

Berlanga había reunido una buena colección de libros y de objetos eróticos, y se discutía la posibilidad de elaborar en torno a ellos un volumen de Palabra e Imagen que tuviera unas mínimas probabilidades de ser aprobado por la censura, que todavía era obligatoria.

A estas discusiones solía asistir Rafael Azcona, excelente guionista que había colaborado mucho con Berlanga y acababa de publicar una novela interesante, *Los europeos*, y con quien discutíamos otro posible título para nuestra colección. Quería hacerlo con Masats y proponía dos temas: la comida o el entierro. Se largó de repente a Italia, el libro no llegó a nada, y yo le traté poco, pero le recuerdo como uno de los hombres más atractivos y con mayor talento que he conocido. La última vez que nos vimos tuvimos el siguiente diálogo. Él: «Es horrible. Mañana me voy a Ibiza con una chica.» Yo: «¿Y qué tiene de malo? ¿La chica es un desastre?» Él: «No, claro que no. Es inteligente, encantadora, guapísima.» Yo, emocionada porque al enumerar las cualidades de una mujer citara la inteligencia antes que la belleza: «Pero, de todos modos, a ti no te gusta.» Él: «Muchísimo.» Yo: «Ah, pero ella no te quiere a ti.» Él: «Me adora... Será un desastre.»

Contra lo que parecía previsible, pasaron más de cuarenta años sin que nos viéramos ni mantuviéramos contacto alguno. Y entonces se nos ocurrió a Oscar y a mí pedirle, para una colección de entrevistas que editaba RqueR, que hiciera la de Berlanga. Su respuesta decía: «Querida Esther: Que te acuerdes de mí —¡después de casi medio siglo sin vernos!— me halaga y poco falta para que me ponga a ronronear como un gato viejo y egocéntrico... No hace tanto, pero sí muchísimo, que no veo a Luis, y llamarlo para recordar un tiempo feliz en la miseria —en la mía, se entiende— no creo que sea una buena idea: abomino de los regodeos nostálgicos, y, en este caso particular, doy por seguro que nuestras peroratas apestarían a crisantemos putrefactos.»

Pocos meses después salieron notas y entrevistas en la prensa, con motivo, creo, de la reedición de un viejo libro, y Rafael estuvo tan inteligente y brillante como cuarenta años atrás, y, casi a continuación, murió, se bajó el telón, se acabó la historia como se acaban todas las historias... Y me pregunto a veces cuán horrendo o cuán maravilloso debió de haber sido aquel viaje a la mítica Ibiza de los 60 con aquella muchacha inteligente, encantadora y bellísima que le amaba...

Hablamos en Madrid con muchos otros autores de los que finalmente no llegó a realizarse ningún libro: Antonio Buero Vallejo, Alfonso Sastre (el proyecto era bonito: iba a escribir sobre fotos de distintos tipos de manos, lo que expresan las manos), Jesús Fernández Santos, con quien se barajaban varias posibilidades. En su casa tuvo lugar una anécdota divertida, uno de esos rarísimos brotes de catalanidad que me dan alguna vez, poquísimas. A mí, que no bebo apenas otra cosa que coca-cola (me he informado y la coca-cola no está mal vista entre las viejas damas, habría sido un engorro), me hablaron del chinchón, comentaron que allí se bebía mucho y en Cataluña no, y me ofrecieron una copita para probar. Bebí un sorbo, creí morir, pero todos me miraban expectantes. Me dio rabia. Recordé al chiquillo heroico que, en la lucha contra los franceses, se inmoló haciendo sonar su tambor por las montañas del Bruc, y a los peces que llevaban las cuatro barras estampadas en el lomo por todo el Mediterráneo, y terminé la copita de un trago, sintiendo que una bola de fuego descendía por mi interior desde la boca hasta el vientre, y luego nada, anestesia total. Lo malo fue que la amiga que me acompañaba —Vida, que sería luego, hasta hoy, una de mis mejores amigas—, sabiendo que no bebo y tranquilizada por mi impasible ademán, dio también un sorbo. Y montó un cristo: gritó, escupió, lloró, nos increpó... Claro está que Vida era medio gallega y medio neoyorquina, y los peces de Galicia o Nueva York no han paseado sus barras y estrellas por ningún mar...

Aunque estos proyectos no llegaron a realizarse, sí fue resultado de estos primeros viajes a Madrid uno de los libros más hermosos de nuestra colección, *Neutral Corner,* sobre boxeo, claro, y no deja de resultar irónico que en una colección codirigida por mí, los autores eligieran temas como la caza, el boxeo, los toros o la más sórdida prostitución. El autor del texto, Ignacio Aldecoa (las fotos eran de Ramón Masats) y su mujer, Josefina, nos invitaron a cenar en su casa. Josefina dirigía un colegio, y lo ha seguido haciendo durante años con gran éxito. Había publicado ya un par de libros, bajo su nombre, Josefina Rodríguez. Sólo años más tarde adoptaría —con gran sorpresa y cierto escándalo inicial por mi parte— el de Aldecoa. Luego entendí que la muerte prematura de un individuo tan excepcional y tan amado como Ignacio había causado un trauma que lo explicaba y justificaba todo: adoptar el apellido de su marido era simplemente un acto de amor, uno de los pocos que podía aún permitirse.

Aquella primera velada en su casa fue deliciosa, y los tres —creo que Lluís nos acompañaba— quedamos fascinados. Eran jóvenes, cariñosos, inteligentes, divertidos, entusiastas. Estaban —saltaba a la vista— muy enamorados. Tenían una niña de pocos años que se llamaba Susana, y un perro que se llamaba Buda y estaba integrado como un miembro más en la comunidad familiar.

Acordamos que escribirían a dúo un libro infantil para Grandes Autores. Josefina envió enseguida su parte, pero la de Ignacio no se terminó nunca. Tampoco llegó a hacerse un segundo título que él proponía sobre la pesca en alta mar.

Acababan de regresar de unas vacaciones en Ibiza y contaron cosas que nosotros escuchábamos con la boca abierta y apenas podíamos creer que existieran, y no digamos en la España de los 60: vestimentas locas, pluralidad de lenguas y de razas, desnudo integral, drogas consumidas o inyectadas en público, parejas o grupos follando en los parques y al borde de las avenidas, con individuos del sexo contrario o del mismo. Permisividad total.

Además había en la isla, contaron, unos perros magníficos, sin dueño fijo. Acudían a la llegada de los barcos, elegían a los humanos que más les gustaban y, cuando éstos se iban, los sustituían sin dificultad. De modo que no eras tú quien lo adoptaba a él, sino él quien te adoptaba a ti. Ni que decir tiene que a mí, amante de casi todos los bichos mamíferos, y sobre todo de los perrunos, la historia me encantó.

Decidimos que había que viajar urgentemente a Ibiza. No sé cuántas veces en mi vida decidí que había que ir a Ibiza, cuántas veces estuve a punto de emprender el viaje. Y cuando por fin lo realicé, hace poco más de un año, ni Ibiza era la Ibiza de los Aldecoa, ni yo era la muchacha de los 60, y los perros sin dueño eran tan puteados como en cualquier otro lugar del mundo.

Los textos de Ignacio para *Neutral Corner* son buenísimos, y también lo son las fotos de Ramón Masats, recién instalado en Madrid con su familia, por una razón que nunca llegó a convencerme: aseguraba que no quería vivir en la misma ciudad que sus dos grandes amigos y grandes fotógrafos —Oriol Maspons y Xavier Miserachs— para que no surgieran conflictos de competencia. En su piso a medio amueblar conocí, entre otros, a Carlos Saura y a su primera mujer. Las cenas, simpatiquísimas, en casa de los Masats también se prolongaban, claro, hasta el amanecer, y también se hablaba de todo lo humano y lo divino, pero había una variante: en casa de los Masats se montaban unas tan módicas como apasionadas partidas de póquer. Eran mis primeras timbas desde aquellas que jugábamos a escondidas, de niños, en los pueblos de veraneo. Cuarenta años más tarde, cuando vendí Lumen, alguien, que obviamente no me conocía demasiado, aseguró que la había perdido en una de las apasionadas timbas semanales que celebro desde hace mucho en mi casa, en las que son asiduos los amigos Concha Serra y Jordi Virallonga, y la madre de mi asistenta la telefoneó alarmada para saber si, a consecuencia de mi ruina, se iba a quedar ella sin empleo.

6

Viajo a Valladolid para hablar de perdices y me libero allí por fin de la virginidad

Había en la lista de escritores que debían figurar en Palabra e Imagen dos nombres imprescindibles: Miguel Delibes y Camilo José Cela. Delibes vivía en Valladolid y Cela en Palma de Mallorca. Les pedí a los dos su colaboración. Miguel se mostró interesado y propuso como tema la caza de un ave que al parecer corría peligro de extinción, la perdiz roja. Argumentaba: «Dada la creciente afición a la caza en el país y la desahogada posición de muchos de sus cultivadores, el libro puede alcanzar una buena venta.»

Hablaba en su propio interés —tenía ya cinco hijos que mantener y le llevaría todavía tiempo poder dejar su empleo de director de *El Norte de Castilla* para dedicarse exclusivamente a sus novelas—, pero también en el nuestro. A Miguel le importaban los demás —le han seguido importando— y cuando, en nuestra primera visita, Oscar le dijo que no se trataba de cuánto se iba a vender, sino de lo que a él le apetecía escribir, comprendió que se hallaba ante unos jovenzuelos tan bien intencionados como insensatos, y empezó a inquietarse por nuestras dudosas posibilidades de supervivencia.

Delibes se preocupaba entonces por los demás, y cincuenta años después —malhumorado por la enfermedad, más difícil de trato y dispuesto a cantarle las verdades al lucero del alba, porque ha llegado ya a ese punto situado más allá del bien y del mal en que uno se lo permite todo, miembro de honor de la cofradía de viejos caballeros irreverentes— se sigue interesando y preocupando por lo que le ocurre a la gente, sean los vecinos, los cazadores furtivos o los miembros de una tribu del África profunda. Es un amigo de lealtad inquebrantable, amigo a muerte (o sea el único tipo de amigo que vale), y posee esa cualidad, hoy tal vez devaluada por el abuso que se ha hecho de la palabra, que llamamos solidaridad. Me atrevería a decir que Delibes es un hombre bueno, sin que esto signifique que sea inocente, o que tenga una imagen amable del mundo y de la gente. Ni siquiera su religiosidad me parece complaciente y exenta de conflictos.

Creo que Ángeles, su mujer, ejercía, entre otras importantes funciones, la de suavizar y mediatizar su contacto con la realidad. Su vitalidad, su sentido común, su buen humor atenuaban los temores y obsesiones de Miguel. En ningún momento era a mis ojos tan evidente lo mucho que quería a su marido como cuando se burlaba cariñosa de sus manías, banalizaba su ansiedad, se reía de sus fobias. Se rio sin empacho del berrinche, auténtico aunque intentara tomarlo a broma («¡Qué gran libro os habéis perdido!», nos escribiría), que sufrió Miguel cuando le rechazamos un librito de dibujos que nos había propuesto para la serie de humor Nuestros Tipos. Y comentaría ella: «En el fondo, lo que le hubiera gustado de verdad es ser dibujante, más incluso que escritor.»

También fue Ángeles quien prometió enviarme, caso de encontrarlo («utilizamos esos papeles para cualquier cosa, a veces para envolver la merienda que llevan los niños al colegio»), el manuscrito original —Delibes escribía a mano, y sigue escribiendo a mano sus cartas, en una letra cada vez más enrevesada que hace a veces difícil entenderlas— de *La caza de la perdiz roja.* Cumplió su palabra y yo hice encuadernar las hojitas en piel verde y lo guardo como oro en paño.

Ángeles me parecía una de esas mujeres que, si el mundo por un accidente catastrófico se detuviera, sería capaz de ponerlo de nuevo en marcha (que la muerte la parara prematuramente a ella, tan necesaria para los suyos, fue un contrasentido, un despropósito, como lo fuera la muerte de Ignacio Aldecoa).

Decidimos, pues, hacer un libro que se llamaría *La caza de la perdiz roja.* Y, tras barajar dos o tres nombres, Oscar eligió a Oriol Maspons. Oriol había pasado un tiempo en París, había dejado un buen empleo en una casa de seguros para dedicarse a la fotografía, le traían loco las chicas guapas (seguro que él las definiría de modo más grosero) y las fotografiaba mejor que nadie en nuestro país. Fotografiar perdices en vías de extinción y viejos cazadores furtivos, también quizás en vías de extinción, no era precisamente su ideal de trabajo, pero la posibilidad de hacer un libro, y en compañía de Delibes, le entusiasmó.

Viajé, pues, de nuevo a Valladolid, esta vez en tren y con Oriol Maspons. Se había iniciado la temporada de caza y Delibes debía orientarle sobre el modo de enfocar la parte fotográfica del libro. Recuerdo poco del viaje. Oriol era un tipo divertido, no paraba de hablar, no dejaba de emitir rotundas afirmaciones, lo más provocativas posible, que me dejaban atónita y escandalizada, pero que, cuando estaba presente, divertían muchísimo a mi hermano, que lo admiraba como profesional y se había hecho su amigo. Después Oriol se durmió, o fingió dormirse, su cabeza se fue deslizando hasta mi hombro, y yo me mantuve muy quieta para no despertarle.

Y aquella noche —nos alojábamos en el mismo hotel— fue a mi habitación y se metió en mi cama. Todo perfectamente previsible y vulgar. Era inimaginable que si Oriol viajaba solo con una mujer —de menos de cincuenta años y no del todo fea— no intentara follársela. Habría ido contra sus principios e incluso le habría preocupado. Como le preocupaba, y lo había comentado varias veces conmigo, que Oscar, a sus dieciocho o diecinueve años, se negara a ir de putas y, dado que las chicas que le gustaban y con las que salía le paraban los pies siempre en el último momento —lo tenían bien aprendido de sus cautas mamás—, prefiriera no acostarse con nadie. Muy preocupado le tenía a Oriol que Oscar pudiera ser maricón.

En cuanto a mí, ¡había tenido que esperar a cumplir veinticuatro años y viajar nada menos que a Valladolid para permitir que un hombre se metiera en mi cama...! Quedaban atrás, hacía mucho tiempo que habían quedado atrás, los tabúes religiosos y los tabúes morales: sólo me frenaba, y no se disiparía hasta el descubrimiento y difusión de la píldora, el miedo al embarazo.

El día siguiente fuimos a pasarlo, Miguel, Ángeles, Oriol y yo, a la casa de campo que los Delibes tenían en Sedano. Hacía muy buen tiempo. Estuvimos paseando, discutiendo el libro, defendiendo Miguel y atacando yo la caza. Oriol recogió kilos y kilos de unas setas idénticas a los *rovellons*, que, pese a sus desesperadas protestas, Miguel le obligó a tirar porque no estaba seguro de que no fueran venenosas. Comimos al aire libre, y los Delibes alabaron mis vulgares huevos fritos (lo único que sé hacer, aparte de leche condensada al baño María y un arroz hervido que cura todos los males) como si se tratara de un manjar de alta cocina. Después, al tibio sol de una espléndida tarde otoñal, la charla devino perezosa, hasta deslizarse en el silencio, y quedé medio dormida, al lado de Miguel. Sin que me diera cuenta, Oriol nos sacó una foto, una de las poquísimas que me hizo en los dos años que anduvimos más o menos juntos. No estoy siquiera segura de haberla visto entonces, pero últimamente ha circulado bastante. Y me han comentado con insistencia lo guapa que estoy, mi expresión de placidez, y yo me he echado a reír y he dicho que sí, que es un momento de paz perfecta, de mágica plenitud, como el del caballero mientras come unas fresas con los titiriteros en *El séptimo sello,* y sólo ahora, al borde de mi vejez indigna, puedo confesar, y cuánto me divierte, que es la expresión de una muchacha crecidita que ha estado por primera vez la noche anterior metida con alguien del otro sexo en la cama.

Oriol se quedó en Valladolid trabajando en el libro y yo regresé a Barcelona, como estaba programado desde un principio, porque nada más lejos de mi intención que lanzarme a caminar por los campos de Castilla asesinando perdices.

Y entonces, como era previsible, me enamoré. He estado enamorada siempre (sin que haya apenas paréntesis —letárgicos, vacíos— entre un amor y otro amor), desde que amé de niña a tía Blanca hasta que, al cumplir cuarenta y muchos años, di por terminado mi interés por el sexo. Me había enamorado muchas veces y de personas dispares, con alguna de las cuales, como fue el caso de Oriol, no tenía apenas nada en común.

Una de las pocas aficiones que compartíamos era el cine, y ni siquiera era una coincidencia real, porque veíamos las películas de modo distinto. Yo, embebida en la trama, pendiente sólo de la historia que me estaban contando y lo que se podía deducir de ella; Oriol, atento ante todo al modo en que el director nos la contaba. En pleno drama, mientras yo luchaba por contener los sollozos y había empapado mi pañuelo y el suyo, Maspons me hacía comentarios sobre aspectos técnicos que yo no entendía y que en absoluto me interesaban. Era enormemente observador y curioso (chismoso también), y le gustaba tener teorías inamovibles y chocantes sobre todo, especialmente sobre el modo de comportarse los humanos. Solían ser hilarantes, insólitas, amargas y provocativas.

Había otro punto de coincidencia, el interés por los animales, pero éste era en mí obligado: jamás he tenido una relación mínimamente importante con alguien a quien no le gustaran los animales. Creo que me sería imposible. No sólo la crueldad con ellos me provoca una ira sin límites, una furia homicida, sino que el mero gesto de rechazo o repugnancia hacia un perro o un gato me pone de inmediato en guardia, despierta mis peores sospechas.

Me enamoré de Oriol, he escrito, como era previsible. Casi diría inevitable. La actitud ante el sexo ha cambiado mucho —lo que cuento ocurrió hace cincuenta años, y medio siglo es, o ha sido al menos en este campo, un montón de tiempo—, las muchachas de entonces habíamos recibido del ambiente que respirábamos, del cine que veíamos, de las novelas que leíamos, una educación sentimental muy precisa. Si para Oriol la más romántica de las historias, la más desligada del sexo, era un encoñamiento, para nosotras cualquier sentimiento, cualquier experiencia compartida con un hombre, era amor. Incluso mi madre, tan progresista y liberal, tan ajena a la idea de pecado y a los tabúes impuestos por la religión, tan descreída, juzgaba que el sexo, si había amor, era aceptable e incluso positivo, pero que acostarse con alguien a quien no se amara era degradante, propio de los animales. El deseo físico, el capricho erótico, no existían para las muchachas decentes, y, caso de existir, se ocultaban. Era impensable que dijéramos «deseo a Fulanito», «me gustaría acostarme con Menganito», o simplemente «qué bueno está ese tío» o «me muero de ganas de follar».

O sea que, si yo había llegado por fin a un punto en el que podía aceptar, con placer y sin sentimientos de culpa, que un hombre se metiera en mi cama, lo que siguiera tenía que ser forzosamente una historia de amor.

Oriol me dio, sin pretenderlo y sin ser seguramente consciente de ello, el empujón definitivo para empezar una vida distinta. Había ido rompiendo —o se habían ido rompiendo por sí solos— los lazos que me ligaban a la universidad, empezaba a tener claro que la historia de la editorial, aunque tuviéramos dificultades, iba en serio y podía prolongarse más de lo previsto por mí. Y mi madre, que durante largo tiempo había vivido obsesionada por mis actividades teatrales, mis amistades peligrosas, mis amores nefandos, se desinteresó totalmente, a partir de mi regreso de Madrid, de lo que yo hiciera o dejara de hacer. Quizás porque estaba harta, quizás porque daba por perdido todo intento de cambiarme, quizás simplemente porque yo tenía más de veinte años y se sentía liberada de sus responsabilidades. Por otra parte, viví inmersa, durante los dos últimos cursos de universidad —debido en parte a mis contactos con Sección Femenina de Falange y a que en la Facultad apenas había chicos—, en un mundo de mujeres, y las mujeres a mamá no la preocupaban en absoluto, las mujeres no significaban nada.

Con Mercedes, a la que había conocido en el albergue de Bagur donde hacíamos las universitarias el servicio social obligatorio, y que me había ganado —sin proponérselo, porque ella misma empezaba a tener sus dudas, no respecto a la doctrina de José Antonio, sino a la Falange oficial— para aquella utópica Falange antifranquista, de izquierdas y revolucionaria, mantuve una intensa relación epistolar el curso que estudié en Madrid, y que ella pasó en Granada, con esporádicos encuentros en vacaciones. Después, las dos en Barcelona, instalada ella en la habitación que alquiló a pocos metros de la casa de mis padres (su familia vivía en un pueblecito de Vic, al que íbamos con frecuencia), pasamos a ser inseparables. Con nadie he compartido tantas cosas, ha sido la confianza tan total, nadie me ha conocido tan a fondo teniendo al mismo tiempo una imagen tan halagadora de mí, con nadie me he divertido tanto, he aprendido tanto, he reído tanto, he sido tan feliz... Salvo con Esteban, pero Esteban fue una historia distinta. Me he enamorado muchas veces, y de personas muy diversas, pero sólo dos, éstas, han merecido realmente la pena.

Volvió Oriol de Valladolid, con una serie de fotos excelentes... y dejando muy preocupado a Delibes. «Tengo un poco de miedo a Oriol —me escribió—. Acepto que el libro no sea sólo para cazadores, pero que tenga en cuenta que de ningún modo debe ser sólo para fotógrafos. Hay fotos estupendas, pero me temo que se nos vaya un poco por el virtuosismo abstracto de las plumas de perdiz...» Y: «La verdad es que no me explico lo que ha hecho Oriol en Albacete hasta el 23 de febrero, cuando la veda de la perdiz se cerró el día 4. Supongo que las habrá estado persiguiendo desde un coche...» Yo tampoco me explicaba qué habría hecho Oriol en Albacete, pues, si las perdices estaban en veda, no creo que las chicas guapas de estilo sofisticado que él perseguía, a pie, en coche o en bicicleta, abundaran por allí.

Entretanto yo le había escrito una carta de amor. Me encanta escribir cartas de amor, es lo que mejor hago, pero me habría parecido indigno guardar copia —yo era entonces una muchachita de dignidad ejemplar—, de modo que no conservo ninguna, y mi epistolario erótico-amoroso quedará, gracias sean dadas a los cielos, sin publicar. Entre la educación sentimental que me había inculcado mi madre —como que follar sin amor era algo sucio (no sé si el matrimonio constituía una excepción, porque muy enamorada de papá ella no parecía)— había algunas normas de tipo práctico, y una de ellas era que las cartas de amor se escribían siempre a máquina y se enviaban sin firmar.

Tal vez no era un mal consejo y no recuerdo si lo seguí en muchas ocasiones. Evidentemente no en todas, pues hace dos o tres años me telefonearon ofreciéndome unas cartas *muy interesantes* cruzadas con Ramón Eugenio de Goicoechea el año 60 o 61. Ni me acordaba de que había existido un amago de flirteo entre él y yo (en aquel entonces, y por primera vez en mi vida, quizás para recuperar el tiempo perdido, flirteaba con mi propia sombra) cuando nos conocimos, pero era muy propio de los dos precipitarnos a escribir en el acto largas misivas de florida literatura. Habría sido curioso —relativamente curioso— releerlas ahora, tanto tiempo después, pero no estaba dispuesta a pagar un duro por ellas, y, si se trataba de un intento de chantaje, el vendedor iba muy desencaminado, pues ni siquiera antes de convertirme en vieja dama poco respetuosa me hubiera importado lo más mínimo lo que ocurriera con las cartas. Una ha cometido tantas tonterías a lo largo de setenta años, que ninguna tiene ya importancia... salvo aquellas que han dañado gravemente a alguien, y que suelen ser precisamente las que era imposible evitar.

Le escribí, pues, a Maspons una carta de amor. A mano y firmada. En castellano, y seguro que muy bien escrita. Él contestó en catalán. Decía que había recibido la mía y que le había emocionado «un poco», y que no era el aburrimiento la única causa de que me echara de menos «un poco». Y: «Los dos días pasados aquí contigo son con mucho los mejores que podía desear y sólo por ellos merece ya la pena recordarte... No soy tan inconsciente como para rechazar tu afecto. Sé por experiencia que no abunda y lo aceptaré del modo que tú quieras dármelo.» No era una carta de amor, pero tampoco era una carta que pusiera fin al romance. Y así empezó una relación disparatada, al borde de la perversión. Oriol no quería perderme, quería seguir follando, incluso le gustaba salir conmigo, ir juntos al cine, a cenar a la Mariona, el restaurante de moda entre la *gauche*, que le acompañara en las sesiones o viajes de trabajo. Pero dejaba muy claro que yo no era su tipo de mujer, que no me amaba ni me amaría en el futuro. Al mismo tiempo, me lloraba sus penas y sus complejos. De modo que me tenía asediada por dos frentes: primero, la compasión (yo era ese tipo de heroína romántica que mantiene absurdos ligámenes entre la compasión y el amor); segundo, el amor propio, pues, aunque supiera que no gustaba a todos los hombres, ninguno me lo había dicho nunca tan a las claras. Para complicar más la situación, Oriol se moría por follar y no desperdiciaba oportunidad de hacerlo, pero era católico a la antigua usanza, de modo que creía en el pecado, en el infierno, y dividía a las mujeres en dos grupos: las decentes, como, entre otras, su madre, y las putas, como, entre otras, yo. Supongo que éste era uno de los motivos que le impedía ser feliz...

Como me negué obstinadamente, por fervientes que fueran sus súplicas, a ir a un *meublé* (visto desde hoy, no logro imaginar a qué pudores extraños se debía mi negativa, pero debían de ser poderosos, puesto que yo no le negaba en aquel entonces nada), había que esperar hasta el día en que uno de sus amigos nos podía prestar su estudio o su casa. Fuimos varias veces a una buhardilla de techo bajísimo y frío helador. Sólo llegar, Oriol ponía en marcha el tocadiscos (jamás hacíamos el amor en medio del silencio, y llegué a fantasear temerosa que, sin música, no eran posibles la erección ni la penetración) y me hacía tumbar sobre las alfombras y cojines distribuidos por el suelo. Recuerdo que, a pesar de que no me gustaba llevar pieles, me compré un abrigo de jineta pensando en él, en el placer de envolverlo en suavidades. Y, en la próxima escapada a la buhardilla, extendí mi abrigo en el suelo, sobre las alfombras, le hice tumbarse encima, y lo cabalgué como la reina de las amazonas lo habría hecho con un desfallecido Tarzán. Hubo momentos sórdidos, pero también los hubo divertidos en aquella alocada historia.

La caza de la perdiz roja fue un éxito —tal vez sí fueran los cazadores en definitiva buenos compradores de libros—, un éxito pequeñito, claro, a la medida de la naciente Lumen, pero un éxito al fin, y dio lugar a mi primera pelea profesional.

Esperábamos con ilusión, con ansiedad, que apareciera la crítica de la dichosa *Perdiz* en la revista *Destino* (Editorial Destino publicaba la obra de Delibes), porque hasta aquel momento nadie nos había hecho el menor caso, y enviamos, para ilustrarla, una de las fotos del libro. Y, por uno de estos despistes que ahora sé frecuentes y acepto casi como normales, pero que entonces nos pareció a todos inconcebible, en la revista publicaron un artículo sobre los libros de caza de Miguel, con la foto de Maspons a gran tamaño, pero sin citar siquiera nuestro libro. Monté en cólera y mantuve una violenta conversación telefónica con Vergés, director de Destino. Cuando me ofreció desdeñosamente zanjar la cuestión abonándonos el precio de la foto, le colgué el teléfono. En la correspondencia entre Vergés y Miguel, que se ha publicado hace unos años, Vergés me acusa de «reaccionar como una histérica», y Delibes replica: «Nada me duele tanto como ver a dos amigos míos enfrentados... Sinceramente creo que en este asunto de la foto no tienes, en principio, la razón. Yo te envié esa foto para que ilustrara la crítica del libro de la *Perdiz.* Has anticipado su publicación sin poner el nombre del autor y lo menos que merecía Esther era una explicación...»

Delibes, que rinde un genuino culto a la amistad, estaba desolado. Me consta que su relación personal con Vergés le ha hecho rechazar ofertas muy tentadoras y es uno de los poquísimos autores importantes y de éxito que ha seguido publicando siempre en la misma editorial y que ha estado hasta fecha muy reciente sin agente literario (que finalmente cayera en el imperio Balcells era, como tantas otras cosas, inevitable). Nos reconciliamos, Vergés y yo, poco tiempo después. Coincidimos en un cóctel donde se presentaba un libro editado por Destino. Y, animados por Miguel, nos dimos un cordial, que no afectuoso, apretón de manos.

7

Con Oriol aprendo muchas cosas y desaprendo otras

Oriol nos propuso un libro sobre patéticos muchachos que aspiraban a toreros y ensayaban en la calle, en Montjuïc, y nos sugirió pedirle el texto a Cela (sería *Toreo de salón*), también nos presentó a Joan Colom, insigne retratista de putas, a las que llevaba años espiando obsesivo, con la cámara escondida bajo la gabardina (haría, con Cela, *Izas, rabizas y colipoterras*). De modo que la colección Palabra e Imagen estaba en marcha.

De Cesc y de su mujer nos habíamos hecho muy amigos. Eran buena gente, muy buena gente, un islote de honestidad, delicados modales y timidez en un océano bastante proceloso. Se agradecía. Con ellos y con Oriol y con mi hermano pasamos buenos ratos juntos. Ella se quedaba dormida con frecuencia, porque tenían dos niños muy pequeños y andaba siempre muerta de sueño, pero incluso dormida me parecía encantadora.

Como en los dos primeros años de Lumen habíamos puesto en marcha cuatro colecciones, pero no vendíamos ni una escoba, y por otra parte era evidente que mi padre no pensaba rendirse, teníamos que renunciar al ingenuo propósito inicial de editar lo que nos gustara, convencidos de que si nos gustaba era bueno y gustaría a los demás, y prestar mayor atención a la comercialidad. Lo cierto era que nos urgía dar con un título que se vendiera. Había empezado el gran *boom* del turismo y, como disponíamos de un artista de la calidad y el fino sentido del humor de Cesc, se nos ocurrió hacer un libro sobre la Costa Brava, en color y con el texto, que correría a cargo de Noel Clarasó, en cuatro idiomas. Cesc y su mujer recorrieron durante el verano todos los pueblitos de la costa, y él la retrató de forma magistral, captando su extraordinaria belleza original y el desastre a que había dado lugar la llegada repentina y masiva del turismo. Coincidimos unos días en Cadaqués, donde yo pasaba el mes de agosto en un hotel, con Vida, entonces una amiga relativamente reciente (reciente entonces, porque ahora llevamos más de cincuenta años de tormentosa pero intimísima amistad, que nos mantendrá unidas hasta que la muerte nos separe, por más que avancemos en direcciones opuestas, y ella no quiera ni oír hablar de viejas indignas y a mí me aburra y me entristezca y decepcione su respetabilidad), la misma que montó el escandalete con el chinchón en casa de Fernández Santos y la que me acompañaría a visitar a Cela.

Justo aquel verano, mientras yo estaba en Cadaqués (seguramente porque pasaba por un mal momento mi relación con Oriol y quise poner tierra por medio y tomarme un respiro), recibí una carta de Oscar, que estaba haciendo la mili universitaria sumido en la desesperación (los españoles varones se dividen entre los que hicieron la mili sumidos en la desesperación, y los que consideran que la experiencia tuvo puntos positivos, les ayudó a hacerse hombres, aprendieron disciplina, vivieron un ambiente de camaradería, se divirtieron incluso), no por la dureza de los ejercicios o la austeridad de la vida militar, sino por el régimen delirante que imperaba en el campamento, por el delirio surrealista que caracterizaba al ejército español. En la carta me contaba, entre otras cosas, lo siguiente:

> La verbena de San Jaime bajé a Barcelona... Oriol me preguntó qué haría por la noche, pues él naturalmente no sabía qué hacer. Yo había quedado con unos amigos pero no tenía niña. Oriol, que estaba muy aburrido, me dijo que a lo mejor me encontraba una. Al final fuimos con Colita y Bebe (la ex novia de Miserachs). Oriol no la quería telefonear de ninguna manera, porque temía que Xavier se enterase, cosa que no logré entender. Fuimos a buscarla a Mariona. En la mesa estaban Jorge Doménech, Català Roca y Buesa. Todo el mundo se puso a hablar. Català es encantador, y Oriol planteó una de sus típicas discusiones diciendo que no hacía falta que los periodistas supieran escribir, etc. Fuimos a bailar, y Oriol, que no sabe bailar, con grandes protestas de Colita, cogió sueño a las 4. Todos se fueron, menos yo, que me quedé con Bebe hasta que nos echaron. Después nos fuimos a ver salir el sol escuchando la radio del coche... Nos fuimos a dormir a las ocho menos cuarto.
>
> No puedes imaginarte lo encantadora que es Beatriz. Tiene una simpatía que se percibe muy pronto y es francamente bonita. Baila muy bien. (Según Oriol, la mejor de España.) Pero lo extraño es su enorme personalidad y su conversación inteligente. Con de-

cirte que me hizo sentar y mantener una discusión intelectual que me dejó agotado. Conoce a todos los arquitectos y sus obras, que puede discutir con bastante corrección. Tuvimos una controversia sobre Federico, como persona y arquitecto, de lo más divertido.

Desde luego me parece mucho más interesante que Miserachs y no entiendo cómo la ha dejado...

Le expliqué que estabas en Cadaqués. Ella sube el viernes y me preguntó dónde podía encontrarte porque le gustaría verte...

Estoy seguro de que te gustará mucho, pues es extraordinaria.

Bien, Oriol ya no tenía por qué preocuparse. Aunque no hubiera querido ir de putas, mi hermano no era maricón. Y mientras Vida y yo tonteábamos por Cadaqués con chicos anodinos y Oriol se aburría como una ostra frustrada en Barcelona, Oscar había encontrado a la primera mujer de su vida. Bebe se llamaba en realidad Beatriz de Moura, y era hija del cónsul del Brasil, pero cuando a su padre le cambiaron de destino no quiso seguir a la familia y se quedó en Barcelona, abandonada a sus propios medios de subsistencia. Era muy, muy bonita, muy simpática, muy lista, bailaba de maravilla (mucho después, una temporada que andaba mal de dinero, trabajó unos meses en Bocaccio —templo entonces de la *gauche divine*, como lo había sido el Liceo de la burguesía de generaciones anteriores: ella y otra muchacha, encaramadas cada una en su podio, bailaban solas durante horas), hablaba idiomas con soltura, conducía tan bien como un chico, tocaba la guitarra, cantaba, había publicado un librito en Gallimard y, oh maravilla de las maravillas, estaba dispuesta a follar. De hecho las chicas del mundo en que ahora nos movíamos eran distintas y, entre otras cosas, mucho más libres que las que encontraba Oscar en sus guateques pijos o las universitarias que se congregaban a merendar en mi biblioteca.

La idea de hacer un libro sobre la Costa Brava era buena y sabíamos que iba a quedarnos muy bien, pero decidimos la tirada de un modo peculiar. Hubo cónclave familiar, porque la cuestión tenía en aquellos momentos su importancia. ¿Cuántos turistas visitaban la Costa Brava cada año? Esto era fácil de averiguar con las estadísticas. Y entonces la familia catalana, llena de *seny* y sensatez, se preguntó: «¿Y cuántos de ellos comprarán nuestro libro?» Quisimos ser prudentes, y respondimos sin titubeos: «Al menos, al menos, uno de cada cien.» Daba una cifra fantástica. Hicimos pues una montaña de *Costas Bravas* en cinco idiomas, y un chaval, que nos pareció muy dispuesto y emprendedor, salió el verano siguiente a venderlos en mi coche por los hoteles, tenderetes, restaurantes, merenderos, tiendas de *souvenirs* y supermercados de la costa, porque en este caso los puntos de venta no podían limitarse a las librerías. Vendió unos cuantos, nos hizo las cuentas del gran capitán y terminó estrellando mi coche contra un muro. Y, meses después de que ya no trabajara en Lumen, seguíamos descubriendo que faltaban unos cubiertos de plata, una de las porcelanas que coleccionaba mamá o un cenicero de amatista, de ágata o de jade.

Con Oriol traté a mucha gente nueva. Ya he dicho que él era un cotilla y un curiosón, y necesitaba conocer a todo dios y estar al corriente de cuanto pasaba en la comunidad. No paraba hasta que creía además entenderlo y podía, en consecuencia, emitir juicios tajantes e inalterables. Si eran políticamente incorrectos, mucho mejor. Creo que durante aquellos dos años estuvo, o decía estar, enamorado de una francesa guapísima, jovencísima y flaquísima, que vivía en París, y con la que no tenía posibilidad ninguna, porque él se consideraba feo —una especie de Woody Allen, pero sin el gancho de Woody Allen—, pobre, un desgraciado. No llegué a ver nunca a la preciosa flaca y me parece que él tampoco la veía nunca.

Yo era joven —aunque a Oriol, que me llevaba ocho, mis veinticuatro años le parecían ya una edad provecta— y estaba muy lejos de alcanzar la sabiduría de una vieja dama irrespetuosa (no lo he especificado hasta ahora, pero supongo que es obvio para todos que la dificultad y el mérito están en alcanzar la irrespetuosidad —cierto tipo de indignidad incluso— sin dejar de ser en ningún momento, de la cabeza a los pies, una auténtica dama). En mi estilo romántico-adolescente, una mujer enamorada debía hacer lo posible por cubrir el ideal con que sueña su caballero. Y yo lo tenía de veras difícil. No era especialmente guapa, no estaba como un fideo y, para colmo de males, ni siquiera era ya virgen, lo que me situaba en un terreno muy próximo al de las furcias. Impresentable.

Hice lo que pude, que no era mucho. Adelgacé un par de kilos, me unté la cara con unas cremas pringosas, que parecían iguales, pero eran distintas en el nombre y en el precio según las horas en que debían utilizarse, fui a la peluquería en lugar de lavarme el pelo en casa y permití por fin que mi madre me comprara toda la ropa que tuviera ganas de comprarme. La noche que estrené un camisero negro, con un diminuto motivo estampado en rojo, hecho por la mejor modista de mamá con una seda importada de París, Oriol me miró muy serio, de arriba abajo, y aseveró: «Este vestido te habrá costado un pastón, ¿verdad?» Tierra trágame. Me había equivocado. Como cuando elegí en Old England unos magníficos tirantes —me había sugerido que le trajera unos tirantes de París—, decididamente modernos, pero en nada parecidos a los que se encuentran en los quioscos callejeros o en las tiendas de cutres *souvenirs*, que eran exactamente lo que él quería y lo que cualquier otra chica le habría comprado.

No servían los tirantes, ni encajaba mi vestido, porque no eran «divertidos». Y en el nuevo mundo en que me introdujo Oriol primaba lo divertido. Era el adjetivo más elogioso que conocían.

No sólo la ropa, las casas, las personas tenían que ser divertidas, sino también el arte, la filosofía, el comportamiento. «El día que comenten lo divertida que es la Capilla Sixtina, me les echo a la yugular», pensaba yo. Pero la ropa, la moda, sí me parecía bien que fuera divertida, ¿por qué no había de serlo?

Entonces Oriol me comunicó un día que nos habían invitado a cenar unos amigos, porque querían conocerme y a él le gustaría que yo les conociera. El marido me caería bien; era un letraherido como yo, muy versado en literatura y especialista en Proust. En cuanto a ella, era la mujer más elegante de Barcelona. Ni Oriol ni yo confiábamos mucho en mis posibilidades de aprender algo, pero, en cualquier caso, sentí curiosidad por conocerla. A fin de cuentas, mi madre era considerada también por muchos una de las mujeres mejor vestidas de la ciudad.

Nos recibió el marido, muy amable, nos hizo pasar a la sala, nos sirvió unas bebidas y unas aceitunas, se interesó por mi editorial. Estábamos empezando a hablar de Proust, cuando entró la dueña de la casa. La mujer más elegante de Barcelona era oscura, oscurísima de piel, y tenía el rostro apergaminado, lo cual le daba un aire exótico, de suma hechicera de una tribu africana o de personaje de un remoto período prehistórico, y hacía suponer que no utilizaba las suntuosas cremas para las distintas horas del día. Llevaba unas botas de cuero repujado, sobre cuyos tacones parecía imposible mantener el equilibrio, que le llegaban hasta la rodilla, y una falda mini. Entre la falda y las botas asomaban unas rodillas todavía más negras y rugosas que la cara. Y del resto, del busto, de los brazos, no se veía nada: todo quedaba cubierto por un montón abigarrado de pulseras y sobre todo de collares. Grandes, gordos, pesados, toscos, de lo más étnico. Todo procedente del corazón de África o de la prehistoria. Muy bonito, pero imposible de imitar.

Tiempo después la mujer más elegante de Barcelona montó con Isabel Arnau, la primera mujer del arquitecto Oriol Bohigas, una tienda, *Saltar i Parar*, la tienda más «divertida» de la ciudad. Las dos dueñas eran encantadoras y el local se convirtió en punto de encuentro de los miembros de la omnipresente *gauche divine*. Siempre coincidías con algún amigo, siempre se organizaba una charla agradable, y sobre todo siempre te enterabas de los últimos chismes de la comunidad. ¿Qué vendían? Juguetes viejos, postales, pinturas, cerámicas, abanicos, bisutería, bolsos, mantones de Manila, los dichosos pitos de Mallorca, que yo detestaba y que figuraban en todos los hogares progres, y ropa, mucha ropa. Llegabas y las dos dueñas, después del besuqueo y de unos minutos de charla, te llevaban al fondo del local, te colocaban delante de un espejo y te ponían una prenda rara, que a veces te gustaba y otras no, pero que obviamente no se ajustaba a tus medidas. «Me cuelga por delante», argüías, o «me queda demasiado grande.» «No, no», aseguraban. «Te cae perfecto. ¡Estás divina!» (Las cosas, además de divertidas, solían ser divinas.) Una te mantenía de cara al espejo, mientras la otra, a tus espaldas, escondía en un rebujo la tela que sobraba, o tiraba de la parte trasera del vestido para que no colgara por delante. Y ambas buscaban al unísono el apoyo de los otros clientes. «¿Verdad que está divina?» Todos coincidían en que estabas divina, y tú te llevabas el vestido, te lo probabas en casa, comprobabas que no te lo pondrías ni una vez y que ni siquiera lo podías regalar, porque no conocías a nadie capaz de usarlo, y allí quedaba, en un rincón del armario.

La mujer que parecía un fetiche africano pero que era la más elegante de Barcelona debía de tener un atractivo especial para los señores, porque tan enamorado —o mejor, encoñado— estaba de ella su marido, el letraherido proustiano, que, cuando supo o sospechó o temió que había otro hombre en su vida, olvidó sus excelentes modales y su rechazo total a la violencia, cogió el cuchillo más grande que encontró en la cocina, corrió a *Saltar i Parar,* persiguió a sus encantadoras dueñas —también a la pobre Isabel, que corría de un lado para otro llevándose las manos a la cabeza y pegando grititos—, cuchillo en mano y, aunque finalmente no las agredió, les destrozó el local. Era una gozada ver los vestidos rajados, que ya no nos tendríamos que volver a probar, y el suelo sembrado de pedacitos de pitos de Mallorca.

En la Barcelona de los 60 todos éramos muy progres

y liberales, y casi todos defensores del amor libre. En el grupito de la *gauche divine*, el sexo era uno de los juguetes preferidos (*Encerrados con un solo juguete* titularía Marsé una de sus primeras novelas), las llamadas «perversiones» un refinamiento exquisito (un ilustre escultor brindaba a sus invitados el deleite de ver defecar a su bellísima compañera, en cuclillas, en mitad de la sala) y muchos y muchas llevaban una lista de las personas de uno y otro sexo que se habían tirado o que pensaban tirarse en el futuro, un poco como las muescas que grababan los pistoleros del Oeste por cada hombre asesinado o como las listas que leen en la taberna Luis Mejía y Juan Tenorio. Una ilustre hispanista, por otra parte muy atractiva, me tenía en su lista y fue a encontrarme en Colonia, donde se celebraba un congreso de escritores españoles, pero cuando, al llegar al hotel, vio que yo no daba facilidades, se dirigió apresurada a Juan Benet, que estaba sentado en el bar tomándose tranquilamente un café, y la llevó encantado a su habitación (seguro que figuraba en la lista de la chica, y ella no iba a perder el viaje).

«Haz el amor, no la guerra» era uno de los eslóganes de los 60, que un editor italiano —creo que Feltrinelli— y Barral cambiaron por «Haz el amor, no el editor». Hacer el amor libremente, sin barreras, todos con todos. Podía ser magnífico... de no haber existido una fuerza ancestral, omnipresente, más poderosa que los eslóganes y las ideologías y las modas y los buenos deseos, una fuerza animal que podía con todo y nos sumía en las mayores contradicciones y en el ridículo más espantoso: los celos. El letraherido proustiano perseguía a su esposa con un cuchillo; la ilustre novelista mallorquina comparecía en la sala, llena de invitados, con las venas abiertas;

Gabriel aseguraba no ser celoso, pero había un pequeño detalle sin importancia: si su pareja se acostaba con otro, él quedaba impotente; otro de nuestros grandes poetas temía que una noche, mientras dormía, su mujer le cortara con unas tijeras el pene... Y cuando Ramón Eugenio, el ex de Matute, fue abandonado por Matilde —una de las mozas que llevaba lista de los polvos echados cual si de trofeos se tratara—, que se aparejó con uno de mis amigos más queridos, el escritor Andrés Bosch, primero amenazó con lanzarse al vacío desde el altillo del restaurante donde todos estábamos cenando; horas más tarde terminaron los dos a puñetazo limpio en Jamboree, el local de jazz de la Plaza Real que era otro de los reductos de la divina izquierda, y terminaron todos en comisaría.

En Cadaqués, tras una larga sobremesa, donde se habló mucho de sexo y todos nos mostramos partidarios del más absoluto libertinaje y de las más audaces experiencias eróticas, un ilustre pintor nos propuso a Nuria Serrahima, de excelente familia y uno de los miembros más glamurosos del grupo, y a mí, subir los tres a mi dormitorio. Ambas nos levantamos y le seguimos sin vacilar. Aunque la idea había partido de él, se puso muy nervioso. No podía con las dos, terminó por confesar. Nosotras estuvimos comprensivas y divinas. «Yo me voy. Quédate tú», nos insistimos la una a la otra, como si nos cediéramos el último bocadillo de jabugo. Me quedé yo. Pero, apenas habíamos empezado, se oyeron voces en la sala. La esposa del pintor estaba en pleno ataque de nervios. La velada terminó sentados todos a su alrededor, dándole cucharaditas de manzanilla y palmadas en la espalda.

Es muy difícil practicar el amor libre sin que surjan conflictos. Las aventuras amorosas de un hombre, o a veces de una mujer, que viva en pareja provocan violentas reacciones de celos en el otro, y yo detestaba los celos y sentía un rechazo enorme por las mujeres celosas, pero sabía que los celos nacen en último extremo del miedo a perder al otro, de que aquello que empieza como una aventura llegue a ser tan importante que provoque que lo prefieran a ti y que te sustituyan. Y no se trataba de un miedo absurdo, puesto que así ocurrió y ocurre en multitud de casos. Con frecuencia encuentro a mujeres a las que no reconozco —porque ha pasado mucho tiempo y porque soy una pésima fisonomista— y que van repitiendo en vano un nombre que no me dice nada, hasta que concluyen resignadas: «soy la ex de...»

8

Vida de vivir, Mallorca en invierno y Camilo José Cela

Desde hacía algún tiempo yo salía a menudo con Vida. Ha sido durante casi cincuenta años una de mis mejores amigas y ahora es evidente que lo seremos hasta el final. Hemos vivido juntas, y casi al mismo tiempo, experiencias muy importantes: el matrimonio, los hijos, el éxito profesional, los nietos. Incluso el psicoanálisis y los amantes. Pero éramos muy distintas y ni siquiera estoy segura de que al principio nos gustáramos especialmente. Más que una amistad entre muchachas lo nuestro parecía esa compinchería que se establece entre los varones para salir a tomar copas y divertirse juntos. Porque eso queríamos en aquellos momentos: divertirnos. Vida porque había roto con un pintor gallego con el que llevaba años de noviazgo y estaba ya a punto de casarse, y yo porque no podía seguir soportando las tonterías de Oriol.

Como ya dije, Vida había nacido en Nueva York, hija de padres gallegos. Su padre, anarquista (a eso se debía el insólito nombre que puso a su hija mayor), emigró primero a Estados Unidos, y más tarde Benilde, su novia, fue a reunirse con él. Durante nuestra Guerra Civil, la joven pareja, que no contraería matrimonio hasta años después, asistía a los mítines para recaudar fondos a favor de la República, cargando con un capazo donde dormía la niña. Sí, la infancia la tuvimos bastante distinta.

Luego, ya de jovencita, su padre quiso que estudiara en España y, al no encontrar otro lugar, la dejó interna en un colegio de religiosas de provincias. ¡Del deslumbrante Nueva York de los años 50 a un colegio de monjas de la España profunda! ¡Lo peor es que sólo se podía duchar una vez cada ocho días y con el camisón puesto! Pero no debía de sentirse demasiado incómoda ni demasiado desdichada allí, puesto que lograron convencerla para que se convirtiera. La bautizaron con entusiasmo y le pusieron de nombre María. Cada 15 de agosto celebramos aún hoy este santo absurdo. Empezamos a hacerlo porque en aquellos años nos ilusionaba festejarlo todo, cualquier pretexto era bueno para una fiesta —una fiesta a puerta abierta, en la que los invitados llevaban un regalo o no llevaban nada, y los anfitriones ofrecían las bebidas y comida que tenían más a mano—, y seguimos por inercia, aunque no le haga ya ilusión a nadie y sea, para la propia Vida, un fastidio decidir a quién se invita y a quién no, y qué va a darnos.

Pero, oh desdicha, a los pocos días la nueva conversa se vio asaltada por las dudas, en realidad por una duda concreta. Y no era la Santísima Trinidad, ni que Dios se hiciera hombre, ni la resurrección de la carne, ni siquiera la existencia del infierno. No. Un triste día, María Vida decidió que ella no se tragaba que a Jonás le hubiera engullido una ballena y lo hubiera tenido vivo en su vientre durante tres días. Lo habló con su monja favorita y luego con las otras monjas y finalmente con el cura. Y no fueron capaces ni de convencerla, ni de aceptar la posibilidad de que tal vez la historia de Jonás no debiera tomarse en forma literal, o de que, en cualquier caso, no constituía una materia lo bastante grave para que alguien fuera expulsado del seno de la Iglesia.

Durante unas semanas la llevaron a la capilla con sus compañeras a las horas más intempestivas, sobre todo de noche, y, mientras monjas y alumnas invocaban a los malos espíritus para que salieran de su cuerpo, la ponían delante del altar y la rociaban con agua bendita. Una versión *light* de *El exorcista.* Pero no creo que mi amiga, que nos hacía reír hasta que se nos saltaban las lágrimas con esta y otras historias, quedara muy traumatizada.

Después del internado, volvió un tiempo a Estados Unidos, hasta que su padre decidió que regresaban a España, construyó una gran casa en Goyán, su pueblo natal, y Vida se matriculó en la Universidad de Valladolid. Seguramente allí la vi yo por primera vez, cuando fui a pasar dos días con Celia —mi mejor amiga falangista, después de Mercedes, claro— en el Colegio Mayor, que regentaba Sección Femenina y donde también se alojaba Vida. Yo iba para asistir al acto en memoria de Onésimo Redondo, y me emocioné al ver a los rudos campesinos de Castilla entonar —camisa azul y brazo en alto— el *Cara al sol.* Vida andaba muerta de miedo, acorralada en un feudo falangista, donde se celebraban reuniones políticas, y en una ciudad donde los chicos de Falange se hacían los matones por los bares, llevaban pistola y juraban que se iban a cargar al primer rojillo hijo de puta que se les pusiera por delante.

Un par de años más tarde, Celia y Vida habían dejado Valladolid, Mercedes había vuelto de Granada y yo de Madrid. Las cuatro estábamos en Barcelona. Celia me presentó a Vida —ninguna de las dos recordaba a la otra— y empezamos a vernos con cierta frecuencia. Éramos —somos— tan distintas que nada anunciaba que pudiéramos llegar a ser amigas. Vida era enormemente divertida, simpática y disparatada. Lo perdía todo, lo olvidaba todo, se metía en líos absurdos, en situaciones comprometidas que sólo ella era incapaz de prever, pero de las que siempre salía bien librada. (Agradezco mucho que me hagan reír, es una de las cualidades que más aprecio en los amigos, y con Mercedes, con Vida y con Ana he reído como con nadie hasta perder el aliento.) Coqueteaba hasta con su sombra, sobre todo después de romper con su novio gallego. Era bajita y tendía a engordar, pero tenía un rostro bellísimo: rasgos marcados, buen cutis, boca carnosa y unos ojos claros, grandes, llenos de vida. Cantaba con gracia y bailaba con entusiasmo. En cuanto empezaba la música, se quitaba de golpe los zapatos, los lanzaba por el aire y se sumaba a la fiesta. Las temporadas que compartimos piso o que habitamos un mismo edificio, la vi más a menudo entrar por la ventana, con mayor o menor riesgo de romperse la crisma según la altura a que viviera, que entrar por una puerta de la que había olvidado o perdido la llave.

Y en aquel entonces no había aparecido en ella la amargura, la dureza, la desconfianza, el miedo a que se pretendiera abusar de su buena fe, la puritana convicción de que sólo merecen respeto las personas que trabajan, se ganan la vida y no crean problemas a los demás. En aquel entonces conservaba íntegra su espontánea y contagiosa alegría.

A Vida le pareció claustrofóbico aquel mundo cerrado de mujeres solas en el que yo —mucho menos, claro, desde la aparición de Oriol— me seguía moviendo, abrió de par en par puertas y ventanas, hizo que entrara el aire. Y, aunque nos llevó tiempo —cosa rara en mí, tan propensa a los amores a primera vista y a las pasiones fulminantes—, llegamos a ser muy amigas... la menos amorosa de mis amistades de adolescencia y juventud, antes de que, con la edad adulta, desapareciera en mí toda ambigüedad en la relación con las mujeres. Me confesó un día en gran secreto que había hecho muchas veces el amor con su novio gallego. Quizás hubiera otras, que lo ocultaban con prodigiosa eficacia, pero, por el momento, ¡ya éramos dos las chicas no vírgenes de la Facultad de Letras de Barcelona! Eso unía mucho. Me permitía contarle las peripecias de mi aventura con Oriol, que, si se omitía el factor cama, era imposible entender.

Mercedes, dejando a un lado los celos, estaba ya soliviantada ante el hecho inaudito de que un tipejo como Oriol osara no caer rendido a los pies de esa maravilla de las maravillas que era yo, de que se permitiera tratarme a veces mal, y de que yo le siguiera, no obstante, queriendo, pero, si llegaba a saber que además me acostaba con él, se hubiera hecho un espectacular harakiri a la puerta de su estudio, ante la mirada horrorizada de las niñas monísimas y flaquísimas a las que estaba fotografiando medio desnudas en aquel momento.

Ya he señalado que Vida y yo teníamos al principio más de compinches que de amigas, y, cuando Oriol me hizo una guarrada más gorda de lo habitual (o que a mí me lo pareció), y ella me encontró deshecha en llanto, decidió que tenía que irme unos días de Barcelona, poner distancia, airearme. Aquella misma noche embarcamos hacia Palma, acompañadas de Cristina, una amiga del

Colegio Alemán, que se añadió en el último momento. Hacía tiempo que yo quería ponerme en contacto con Camilo José Cela y pedirle un texto para Palabra e Imagen, de modo que el viaje tenía un justificado pretexto profesional.

Estábamos todavía en invierno, fuera de la temporada turística. Nos pateamos a fondo la ciudad vieja, recorrimos en coche la isla de un extremo a otro —Vida nos cantaba boleros por las carreteras que bordeaban el mar—, visitamos la cartuja de Valldemosa y las cuevas del Drac, nos pusimos moradas de arroces y parrilladas de pescado. Y después me presenté con Vida en la casa que tenía Camilo entonces.

Estaba convaleciente —creo que de una intervención quirúrgica— y nos recibió en cama, con aspecto desaliñado y con un tono adusto, frecuente en él. Charo, su mujer, hacía cuentas o pasaba un texto a máquina en una mesita de la habitación contigua. La puerta estaba abierta. De modo que ella, mientras desempeñaba sus funciones de secretaria, estaba y no estaba presente en la reunión. No dijo palabra y no nos ofreció un vaso de agua... ni una silla. De modo que allí estábamos las dos, de pie ante la cama, un poco intimidadas ante la presencia del insigne novelista y futuro Premio Nobel. Aunque Vida apenas intervino en la conversación, cada vez que yo le viera en adelante a él —y nos veríamos a menudo— me preguntaría por mi amiga, «la guapa galleguita cachonda de ojos azules».

Cela hizo algo que nos pareció insólito, porque no lo había hecho ningún otro autor, y eran ya muchos los que yo había visitado y con alguno de los cuales había trabado amistad, habló ante todo y sobre todo y casi exclusivamente de dinero. Unos años después —no muchos— esto sería lo normal (se discutirían los derechos del autor con su agente literario y la negociación se centraría en el aspecto económico), pero en los años 60, para bien y para mal, se hablaba mucho menos de dinero. Quedamos, pues, las dos bastante desconcertadas.

Sin embargo, poco después firmamos un contrato para tres libros, de los que se hicieron dos: *Toreo de salón* y, un año más tarde, *Izas, rabizas y colipoterras. Toreo de salón* partía de las fotografías que había sacado Maspons a unos pobres chavales que soñaban con ser toreros y se entrenaban (sin toro, claro) en el parque de Montjuïc. Los textos de Cela se ajustaban con precisión a las imágenes, eran prácticamente pies de foto, buenos desde el punto de vista literario, pero también ofensivos, groseros, demoledores. Y, como Maspons se había hecho amigo de aquellos chicos y era inevitable que vieran el libro, le pedimos que eliminara los términos más sangrantes —muy pocos— de dos de los textos. La respuesta de Cela, desde luego negativa, nos acusaba de irresponsables, incompetentes, poco respetuosos con su trabajo, y de amateurismo.

Las fotografías de Colom (entonces apenas conocido y hoy Premio Nacional de Fotografía), que iban a ser el punto de partida de *Izas,* eran imágenes de unas mujeres terribles, hundidas en el último peldaño de la miseria, patéticas algunas hasta caer en la monstruosidad. De nuevo Cela se ciñó absolutamente al trabajo de Colom, con unos textos descarnados, salvajes. Se trataba, como en el otro libro, de personajes reales, fácilmente reconocibles, y la única furcia atractiva y joven —una muchacha vestida de blanco y en distintas poses— presentó una denuncia, pero no acudió al acto previo de reconciliación y todo quedó en agua de borrajas. El libro había pasado censura de modo irregular, debido a la amistad que unía a Cela con Fraga (fue Cela quien se lo pasó directamente al ministro, saltándose todos los trámites), causó un escándalo ¡y fue el primer best seller de Lumen!

A mí me constaba, desde un principio, que Camilo tenía un pasado político turbio, que era un tipo ególatra y desconsiderado; me molestaban su deliberada grosería, su vanidad, su grandilocuencia, su afán por acumular premios y honores, su obsesión —para mí ridícula ya entonces y no digamos en mi actual condición de vieja dama irrespetuosa— por el Nobel, su afán desmesurado de dinero. Me sacaba de quicio el modo en que trataba a los camareros, a los dependientes, a los taxistas, y en ocasiones a todo dios. Pero, sorprendentemente, no sólo me divertía, sino que me caía bien. Le admiraba como escritor; Ana María Matute y Concha Alós contaban lo bien que, en momentos difíciles, las había acogido y ayudado; le gustaban los animales y se compadecía de ellos. Y yo fantaseé durante algún tiempo que, tras aquella fachada hosca y dura, se escondía un ser humano capaz de mostrarse generoso, capaz incluso de gestos entrañables.

Así pues, nos hicimos bastante amigos. Cada vez que Cela pasaba por Barcelona, solía enviarme antes una carta o un telegrama. «Te espero en el Arycasa [después sería en el Colón] el día tal a la hora cual. Un abrazo, Camilo.» Y allí estaba yo, puntualísima, el día tal a la hora cual. Si la cita era por la mañana, le acompañaba en mi coche a hacer recados —alguno interesante: me divirtió, por ejemplo, ir a encargar una encuadernación superfarolítica para un personaje importante, creo recordar que de la familia real española, al mítico Brugalla—, después comíamos en el restaurante del hotel, atendidos por un *maître* y por unos camareros ansiosos, ilusionados, atemorizados, y a continuación subíamos a su *suite* y daba comienzo el espectáculo.

Cela se ponía cómodo, pedía algo que beber, y empezaban a desfilar por allí personajes variopintos: periodistas, fotógrafos, escritores, amiguetes, hispanistas especializados en su obra, chicas guapas... A algunos yo les conocía, a otros, no. Unos se despedían pronto, a otros les despedía abruptamente Cela. Le aburrían o habían dicho, sin saberlo, algo inconveniente. Pero algunos, los de la tribu de los elegidos, como yo misma, nos apoltronábamos en los cómodos sillones, y pasábamos la tarde entera charlando, tomando copas (en mi caso coca-colas) y escuchando al maestro. Él peroraba, narraba historias chuscas, respondía de mejor o peor talante a las preguntas, según le parecieran más o menos tontas y le cayeran más o menos gordos los tipos que las formulaban. Alternaba frases brillantes con frases brutales —en ocasiones las más brillantes eran asimismo las más brutales—, decía maldades, contaba anécdotas escandalosas... Transcurrió una velada entera cantando coplas obscenas e irreverentes, que nunca podía yo luego, cuando estaba sola, recordar...

Al Cristo de...
dicen que le crece el pelo.
Lo que le crece es la polla
de dar por el culo al clero.

Mi relación con Camilo se fue degradando poco a poco, pero subsistía. Hasta el día en que me comunicó que su hermano se había hecho cargo de una editorial, Alfaguara, y por consiguiente él quería anular sus contratos con otros editores y pasárselos. A mí me pareció razonable y justificado que quisiera tener su obra en la empresa familiar. Habría aceptado de buen grado un acuerdo. Pero Cela se las pasó de listo y me explicó de entrada el legal recurso ratonil al que podía echar mano si yo me negaba. Y esto lo borró sin remedio de la lista de mis posibles amigos.

No protesté, ni recurrí, ni me lamenté. No dije nada. (Ante ciertas faltas imperdonables de elegancia y de estilo, una futura dama irrespetuosa debe mantenerse al margen, incontaminada.) Tampoco dejé de tratarle con naturalidad en público. Pero, cuando me citó, en su siguiente viaje a Barcelona, tal día y a tal hora en el Colón (como si no hubiera ocurrido nada, pues para él seguramente no había ocurrido nada, los negocios son los negocios, ya se sabe), respondí que no podía. Y no pude la siguiente vez, ni la siguiente, ni nunca. No hubo más recados mañaneros en mi coche, ni almuerzos en el restaurante del hotel, ni erótico burlescas veladas en su *suite*. Ni siquiera asistí a la inauguración, o fui a conocer más adelante, la fastuosa mansión, llena de obras de arte, que se había construido en Palma.

9

Breve período de descontrol y «libertinaje»

En algún momento, sin dejar todavía de estar enamorada de Oriol, no pude seguir soportando la situación. Muchos años después me escribió, creo que para felicitarme por el éxito de mi primer libro, y aseguraba en algún punto de la carta «haberme querido más que nadie». Me chocó mucho aquella afirmación: alguien puede decir que te ha querido más que a nadie, pero ¿cómo va a pretender que nadie te ha querido tanto a ti? Supongo, por la tragedia que montó cuando finalmente le dejé, que sí me quiso, aunque tengo la certeza de que en ningún momento tanto como cuando supo que me perdía. Cualquier vieja, irrespetuosa o no, sabe que el amor de uno se acrecienta cuando el amor del otro decae, y que mujeres que no han estado nunca o no están ya enamoradas de sus parejas sufren unos ataques de celos delirantes, que sólo estarían justificados por un gran amor, si él tiene una amante o simplemente se interesa por otra.

Después de dos años de una relación tan desigual,

tan asimétrica, en la que yo tenía la sensación de ponerlo todo de mi parte y él me hacía notar de vez en cuando que yo no era exactamente su tipo (lo cual era por otra parte cierto, mientras que era infundado su temor de que no existían mujeres de su tipo a las que fuera capaz de enamorar, pues tuvo finalmente la suerte de encontrar una y de casarse con ella y de compartir con ella el resto de su vida, y líbreme dios de pretender ser yo la que más le he querido), no pude soportarlo más. Necesitaba sentirme querida, deseada, mimada, halagada. Necesitaba volver a ser para alguien el centro del universo, reafirmar mi seguridad de que podía volver a serlo, recuperar la autoestima que había ido deteriorando —deliberadamente o no— Oriol.

Hubo un hecho determinante. La *gauche* en pleno se trasladaba un final de semana a Cadaqués para celebrar una gran fiesta por algún motivo que he olvidado. A mí nunca me han gustado los festejos multitudinarios, y, cuando Oriol decidió que nosotros no iríamos, porque tenía un compromiso ineludible en otro lugar, no me importó lo más mínimo y me dispuse a pasar sola en Barcelona el fin de semana. Pero el sábado me telefoneó un buen amigo, creo —aunque no estoy segura— que Lluís Permanyer. Con Lluís, al que luego he tratado poco, mucho menos de lo que yo habría querido, salíamos entonces a menudo, porque su novia pasaba una temporada en París, él estaba solo y compartíamos multitud de aficiones. Si puedo tener amistades amorosas con mujeres, también puedo tener amistades sin ingrediente amoroso ninguno con hombres, aunque sean tan tiernos, tan encantadores, tan guapos, tan inteligentes y tan profundamente bondadosos como Lluís y aunque les quiera tanto como a él.

Me llamó, pues, Lluís, e insistió en que le acompañara a Cadaqués. Tomaríamos una buena cena por el camino, estaríamos sólo el rato que me apeteciera en la fiesta, nos daríamos un estupendo baño a la mañana siguiente... Me apeteció, fuimos, y, junto a la pista de baile, me encontré cara a cara con Oriol. Estaba con una muchacha que me pareció desconocida. No sentí ira, ni siquiera celos. Quedé petrificada de asombro. No lo entendía. Y entonces él, considerándose, supongo, culpable, pillado en falta, tuvo un ataque de furia del que no le sabía capaz. Allí, delante de la chica, de mi amigo, de la gente que nos rodeaba, me increpó, me preguntó casi a gritos qué demonios hacía yo allí, quién creía que era, qué derecho tenía a espiarle, a seguirle para controlar lo que hacía o con quién estaba. «No soy nadie», pensé, pero a él no le dije nada. Le supliqué a mi amigo que no armara un escándalo, que me sacara de allí, y, cuando me propuso volver inmediatamente a Barcelona, le pedí que me llevara a una playa, al mar, que me dejara meterme en el mar. El mar lo apacigua todo, lo limpia todo, lo cura todo. Fue la primera vez que pensé que quería morir en el mar, acariciada por el mar, mecida por las olas, devorada lentamente por los peces pequeños.

De un modo u otro me reconcilié con Oriol y seguimos juntos, pero empezó para mí una nueva etapa. La compartí con Vida, y la palabra «libertinaje», que he utilizado en el título, no corresponde a la realidad de lo que viví, supongo que la he elegido por razones sonoras. Es una hermosa palabra, de vieja estirpe, que cruza leve por la boca con burbujeo de champán. De hecho, fue una etapa de experimentación. Buscaba la emoción de las aventuras, el placer del amor, pero también pretendía, a través de experiencias nuevas, ampliar mis conocimientos sobre los demás, sobre mí misma, sobre ese sexo del que en realidad sabía poco, por mucho que repitiera Oriol que yo, a pesar de no ser su tipo, era una diosa haciendo el amor. Algo habitual en los hombres jóvenes, pero que en los primeros 60 no se daba en las mujeres, al menos en mujeres como nosotras. La prueba es el desconcierto total en que quedaban sumidas las víctimas. Que mujeres con profesiones más bien importantes, que se tomaban muy en serio su trabajo, con las que se podía discutir de igual a igual sobre política, sobre arte, sobre literatura, estuvieran dispuestas, no a dejarse follar, sino a follar, sin que mediara compromiso por ninguna de ambas partes, sin que se mencionara la palabra amor, sin que se pidiera nada a cambio, no les cabía en la cabeza. Tardaban en convencerse de que realmente se trataba de esto, de que no les largaríamos en el último momento un «pero ¿tú qué te has creído?» o «¿a mí por quién me tomas?», y, cuando tenían esta convicción, que obviamente les encantaba, se sentían a veces tan turbados que eran, al principio, torpes en el amor.

No en aquellos tiempos, sino en la actualidad, me cuenta una amiga de mi hija que la primera vez que ella y el chico que luego ha sido su novio se encerraron en su dormitorio, encendido él y deseándola a tope, bastó que ella, previsora, sacara un paquete de preservativos de la mesilla de noche para que al chico se le pasara de golpe la erección y fuera aquel día incapaz de follar.

Los varones llevan milenios dirigiendo el juego (todos los juegos) y les cuesta aprender otro papel. Y luego, en gran número de casos, son ellos los que se enamoran (*perdidamente* diría Maitena, estupenda dibujante y amiga argentina) de ti, y no sabes cómo sacártelos de encima sin hacerles demasiado daño. Tal vez, al asumir nosotras el rol considerado masculino, algo les lleva a ellos a apropiarse del que nos ha estado reservado desde siempre a nosotras.

Es muy difícil, aunque uno lo desee (que no era mi caso), conseguir que un solo amor dure toda la vida. Yo había creído en la posibilidad de un amor único durante mi adolescencia y mi juventud. Creí que mi amor por Jiménez, mi profesor de literatura, duraría hasta la muerte, creí que mi amor por Mercedes duraría hasta la muerte (de hecho sería hasta su muerte uno de mis seres más queridos), creí que mi amor por José, unido a mi amor por el teatro, duraría hasta la muerte.

Pero esto cambió con Oriol, no exactamente a causa de Oriol, sino en el curso de los dos años que estuve con él. Comprendí que el amor tal como yo lo entendía —ese peligroso arrebato de locura, ese espejismo fascinante, que hace que nos creamos capaces de alcanzar el cielo con las manos, esa extraña enfermedad a la que no queremos poner remedio, esa pasión que rompe incontenible las barreras y puede con todo y lo arrasa todo, que pone el universo patas arriba, que hace que tiembles cuando él se acerca y que una noche sin él sea el infierno y una separación de días todos los infiernos que la humanidad ha fantaseado juntos, y que te hace a un tiempo tan injusto, tan malvado, tan inocente, tan egoísta, tan desprendido, tan terrible—, ese tipo de amor quizás no podía durar para siempre. Y, por otra parte, empecé a sospechar que algo en mí me incapacitaba para transformar este amor delirante y total en otro tipo de sentimiento más sosegado, en un afecto profundo, en un gran cariño, enriquecedor y creativo, que permitiera convertir la vida de pareja en algo que mereciera la pena y no cayera en la repetición, la monotonía y el aburrimiento. Empecé a temer que yo pasaría siempre, sin grados intermedios, del todo amor al nada o casi nada amor (con el agravante de que junto con el todo amor desaparecía en mí cualquier posibilidad de sexo). Y, como había dejado de creer en un dios personal y estaba convencida de que la muerte significa la bajada definitiva del telón, resultaba que los humanos sólo disponíamos del espacio que estábamos viviendo aquí y ahora, que no iba a haber nada más, y me parecía importante acumular el máximo de experiencias, de conocimiento, de intensidad. Descubrí, a lo largo de estos dos años, que, además de no ser seguramente capaz de un amor que llegara, metamorfoseado en lo que fuera, hasta la muerte, yo preferiría, en este único espacio de que disponía, no la felicidad, sino la intensidad.

Tuve, en consecuencia, bastantes aventuras en la última etapa de mi relación con Oriol, sin que él se enterase, ni hiciera nada por saberlo, ni le preocupara en absoluto. Algunas fueron tiernas, divertidas, interesantes; otras, mortalmente aburridas; casi ninguna, desagradable o siniestra. Viví una, especialmente tierna, con un chico de Madrid. Agradable, inteligente, muy enamorado. Lo divertido es que yo había ido a Madrid para un asunto de trabajo que debía ocuparme un par de horas. Me alojé en el Palace y reservé la habitación para una sola noche. Pero encontré a Paco...

Pasaba a buscarme en cuanto terminaba el trabajo. Usaba una moto viejísima y cochambrosa. No frenaba bien y a veces para que se parara había que poner los pies en el suelo, llevaba alambres que mantenían más o menos las partes del artefacto en su lugar y soltaba grasa por todos sus poros. Paco llegaba muy serio, se detenía junto al portero de uniforme con galones, y entonces salía yo, muy seria también, con un camisero de seda blanco, que era el único vestido que había llevado conmigo y que estaba cada día más sucio y grasiento. Me subía detrás de la moto y nos largábamos.

Casi siempre íbamos a un lugar que se llamaba algo así como «el tren del amor». Estaba en un parque, y los asientos para dos, con una mesita delante donde te dejaban los refrescos, se alineaban uno tras otro, a fin de que no te vieran los ocupantes de las otras mesas, que de todos modos no te hubieran visto, porque estábamos todos ocupadísimos besuqueándonos y acariciándonos hasta morir. Muy España años 60. La cachondez reprimida alcanza grados insospechados... Después, si Paco no había conseguido que un amigo nos prestara su piso, y como yo me negaba en redondo a que subiese a mi habitación o a recurrir a una casa de citas (ni siquiera Oriol lo había conseguido), me dejaba a mí en el hotel y se largaba hecho unos zorros.

Doce días estuve en Madrid, con mi camisero blanco, y el último parecía una mugrienta gitanilla. Nunca había pensado, hasta hoy, que era extraordinario tener un padre que pagaba sin rechistar un hotel de lujo y ni siquiera preguntaba qué demonios había hecho yo tanto tiempo allí.

Con Paco pasé más adelante un fin de semana en Toledo —o en Segovia, no estoy segura, y además la ciudad era lo de menos—, junto con Vida y un amigo suyo. Cosa difícil en la España de los años 60, nos dieron las habitaciones sin exigirnos el certificado de matrimonio. La historia de Vida se complicó, surgieron problemas, el chico pasó dos días en Barcelona y, cuando se fue, Vida se presentó llorando en mi casa —la casa de Rosellón, claro, la casa de mis padres— y decidimos que se quedara a dormir. Es una de las ocasiones en las que le he fallado. Debí quedarme con ella, escucharla, animarla —¿para qué otra cosa había venido?—, pero salí diciendo que volvía en diez minutos y estuve fuera horas.

Aquella tarde acababa de aparecer en mi vida una persona que, durante unos días, me tuvo fascinada. Nunca había conocido a nadie que se le pareciera. Exótica como si procediera de otro planeta. La duquesa de Medina Sidonia. No recuerdo quién la llevó a mi casa para presentármela, ni con qué motivo. Pero sí que salí para acompañarla —se alojaba muy cerca, en la residencia de dos amigas con las que riñó al cabo de pocos días— y que aparqué el coche delante de la casa y estuvimos hablando sin parar, y me olvidé de Vida y de la hora.

La duquesa procedía en línea directa de Guzmán el Bueno (el que prefirió sacrificar la vida de su hijo, rehén de los benimerines, antes que entregarles la fortaleza, creo que era Tarifa, e incluso tiró su puñal a los enemigos para que lo mataran; lo cual a mí, burguesa catalana, me parecía una bravata de mal gusto), era grande de España un montón de veces (lo cual le daba derecho, me parece, a permanecer con la cabeza cubierta delante del rey, y quizás a algunas cosas más útiles), tenía tantos o más títulos que la duquesa de Alba, y sospechaba que la modelo de la *Maja desnuda* (y de la vestida, claro) podía ser una Medina Sidonia y no una Alba. ¿Qué más? La duquesa era una genuina representante de la unión del pueblo con la aristocracia, en contra, naturalmente, de los malos de la historia, la burguesía. Oyéndola, me parecía estar metida en un drama de Lope de Vega. En las inundaciones de Sevilla había pasado días recogiendo cadáveres y ayudando a los damnificados. Lo cual no quitaba que pudiera entrar en su palacio de Sanlúcar de Barrameda (donde tenía uno de los archivos privados más importantes de Europa, que a algunos estudiosos dejaba utilizar, mientras que a otros, sin que se supiera por qué, les echaba con cajas destempladas) chasqueando sobre la cabeza de los criados la fusta de montar, o tirar de golpe, ya puesta en pie, la propina sobre la mesa del restaurante, como un capitán de las comedias del Siglo de Oro, no como una clienta de la Cataluña del siglo XX, o no permitir que enviara un libro infantil de Lumen, *Las lágrimas de cocodrilo,* a su hijo de cuatro o cinco años, si no lo enviaba a nombre de «su excelencia el duque o marqués de no sé cuántos». De modo que el pobre niño se quedó sin el libro, como debe de haberse quedado sin muchas otras cosas en la vida.

Pero Luisa Isabel era todo un personaje. Pese a sus contradicciones, y a su profundo desprecio por la clase a la que yo pertenecía —para ella lo peor de lo peor, una burguesa catalana procedente de una familia de banqueros (¡y entonces todavía no existían fundadas sospechas de que mi abuelo paterno fuera judío!)—, durante unos días estuvimos pendientes la una de la otra. Era lista y sensible. Me habló mucho, muchísimo, de sí misma. Y casi todo era triste. No sé si quería inspirar compasión —ella, tan orgullosa por otra parte—, pero la compadecí. Y se puso en marcha mi maldita vocación redentora. Me pareció que la situación podía cambiar (tal vez cambió años más tarde, cuando yo no tenía trato ninguno con ella, aunque cada vez que iba a Cádiz sentía la tentación de llegarme a Sanlúcar y comprobar si estaba allí, y si me recibía con un abrazo o me echaba los perros).

Yo no entendía que ser tantas veces grande de España le impidiera estudiar en la universidad como otra persona cualquiera, ni animarse a escribir si era eso lo que de verdad deseaba. En el fondo yo no alcanzaba a comprender la enorme importancia que tenía ser grande de España, ni descender de Guzmán el Bueno, y de otro desdichado que se había visto forzado a dirigir la Armada Invencible, cuando lo que esto comportaba era, a mis ojos, restrictivo y complicado. La duquesa me habló mucho de su infancia, sobre todo de la muerte de su madre, a la que adoraba. Al parecer nadie le explicaba nada, y un día encontró el hábito o la ropa con que iban a enterrarla. Así supo que su madre se estaba muriendo. Después, en su lecho de muerte —tal vez por no ser ella una Medina Sidonia, sino su marido, sentía aún mayor respeto por el título— le hizo jurar dos cosas: que tendría un hijo varón y que nunca se depilaría las piernas... Luisa Isabel era una gran amazona, pero tampoco le permitían, por ser mujer y grande de España, participar en concursos hípicos. Yo, mediocre burguesa catalana descendiente de banqueros judíos, no lo entendía bien. Y lo que menos entendía era que la propia Luisa Isabel, que no tenía un pelo de tonta, tomara en serio tamaños desatinos.

Llevada de mi vocación redentora (incompatible con mi actual condición de aspirante a vieja dama indigna: una vieja dama indigna jamás debe aconsejarle, y menos exigirle, al mendigo borracho que se compre un bocadillo con el dinero que le da, porque sólo uno sabe la sed con la que bebe), le aconsejé a la duquesa que escribiera sus memorias. Dos días después me pasó unas diez o doce holandesas (entonces se llamaban así las hojas de papel que utilizábamos) a máquina. Escribía con gracia y soltura.

Contaba que había nacido en Estoril, al comienzo de nuestra guerra.

> En cuanto tuve uso de razón me fueron contando cosas. Por lo visto fue un parto laborioso que terminó

en operación sobre una especie de mesa de cocina, quirófano improvisado por mi abuela, que se negaba en redondo a ver a su hija querida en una clínica. Conclusión: su hija estuvo a punto de morirse y la nieta también. Después del primer berrido me llevaron a mi padre. Esperaba en el jardín (un patinillo inmundo) y nadie se había preocupado de comunicarle mi sexo. Lo descubrió personalmente, y lloró, emborrachándose por primera vez desde su boda, y no precisamente de alegría. Era lógico. Para tener un hijo habían recorrido los dos media Europa, de clínica en clínica. ¡Y sólo llegaba una niña! Sin que tuviese nada que ver en el asunto, me convertí en insulto personal y estigma imborrable del XX duque de Medina Sidonia.

Hablaba de las relaciones con su madre:

En su cuarto podía entrar siempre. Era donde pintaba unos cuadros al pastel que a mí siempre me han parecido buenos porque eran de *ella.* La mayor parte de las veces me hacía posar. *Virgen en el Templo*, *Niña rodeada de hortensias*... No me importaba estarme quieta con tal de estar allí... Todo fue bien hasta la *Última Cena.* Era un cuadro grande, de composición difícil, y a mi madre le estaba costando mucho trabajo. Cuando ya lo tenía casi terminado, me explicó la historia y quién era Judas, el vendedor de Jesús. Debí meditar sobre el asunto aquella noche, pues a la mañana siguiente me cogieron en el estudio armada de una escoba, dispuesta a borrar la figura de semejante elemento. Desde entonces el cuarto estuvo cerrado con llave.

Y prosigue:

Papá seguía en la guerra. Y yo me paseaba vestida de falangista, cantando a pleno pulmón el *Himno de Riego*, que mezclaba sin importarme un pimiento con la *Marcha Real* o *Por Dios, por la Patria y el Rey* de los requetés... El himno requeté me vino de mi abuelo, el monárquico (mis padres no lo fueron nunca). Además estaba mi abuela, verdadera fábrica de juguetes, que me obligaba a cantarlo. En realidad yo sabía bien lo que hacía, aunque no me explicaba por qué los criados eran rojos y malos, y mi familia nacional y buena, ni que estuvieran dispuestos a matarse unos a otros. Mis padres nunca supieron que yo celebraba las victorias de unos en la cocina y las de otros en el salón.

Y, casi al final de las páginas que me entregó, escribe:

Entre los recuerdos de entonces están los sueños, bueno, un sueño. Aquella noche dormía con mamá. Estábamos solas. Incluso el servicio había salido. De pronto oí pasos en la escalera, pasos desconocidos de hombre. Intenté gritar pero no podía. Cambié de lado y me puse hacia la puerta, tratando de escudar a mi madre. Los pasos se acercaron por el pequeño pasillo, abrieron, y apareció mi padre. Llevaba pijama, y los pelos tiesos como cuando se enfadaba. Tenía cuernos de demonio. Me miraba con verdadero odio.

Años después, Luisa Isabel escribiría dos o tres novelas, que me mandó a Lumen, pero no tengo noticia de que continuara sus memorias, y es una pena porque las páginas que me entregó, a un tiempo durísimas y tiernas, conmovedoras pero entretejidas con un fino sentido del humor, pudieron ser el comienzo de un libro insólito y de gran interés.

Un día Luisa Isabel se peleó a muerte con las dos amigas en cuya casa vivía. Se acusaron, al parecer, de cosas muy graves. Y entonces yo la alojé en la residencia para estudiantes que había montado mi madre en la avenida del Hospital Militar. Mi padre había tenido allí una clínica y, cuando la derruyó y vendió el terreno, tuvo el capricho de quedarse una parte y construir una casa de viviendas. Mercedes compró el 3.º 2.ª, donde también vivieron su hermano Juan y Celia; Esteban y yo habitamos el 7.º 2.ª, que me regaló papá; Oscar y Beatriz el 3.º 1.ª, y mi madre montó en otros dos pisos una residencia que dirigía Madrona, una hermana de Mercedes, y donde estuvo un tiempo Vida. La editorial ocupaba los bajos. O sea que estuve a punto de conseguir mi ideal de vivir todos juntos y revueltos.

Luisa Isabel estuvo allí un par de días y desapareció. Me dejó una nota explicando que una duquesa de Medina Sidonia no podía habitar en tan ruin lugar, ¡menudo escándalo si se enteraba la prensa! Supongo que estaba harta de su escapada a tierras catalanas, de nuestra burguesía, de toda mi gente, que le parecía detestable, y de mí, empeñada en no entenderla y en cambiarla.

La vi en alguna otra ocasión. Estuve comiendo en su palacete de Madrid. Con ella y con una hermosa muchacha sevillana. Manjares insípidos servidos en grandes bandejas de plata. Otra vez almorzamos en el Museo del Prado, porque yo llevaba unos botines rojos y ¡menudo escándalo en los medios si la veían en compañía de una mujer así calzada! Y fue dos veces a Lumen, cuando vivía en París y la llamaban la Duquesa Roja, justo el nombre que reflejaba sus deseos: la alta aristocracia unida con el pueblo para plantar cara a la burguesía.

Pero ninguna de estas historias tuvo importancia, ni disminuyó lo más mínimo mi obsesión por Oriol, hasta que apareció Jordi, que sería mi primer marido, en realidad mi único marido legal, y ni siquiera para siempre, porque de modo inexplicable, sin que ninguno de los dos pusiera gran interés y sin que nos costara apenas dinero, nos concedieron años después la anulación eclesiástica.

Todo empezó de modo muy casual, por dos inesperados cambios de plan. De hecho, Jordi estaba saliendo —o había salido tres o cuatro veces— con Vida. Uno de los mejores amigos de Jordi era Jorge Herralde, y propusieron que fuéramos una noche a cenar los cuatro. Jordi había estudiado en mi mismo curso los dos primeros años de Filosofía y Letras, y supongo que Jorge tenía ganas de verme porque ya acariciaba la idea de crear una editorial. Pero, en el último momento, Vida se enfadó con Jordi y nos comunicó que no participaría en la cena. Los dos cuentan su breve historia de modo tan distinto que prefiero no entrar en ello, las viejas damas sabemos que todos necesitamos inventar nuestro pasado para aceptarlo y, más importante todavía, para mantener una imagen medianamente digna de nosotros mismos, de modo que, nos cuenten lo que nos cuenten, decimos que sí. ¡Vaya idea peregrina la de Papá Freud! ¡Pretender enfrentarnos a un espejo, a nuestro yo más profundo, cuando los humanos sólo podemos subsistir en el autoengaño! Ni siquiera las viejas damas soportamos los espejos.

En fin, fuera que a Jordi no le gustaba Vida o que a Vida Jordi le caía francamente mal, lo cierto es que fue mi amiga la que nos dio un plantón aquella noche, en la que se suponía que ella y Jordi iban de pareja, y Jorge y yo a hablar de literatura.

Salimos sólo los tres, y a altas horas de la noche yo estaba acurrucada junto a Jordi, en Jamboree, el local del que ya he hablado, donde íbamos a escuchar jazz, pero lo que escuchaba ahora eran los versos que me recitaba Jordi al oído, versos en catalán, claro, versos eróticos, que yo creí burlescos —a punto estuve de meter la pata— pero que iban en serio. *Quan t'obres de cames com una flor...* Algo pasaba con el perfume de tu sexo cuando te abrías de piernas como una flor... Jordi había estudiado tres carreras, hablaba idiomas, había leído casi tanto como yo (él diría que más), no se perdía una película, ni una obra de teatro, ni una exposición, ni un museo, aspiraba a ser escritor. Le faltaban unos centímetros de estatura, pero era un hombre guapo («el más guapo después de Mastroianni», le decía yo exagerando un poco la nota, y a él le encantaba, porque era coqueto y presumido como el que más), con una boca preciosa, de labios abultados y lengua rasposa, inquieta y sabia.

Más tarde, Herralde se quedó allí, y nosotros bajamos paseando hasta el mar. Nos besamos mucho y me gustó. Me gustó también —admito mi adicción a cosas algo raras— su aire depresivo y nostálgico.

Pero seguramente la historia hubiera terminado allí, al despedirnos aquella madrugada en el portal de la casa de mis padres. Empezaba Semana Santa y al día siguiente yo salía de viaje en coche con Oriol y una pareja de amigos. Y ocurrió por segunda vez algo inesperado: desperté con las amígdalas rezumando pus y con cuarenta grados de fiebre. Decidimos que los otros tres saldrían en el coche como estaba proyectado, y que yo me atiborraría de antibióticos y cogería un avión al día siguiente para reunirme con ellos en una ciudad suiza, creo que Ginebra. Y de nuevo intervino el azar: estaba yo ya en el aeropuerto a punto de partir, cuando anunciaron por los altavoces que el vuelo se suspendía por tiempo indefinido. Se me ocurrió intentar localizar a Jordi. Era muy improbable dar con él, pero lo logré a la tercera llamada. Media hora más tarde ya estaba en el aeropuerto en coche y minutos después circulábamos rumbo al sur.

Hacía una tarde maravillosa, con ese sol de invierno que es el único que soporto. Empezaba el fin de semana que inicia las fiestas de Pascua, y parecía que la ciudad entera se hubiera lanzado a la carretera a celebrarlo. Abrí la ventanilla, para que el viento me diera en la cara. Era un momento mágico.

No volví al aeropuerto para averiguar si salía ese día el avión, reservé plaza por teléfono para el día siguiente y pasé la noche en un pisito que tenía Jordi. Se había comprado en un momento en que él estuvo a punto de casarse, y, cuando se deshizo el proyecto matrimonial, se lo quedó para alquilarlo y, en los períodos que quedaba vacío, disfrutarlo como piso de soltero. Antes de bajar del coche, me anunció que no subíamos si yo no le prometía que a partir de aquel momento íbamos a hablar en catalán. En Barcelona se suele establecer entre dos personas la lengua que, por motivos a veces ocasionales, han hablado el primer día. Entre nosotros había sido el castellano. Al principio tomé a risa su propuesta, como había creído burlescos sus versos... *quan t'obres de cames com una flor...* pero iba en serio. De modo que dije que sí y le hablé en catalán.

El día siguiente volé a Ginebra para reunirme con los míos. Oriol me estaba esperando. Me besó con vehemencia en él inusitada, como si llegara yo del otro extremo del mundo o hubiéramos pasado un montón de tiempo separados, y me mantuvo unos segundos estrechamente abrazada. Lo sabía. Pero ¿qué era lo que había que saber? ¿Y cómo podía saberlo? Nunca se había mostrado celoso, nunca le había preocupado lo que yo hiciera con otros hombres, tan seguro estaba de que era suya. O sea que esta vez, sin saber nada, intuía que había surgido algo distinto. Tenía miedo de perderme. Y sólo entonces, al ver su actitud, se me ocurrió que Jordi tal vez no fuera sólo un amante más, que acaso no se trataba de una aventura como las otras.

Podía no haber mencionado la cuestión, podía incluso negarlo todo si era él quien me interrogaba. Pero se lo conté. No pude evitarlo. Es más fuerte que yo. Me educaron así, supongo. De muy niña, si había hecho algo malo —había roto una figura o había perdido de nuevo el reloj de pulsera o la pluma estilográfica (tantísimas perdí que al fin me castigaron a escribir una temporada con mango y plumilla)—, me pasaba el tiempo que hiciera falta sentada en la banqueta del recibidor, debajo del retrato de Franco (no olvidemos que habíamos ganado la guerra), esperando que mamá abriera la puerta para confesarle de sopetón y con prisa mi delito. Era imposible para mí, atea hija de ateos, quedar libre de culpa y en paz conmigo misma sin esta laica parodia de confesión.

Se lo dije a bote pronto, antes de que nos reuniéramos con la otra pareja. ¿Recordaba a aquel chico, antiguo compañero mío de universidad, con el que había ido a cenar hacía unos días, en compañía de Herralde, y que, casi sin conocerle, le caía tan mal que me pidió, y no había hecho nunca algo parecido, que no le viera más?

Pues me había llamado cuando ellos se fueron y se me había pasado la fiebre, y salí con él, y luego suspendieron el vuelo y volvimos a vernos y nos acostamos.

Sabía que no le iba a gustar, pero no esperaba una hecatombe de aquella magnitud, aquel paroxismo de llanto, de desesperación, súplicas, amenazas, acusaciones, arrepentimientos, declaraciones de amor, propuestas de matrimonio inmediato. ¿No era eso lo que yo quería? ¿No deseaba que viviéramos juntos y tuviéramos un hijo? Y yo pensaba que quizás lo hubiera deseado en algún momento, pero que de eso hacía mucho tiempo. Obsesionado Oriol, como siempre, con el sexo: «¿qué hace Jordi que no pueda hacerte yo?», «¿cómo es posible que te dé más placer del que yo te doy?». Y no me animaba a sacarle de su error, a confesar que la única noche que habíamos pasado juntos no había sido nada especial en este aspecto, porque me temía que podía ser peor, que podía dolerle todavía más. Y no me parecía el momento adecuado para confesar que casi siempre cuando un hombre —o una mujer— alardea de estar haciéndote algo especial, que te marcará para siempre, está haciendo lo mismo que hacen todos, o casi todos, y en definitiva el ridículo, porque no se trata de eso, la cama es otra cosa, y lo mucho que Oriol me había enseñado tal vez fuera muy útil en un burdel, pero iba a servirme poquísimo con Jordi o con hombres como Jordi.

No esperaba sobre todo aquel delirio de sexo, enfermizo, morboso, desesperado, vivido con una ansiedad que sólo he visto en drogadictos o en alcohólicos, y que entre Oriol y yo no había existido ni al principio. Ya la primera noche, en cuanto cerramos la puerta de la habitación, no me permitió deshacer el equipaje, entrar en el baño, desnudarme. Me sujetó con fuerza, y de pie sobre la alfombra, delante del gran espejo del armario, me arrancó la ropa a manotazos y me hizo el amor con tal brutalidad y con tantísima ternura que por una vez no me importó que nos oyeran gemir o gritar los huéspedes de las habitaciones contiguas.

Durante lo que duró el viaje, hicimos el amor la noche entera, y en los paréntesis Oriol no se dormía, ni se volvía de espaldas, ni se levantaba para buscar una cerveza o encender un cigarrillo. Se quedaba pegado a mí y me decía cosas que no me había dicho antes, que yo había estado esperando a lo largo de dos años, que habría pagado en cualquier momento pasado cualquier precio por oír, y que ahora me pillaban desprevenida y a destiempo.

Nos dormíamos al amanecer, cuando entraban ya por las ventanas las luces del nuevo día, y no salíamos hasta el mediodía, hasta que nos echaba la mujer de la limpieza porque quería arreglar la habitación, y no le importaba a Oriol —curioso infatigable— perderse las ciudades, los museos, las tiendas, las chicas guapas que deambulaban por las terrazas de los cafés. Y dejó que nuestros amigos se repartieran la conducción y ocuparan los asientos delanteros —los pobres no apartaban la vista de la carretera y hablaban sólo entre ellos, como si fueran los únicos ocupantes del vehículo—, mientras detrás, cubiertos por la manta de viaje o los abrigos, se lanzaba a las caricias más audaces, como si fuéramos dos novios de la España profunda que no tenían otro lugar donde manosearse.

Y, sin embargo, yo estaba cada día más segura de que habíamos llegado al final. Mi amor había terminado, había muerto como mueren todos los amores, por muerte natural, sin que uno pueda hacer nada por hacerlos morir un día antes o darles un día más de vida. No cabía elección: estaba curada. Y el amor de Oriol era sólo la reacción inevitable, casi biológica, de mi desamor. Son las reglas crueles de un juego absurdo: uno quiere demasiado y el otro se desinteresa, uno deja de querer y el otro se enamora.

Quizás fuera cierto —lo juraban los amigos a los que fue a llorar sus penas y que trataban de convencerme para que no le dejara— que en los últimos tiempos él estaba decidido a casarse conmigo. Pero hubiera sido un desastre. A las pocas semanas yo no habría soportado seguir juntos, y él —por razones familiares, sociales, religiosas— habría vivido la separación como un fracaso. Además, era cierto que yo no era su tipo, que no le gustaba lo suficiente, que, pese a su pasión de última hora, no me quería. Y lo prueba que encontrara poco después a la mujer que buscaba desde hacía tiempo: guapa, joven, flaca, de buena familia, con estudios universitarios, y a lo mejor incluso virgen, o casi.

10

… y un matrimonio también bastante breve

Mi primer encuentro con Jordi había tenido lugar en Semana Santa y nos casamos a mediados de julio. Oriol lo pasó mal y yo intenté convencerme de que también estaba siendo muy duro para mí hacer sufrir a alguien a quien había amado tanto y a quien todavía quería, pero ahora, a punto de ingresar en la selecta cofradía de viejas irrespetuosas y visto a distancia, reconozco que no sufrí demasiado. El que las pasa canutas no es el que abandona, sino el que es abandonado. Media una enorme distancia entre que te den con la puerta en las narices o largarte tú dando un portazo.

Me enamoré de Jordi. Muchos creen que el verdadero amor debe durar toda la vida y que haberse enamorado ocho o nueve o diez veces equivale a no haberlo hecho nunca. El amor para mí lleva, ya lo he confesado, fecha de caducidad, pero, cuando digo que me enamoré, no me refiero a flirteos tontos ni a aventuras intrascendentes. Me refiero a una emoción profunda, a una pasión que me hace perder el resto del mundo de vista, sentir que mi soledad, como la de Ondina, comienza a dos pasos de él, o de ella, no ser capaz de pensar en ninguna otra persona ni de interesarme por nada que no pueda relacionar con ese amor. Creo, pues, que se trata en cada ocasión de algo muy similar a lo que experimentan los que sólo creen posible vivirlo una vez.

Me enamoré de Jordi *perdidamente* (expresión que me encanta y he hecho mía), me hacía una enorme ilusión irme a vivir con él, saber que despertaría todas las mañanas a su lado, que haríamos juntos un montón de cosas, muchas, porque yo le ayudaría a superar su pesimismo y su melancolía, y segura estaba de que recuperaría conmigo la alegría de vivir. Era delicioso ver cómo anochecía lentamente al otro lado de las ventanas de su piso de soltero, mientras nosotros, en la cama, envueltos por la creciente oscuridad (jamás encendíamos la luz), sólo rota por los puntos rojos de los cigarrillos, oíamos a Pavese o a Pessoa recitar sus poemas, o me hablaba Jordi —en plena crisis depresiva— de su tristeza, de sus frustraciones, de sus miedos. *Sóc un burgès sense diners i amb poca empenta*, canturreaba sarcástico la canción de uno de los *Setze Jutges*, porque sus tres carreras universitarias, sus extensas lecturas y su vocación de escritor habían naufragado en el empleo subalterno de una agencia de publicidad que detestaba; sus gustos sofisticados y exquisitos y bastante esnobs, propios de un hijo de buena familia, se tornaron inalcanzables al hundirse el negocio de su padre (que, por otra parte, no tenía nada de esnob y, de no haberse arruinado, tampoco los habría consentido) y sus historias con las mujeres, aunque tuviera éxito con ellas, habían terminado hasta el momento en un fracaso. Y era esa voz desolada, henchida de desamparo, lo que me encendía y me excitaba, y no las sabias caricias que fantaseaba Oriol en su rival, aunque era cierto que Jordi tenía la boca más bonita, sensual y femenina que he besado nunca.

Existía ya en España, desde hacía muy poco tiempo, el matrimonio civil, pero nos convencieron de que era más complicado, más lento, más incómodo, y de que, incluso para una improbable pero siempre posible separación, era preferible el canónico, de modo que nos casamos por la Iglesia. Sin misa (creo recordar), sin sermón, sin flores, sin música, sin invitados —en el último momento compareció muy airada tía Blanca, proclamando que a ella nadie le impedía asistir a la boda de *la nena* (en Cataluña sigues siendo para gente muy allegada que te conoció de pequeña *la nena*, aunque hayas cumplido cien años, y también mi madre seguía siendo para sus dos hermanastras, bastante mayores que ella, *la nena*), sin banquete (comimos como todos los domingos en el Golf del Prat, cerca del mar y bajo los pinos, pero antes nos escapamos unos minutos Jordi y yo a la casa de mis padres y, sin que mediara palabra, sin quitarnos siquiera la ropa, nos precipitamos en mi cama de soltera, y nos amamos con la voracidad y la urgencia de castísimos novios que llevaran años esperando aquel momento), pero por la Iglesia, y, ¡qué vergüenza!, con lista de regalos en la tienda que era entonces más *gauchedivinesca.*

La decisión de casarnos fue repentina. Se recuerdan cosas tontas (y se olvidan otras importantes, claro). Recuerdo que estaba en el Ateneo Barcelonés, muy inquieta porque advertía que Jordi estaba tocando fondo y no sabía cómo sacarlo a flote. Salí a telefonear desde una cabina. Me dijo que no soportaba más aquella situación, que se iba de España. Yo estaba muda de espanto. Y él añadió muy bajito: «Si por lo menos viviéramos juntos...» Y pensé «¿por qué no?» y dije «¿por qué no?» Y estuvo decidido.

En casa lo comuniqué de una manera peculiar. Íbamos de crucero aquel agosto, mi padre, mi hermano, nuestro primo Emilio, nuestra prima Victoria, su marido italiano y dos amigos suyos. Y yo le dije a mi padre: «No sé si podré ir al viaje, porque para entonces estaré casada.» Nadie se inmutó, seguimos hablando de otros temas y, al rato, mi padre preguntó amablemente: «¿Y te importaría decirnos con quién vas a estar casada en agosto?» «Claro que no, papá.» Y les conté.

Se portaron muy bien. Quiero decir que hicimos el mínimo de lo mínimo. Vinieron una tarde los padres de Jordi, los sentamos en los sillones con almohadones de pluma, les servimos un té (no tan rico como el de la Matute), me regalaron una alhaja, comentaron que disponíamos de pocos medios, pero que éramos muy buenos chicos y nos abriríamos camino... Y eso fue todo. Se vieron un momento en la iglesia y creo que nunca más. No porque les cayeran mal, sino porque mis padres eran así. Mamá rehuía los rituales convencionales por pura pereza. Mi padre porque era el tipo menos amigo de formalismos que he conocido, el más pasota, muchísimo más que toda la *gauche divine* junta.

Mi madre vio el pisito de Jordi, decidió que una hija suya no podía vivir allí, y me regalaron un piso en la casa de Hospital Militar, en cuyos bajos estaban las oficinas y un pequeño almacén de Lumen. Y, como no queríamos banquete, mi padre incluyó a Jordi en el crucero. ¡Ah, y me compré (me compró mamá) el primer camisón que he tenido en mi vida, muy lujoso y bonito, verde loro, lleno de encajes por todas partes, que no me puse nunca!

Hubo antes de la boda dos cosas curiosas. La primera, que tal vez sólo me pareció rara a mí, tuvo lugar en casa de Federico, en Cadaqués. Nos invitó para conocer a mi futuro marido. Me extrañó un poco que él, tan educado, entrara por la mañana en nuestro dormitorio sin llamar, pero lo realmente sorprendente, y todavía hoy no entiendo por qué actuó así, fue que se pasara todo el tiempo insistiendo en que yo le hiciera a Jordi un juramento de fidelidad. Jordi se mantuvo bastante al margen y yo me resistí como una leona, pero al final terminé por ceder. O sea que fue uno de los príncipes de la *gauche*, uno de los tipos más abiertos y liberales del grupo y un caballero cuya exquisita educación le prohibía inmiscuirse en la intimidad de los demás, quien me obligó a jurarle a mi marido fidelidad eterna.

Que en aquel entonces, aunque estuviera *perdidamente* enamorada, yo no albergaba ya la certeza de que un amor durara toda la vida, lo prueba que apenas regresamos de Cadaqués convencí a Jordi (sin demasiada dificultad) para que fuéramos a un abogado y nos informáramos de qué recursos ofrecía la ley para en el caso, sumamente improbable, de que fracasara nuestro matrimonio, poder deshacerlo. Y un abogado progre, descamisado y en alpargatas, nos recibió en un estudio caótico, donde una de sus hijas ensayaba *El lago de los cisnes*, sorteando los montones de libros y de archivadores que cubrían el suelo, y nos aleccionó. Era, en efecto, mucho más fácil conseguir la anulación eclesiástica que el divorcio civil. Nos hizo escribir dos cartas iguales, una mía a Jordi y otra de Jordi dirigida a mí, fechadas ambas el día de la boda, donde asegurábamos que nos sentíamos moralmente obligados a comunicarle al otro nuestra firme decisión de no tener hijos. El abogado haría legalizar las cartas en un notario, también el mismo día de la boda, y las guardaría hasta el momento (seguramente no llegaría nunca) en que quisiéramos hacer uso de ellas.

Cuando llegó el día, año y medio después, yo me trasladé a casa de mis padres, hasta que Jordi recogiera sus cosas y se marchara del piso de Hospital Militar, y comenzamos de mutuo acuerdo los trámites de la anulación. Lo he contado ya en otro lugar, pero me parece tan disparatado, tan increíble, que no puedo dejar de incluir en estas memorias lo que fue aquello. Cuesta creer que una institución como la Iglesia Católica funcionara, al menos en Barcelona, con tan sórdida ineficacia. Nuestro abogado había presentado una demanda de anulación grotesca, puro cuento de hadas, que no hubiera convencido ni a un bebé, y que, en los espaciadísimos interrogatorios (la verdad es que nosotros no hicimos nada por acelerarlos), a mí me daba vergüenza apoyar.

¿Qué absurdo papel representaba yo allí, en las entonces mugrientas oficinas del tribunal eclesiástico —una sala grande, con varias mesas, en una de las cuales me sentaba con el cura que me interrogaba, un tipo escuchimizado, viejito, con la sotana negra salpicada de manchas claras, que se levantaba con creciente frecuencia para ir al baño contiguo, desde donde me llegaba escandaloso el ruido de la cisterna al vaciarse—, explicando que había estudiado desde mi más tierna infancia en uno de los colegios para chicas más distinguidos de la ciudad, el del Sagrado Corazón, y que muy pronto había destacado por mi acendrada piedad, y me había afiliado a la asociación de las Hijas de María, e incluso me había planteado la posibilidad de hacerme monja? (La carta que se había destruido era la mía, ya que era imprescindible, para que prosperara la demanda, que hubiera una víctima a la que proteger y un villano al que inculpar, y el abogado decidió que fuera yo la buena: resultaba más eficaz que la mujer fuera la buena —o la más rematadamente tonta—, y Jordi el malo del peliculón.)

¿Qué demonios hacía yo allí, argumentando que mi amor por Jordi había surgido en gran parte de mi afán por redimir a aquel individuo volteriano y librepensador («que —reza la demanda de anulación— había ya manifestado sus peregrinas convicciones sobre la naturaleza, finalidad y disolubilidad del matrimonio y había insinuado su voluntad de no tener descendencia, porque los hijos podían constituir un estorbo para su felicidad»), al que anhelaba restituir al rebaño del Buen Pastor? ¿Cómo pude explicar, roja de vergüenza y sin levantar la mirada del suelo —no olvidemos que yo todavía no mentía jamás—, que cuando, dos horas antes de partir hacia la iglesia, sentada yo ante el tocador de mi alcoba, donde una peluquera daba los últimos toques a mi peinado, y rodeada de dos o tres de mis amigas más íntimas, me entregó la doncella una carta que acababa de llegar, en la que mi novio me comunicaba su firme decisión de no tener hijos, y que yo me sentí morir, me deshice en llanto, quise ir a decírselo a mis padres y suspender la boda, pero que mis amigas me habían convencido de que no tomara demasiado en serio la carta, me habían asegurado —conocían varios casos— que, una vez casados y utilizando yo con cariño y astucia mis armas femeninas, me sería fácil hacerle cambiar de parecer o hacer trampa y enfrentarle a los hechos consumados? Y seguía el culebrón encaramándose a las ramas más altas y frágiles del gran árbol de lo inverosímil. Un abogado, gran amigo de la familia, estaba *casualmente* en mi habitación. Como no compartía el optimismo de mis amigas, se apoderó de la carta sin que nadie lo advirtiera y la hizo legalizar aquel mismo día ante un notario.

Lo más raro no era que, a pesar de su experiencia, dieran crédito con sorprendente candor a historias rocambolescas como la nuestra, sino que el tribunal —representado para mí por el cura viejito de la sotana sucia— tuviera sólo en cuenta para emitir su veredicto las declaraciones de los dos implicados y de cuatro o cinco testigos elegidos por ellos, cuando hubiera bastado que me pidieran el boletín de escolaridad, que hicieran un par de llamadas locales —no estábamos en el tribunal de la Rota, ni en el de Madrid, estábamos en Barcelona— para descubrir que yo no había pisado el colegio del Sagrado Corazón ni ningún otro colegio religioso, que no había sido jamás hija de María —ni siquiera hubiera podido explicar, si me preguntaban, en qué consistía esa pía asociación—, que la boda no se había celebrado en la catedral, vestida yo de novia, llena la nave de flores e invadida por las voces del coro, ni había seguido a continuación un banquete con trescientos invitados.

Después de la boda —seguí contando en sucesivas entrevistas— todo salió mal. Contra lo que habían pronosticado las amigas, mi cariño y mis ruegos y mis argucias femeninas no lograron que Jordi alterara su decisión. (La demanda que habíamos presentado decía: «Las esperanzas abrigadas por la demandante se vieron defraudadas desde la noche de bodas: su marido nunca accedió a usar el matrimonio de una manera natural y siempre empleó medios para impedir la descendencia.»)

Y, al llegar a este punto, el curita bajaba la voz —podía haber alguien en otra de las mesas de la sala— y me preguntaba cuáles habían sido estos medios, y hacía un gesto brusco con la mano, hacia arriba, como si apartara insectos molestos o diseminara semillas, e inquiría si echaba Jordi el semen fuera, y respondía yo —sonrojada hasta las orejas, porque la escena alcanzaba a mis ojos un grado de obscenidad excesivo incluso para una libertina— que sí. Y añadía que nos habíamos peleado con creciente frecuencia, y siempre por el mismo motivo y sin que consiguiera yo nada.

(«No depuso don Jorge esta indomable actitud ni siquiera ante los insistentes ruegos, exigencias y hasta amenazas de su mujer, que anhelaba ardientemente ser madre. Surgieron por culpa de esta pertinaz oposición de don Jorge constantes y graves disgustos entre los esposos», decía la demanda, en ese curioso estilo de novelón grandilocuente y decimonónico y ridículo que nuestro abogado había adoptado.) Y que yo había regresado varias veces a la casa de mis padres, pero que Jordi, aunque siguiera igual de volteriano y de librepensador, lograba siempre convencerme para que volviera a su lado. «¿Y cómo lo conseguía?», preguntaba entonces el cura, y yo bajaba la mirada, mientras respondía, y creo que era la única verdad en aquella sarta de embustes, que me mandaba un enorme ramo de rosas rojas, varias docenas, con una tarjeta donde había escrito *«t'estimo»*.

La anulación nos fue concedida —sin otros gastos, dicho sea en honor de la Iglesia, que las escuetas minutas de abogado y procuradores— casi ocho años más tarde. Me he preguntado muchas veces si este ardid utilizado por nuestro abogado se multiplicaría en otros casos, hasta dejar de dar resultado, o si inventaría él —¡qué gran talento desperdiciado para la novela folletinesca o el culebrón televisivo!— historias diferentes para cada ocasión.

¿Qué ocurrió en realidad después de la boda? Algo con lo cual yo realmente no contaba. En este caso no radicó el problema en que mi enamoramiento por un mismo hombre decayera fatalmente a los dos o tres años, sino en que Jordi se convirtió en dos o tres meses en un hombre distinto. ¡Mucho antes de que yo dejara de estar *perdidamente* enamorada del Jordi que había conocido! ¡Y además el nuevo Jordi no me gustaba nada! Los dos eran Jordi, claro, pero a mí nadie me había advertido que eran dos, ni le había tratado tiempo suficiente para descubrir que se trataba de un maníaco-depresivo. Una no se entera de que se ha casado con un hombre lobo hasta que llega la primera noche de luna llena.

Yo esperaba que, en parte gracias a mi amor y a mi apoyo incondicional, aquel muchacho triste, angustiado, descontento de sí mismo, aquel «burgués sin dinero y con poco empuje», superaría la depresión, encontraría un trabajo al nivel de su capacidad y de sus ambiciones y recuperaría la alegría de vivir. Pero no que se convirtiera en un energúmeno prepotente, que echaba a los amigos de nuestra casa acusándoles de hacer trampas en el juego, insultaba a gritos por la ventanilla a los automovilistas que le habían hecho —según él, y a lo mejor era cierto, como podía ser cierto, aunque menos probable, lo de las trampas— una putada, o exigía la presencia del *maître* y el libro de reclamaciones porque no nos habían servido el vino en las condiciones —casi siempre se trataba de la temperatura— adecuadas.

Empecé a pensar que el asunto alimentario podía ser una lata —tener que ir a comprar el jamón a las Ramblas, el pan en una panadería artesanal de Gracia, ofrecer una cena impecable a los amigos (las pizzas o el pollo a l'ast habían sido desterrados) o tomarle la temperatura al vino antes de llevarlo a la mesa—, aunque debo reconocer que Jordi hacía los curries más ricos que he probado jamás y que el pollo al curry era el plato fuerte del menú para invitados.

También empecé a pensar que para una mujer era difícil y agotador cumplir las tres tareas que se le asignaban: un trabajo profesional, la marcha de la casa, y estar siempre guapa, divertida y de buen humor para salir de juerga con el marido o montársela en casa. Y además (que no sería nuestro caso, porque Jordi no los quería y yo había decidido desde pequeña no tenerlos), los niños.

Pero, a pesar de esto, las primeras semanas de casada fueron muy buenas. Estábamos enamorados, nos gustábamos, nos divertíamos. Barcelona en verano —en aquellos años, quedaba casi vacía— era, a menos que el calor apretara demasiado, una delicia. Nos habíamos sumado a los hábitos de la izquierda divina. La vida empezaba a las nueve de la noche, cuando nos encontrábamos, sin necesidad de citarnos, en la mesa del fondo de la Mariona (en realidad no se llamaba Mariona, sino Estevet, como su hermano, que era el dueño del restaurante, pero la madrina de la *gauche*, la que nos mimaba y atendía, sí se llamaba Mariona), reservada a un mundillo artístico e intelectual, compuesto por pintores, cineastas, fotógrafos, modelos, escritores, arquitectos y gente de mal vivir. Recalábamos luego en un bar que se llamaba Storck, o en Jamboree, y veíamos amanecer en una sala de baile de la costa sur, en Castelldefels, o a veces, si no nos daba pereza ir más lejos, en Sitges. Todos bebían demasiado y ninguno hubiera pasado un control de alcoholemia, pero entonces no los había.

Jordi es un letraherido de pura sangre, y con él no te pierdes una película, ni una obra de teatro, ni una exposición, ni un museo, y tienes que estar muy al día en tus lecturas para seguirle. Gracias a él conocí a Carlos Barral, a Jaime Gil de Biedma, a Gabriel Ferrater (en persona y en sus poemas), gracias a él leí *Bajo el volcán* y *Tiempo de silencio*.

También conocí con él las casas de citas de Barcelona, un día próximo a la Navidad en que hacía mucho frío, se estropeó la calefacción y preferí esta opción a la casa de mis padres o a un hotel. Nunca había pisado ninguna, me fascinó y quise conocer otras. Había muchas, y buena parte de ellas destinadas a la burguesía. Supe que los objetos que con más frecuencia olvidaban los clientes en las habitaciones eran las mantillas y los libros de oración. Hombres y mujeres, supongo que en su mayoría casados, utilizaban el pretexto de la misa, las novenas y los rosarios para reunirse con sus amantes en los *meublés* (a diferencia de los prostíbulos, allí no había mujeres). Supongo que muchas de las personas que me dicen haberse reconocido en los escenarios burgueses de *Habíamos ganado la guerra* se reconocerán también en estos locales peculiares, auténticos monumentos al kitsch más depurado.

Las entradas y salidas eran sumamente discretas. El local del primer día, situado en Pedralbes, tenía garajes individuales. Te metías en uno de ellos, se abría al otro lado una cortina, y aparecía un empleado, que te conducía a la habitación que solicitabas o a una de las que quedaban libres. Y estaba justificado que el cliente tuviera sus preferencias, porque las habitaciones, todas distintas, eran un poema, obras maestras en su estilo. ¡Me hubiera encantado editar un Palabra e Imagen con las habitaciones de las casas de citas de Barcelona! Había una habitación árabe, una egipcia, una rococó... Una cama enorme, un montón de toallas limpísimas, profusión de espejos (sobre todo en el techo) y luces y pinturas eróticas, un teléfono para que pidieras algo al bar, para que llamaras al exterior o para que notificases que habíais terminado y que podían venir a buscaros y, tras abonar la cuenta, conduciros a vuestro coche, al taxi que habíais pedido o simplemente a la salida.

En algunas ocasiones todas las habitaciones estaban ocupadas y tenías que hacer cola. Te metían en un cubículo minúsculo y esperabas hasta que venían a por ti. Con un poco de suerte, oías claramente los alaridos y jadeos de alguna de las parejas de las estancias contiguas, lo cual, si no tenías mucha confianza con tu acompañante, debía de resultar incómodo. Lo más ridículo fue que un día, desbordados por la afluencia de clientes, se equivocaron, y cuando, tras una larga espera vino a buscarnos a Jordi y a mí, el empleado, en lugar de conducirnos a la habitación, nos llevó a la puerta de salida, ¡y nos largamos muertos de risa y sin rechistar! Lo que no recuerdo es si pagamos o no la habitación que no tuvimos...

Años después de separarnos, coincidimos Jordi y yo por primera vez en una reunión, nos saludamos sin ningún rencor y me dijo: «Pueden achacársete muchas cosas, pero reconozco que a tu lado no me aburrí ni un momento.» Ignoro lo que significaba esto para él: para mí era el mejor de los elogios.

Así siguió la situación, a ratos divirtiéndonos, a ratos amándonos, a menudo peleando, hasta que llegó el crucero. Era un poco raro hacer el viaje de luna de miel con seis personas más, pero no fue ésta la causa de que mi relación con Jordi empezara a naufragar. ¿Qué ocurrió? Era un crucero de lujo, que empezaba donde solían terminar los demás, en los fiordos noruegos, y llegaba hasta el mar de hielo del Polo Norte. Muchos días de navegación sin ver tierra firme. Y desde el segundo día hasta el último, Jordi se lamentó de estar allí y no recorriendo el Mediterráneo. Hubo un momento crucial. ¡Qué tontos son a veces los momentos cruciales! Teníamos que ascender a una colina muy escarpada, muy dura (algún día sí estuvimos, pues, en tierra), y a los pocos pasos de empezar la ascensión, Jordi, pletórico, competitivo, lleno de aquel empuje que meses atrás le faltaba, soltó mi mano y trepó velocísimo, decidido a llegar el primero a la cumbre. Me abandonó. Aquella bobada fue el principio del fin.

Enseguida, sin embargo, Jordi empezó a trabajar en Lumen. Fue un desastre. Jugó desde el primer momento el papel del gran editor. Se veía a sí mismo, supongo, como un émulo de Barral o de Feltrinelli, convencido de que podía llegar donde quisiera, de que sus ideas eran sencillamente geniales. Yo salía por las mañanas de casa para ir a Lumen (no demasiado temprano, lo reconozco, porque no me gustaba madrugar y me he permitido el lujo de no hacerlo nunca) y él me despedía con un bostezo y la noticia: «Esta noche he tenido una idea que vale millones.» Después bajaba al piso de Madrona, la hermana de Mercedes que sería luego su pareja y finalmente su esposa, que le preparaba el perfecto desayuno, con los huevos justo en su punto, y escuchaba sus quejas contra mí, que no preparaba el desayuno de nadie y, si excepcionalmente lo hacía, dejaba siempre hervir demasiado los huevos pasados por agua.

En Frankfurt se suscribió a todas las revistas literarias o no literarias pero sofisticadas del mundo, y nos comunicó que había que fletar un avión particular que lo llevara a Cuba para hablar con Fidel (aquel año la noticia bomba, que resultó falsa, era que Fidel Castro estaba escribiendo sus memorias, y para los progres de entonces, que empezábamos a tener serias reservas respecto a Moscú, Fidel era todavía dios). Nos quedamos petrificados de asombro. Mi padre era un idealista, que estaba invirtiendo su dinero en una editorial de dudoso futuro, pero éramos conscientes de la modestia de Lumen, y los gastos, sobre todo los de ostentación, se reducían al mínimo.

En el viaje de regreso a Barcelona, paramos a cenar en un hostal de Figueras, y mi hermano, con lágrimas de furia en los ojos, protestó indignado por haber puesto tanto desinteresado esfuerzo en una empresa para que apareciera de pronto alguien de fuera a cargársela. Pero yo sabía que mi hermano llevaba buena parte de razón, y, en una pugna entre Oscar y cualquier otro hombre de mi vida, era probable que yo militara en el bando objetivamente más justo, o que me decantara incluso a favor de mi hermano.

Así pues, en Figueras guardé absoluto silencio, pero, en cuanto llegamos a Barcelona, le supliqué a Jordi que dejara de trabajar en Lumen, y vi, con gran alivio por mi parte, que no oponía apenas resistencia. Habló con mi padre, llegaron a un acuerdo respecto a la indemnización y empezó a trabajar *free lance* en publicidad.

Pasamos el invierno (en esto no le mentí al curita de la curia) a trompicones, peleándonos y reconciliándonos, largándome yo varias veces a casa de mis padres y regresando siempre a la mía (aunque la sentía menos mía que la otra), y viviendo ambos aventuras diversas, para mí todas ellas triviales. No sentía celos por las de Jordi, ni sentía entusiasmo por las mías.

Hasta que llegó otra vez el verano, el maravilloso verano de mi maravillosa Barcelona, y los que nos habíamos quedado en la ciudad volvimos a encontrarnos noche tras noche, sin necesidad de citas previas, en la mesa del fondo de la Mariona, para ir luego a ver flamenco o a oír jazz en la Plaza Real, para asistir por último, bailando junto al mar, al nacimiento del nuevo día. Y surgían unas historias y otras terminaban, y había escenas de celos letales, aburridas a morir, peleas violentísimas, momentos sublimes, pero a mí nada de todo esto me afectaba ya lo más mínimo, porque había conocido a Esteban, había cruzado el espejo, había aterrizado en el País de Nunca Jamás, y el resto del universo había dejado de existir.

Y una vez más, la última, creí que también para mí podía ser posible un amor sin fecha de caducidad que duraría hasta la muerte.

11

Esteban y la felicidad

Ahora, en la vejez, pienso a veces que quizás no fuera tan disparatada la frase de la *Salve* —contra la que siempre me he rebelado— que define este mundo como un «valle de lágrimas», porque temo que para gran parte de la humanidad la vida no sea realmente más que esto. Hubo en la mía momentos en que me consideré el ser más desdichado del universo (muy dada a dramatizar y a tomarme demasiado en serio a mí misma), pero, visto desde la distancia que establecen los años, no me parece que diera para tanto. Ahora ha llegado la vejez, que, no entiendo por qué, me ha pillado desprevenida, y que, en cualquier caso, nunca fantaseé tan sórdida, y que intento vivir a mi aire, sin atender a normas ni formalismos, sin pretensiones de respetabilidad, disfrutando con voracidad y sin vergüenza de los placeres que restan. Pero el tema de la vejez corresponde, supongo, al último capítulo.

He sido feliz muchas veces, he disfrutado mucho, he tenido enormes satisfacciones, pero la felicidad como estado casi permanente, como éxtasis apenas interrumpido, tan intensa y tan embriagadora que ningún disgusto, ninguna contrariedad alcanzaba a empañarla (incluso andar escasos de dinero, lejos de teñir de sordidez nuestra vida cotidiana, era un juego más), sólo la he conocido con Esteban, y sigo creyendo que fue un milagro.

Resulta curioso que, siendo él un mujeriego a la antigua usanza —Cata, su mujer, una vasca todavía muy hermosa, habitual de la mesa comunitaria de la Mariona y de las reuniones en el Storck y en Jamboree, nos tenía hartos de oír sus innumerables historias amorosas—, y participando yo en cierto modo de los promiscuos y tumultuosos años 60, donde vivíamos el sexo como un juego y como una militancia —decía Marta Pessarrodona, la poeta *opinionada*, que cada vez que dabas la mano a un hombre, o a una mujer, te estabas preguntando cómo resultaría en la cama—, no se nos ocurriera que lo nuestro podía limitarse a una aventura más, a un ligue ocasional. Y era que, por primera vez en mi existencia y acaso también en la suya, el amor había brotado instantáneo, recíproco y total, y nos habíamos abandonado sin condiciones ni cicaterías en manos del otro.

Yo me sentía, y me sentiría durante años, plenamente aceptada por él, como no me había sentido antes ni me sentiría después aceptada por ningún otro hombre. Y le admiraba. Por la firmeza de sus convicciones, por su coraje. Antes de verle por primera vez, sabía ya por Cata —aseguraba que estaban separados, que no quedaba nada entre los dos, que sus infidelidades no le importaban en absoluto, pero no paraba de hablarnos de él— que había colaborado como espía de los aliados durante la Segunda Guerra Mundial, pasando información secreta a través de los Pirineos, con el agravante de estar haciendo en aquellos momentos el servicio militar, que le habían detenido y había permanecido casi dos años prisionero en el castillo de Montjuïc, bajo la amenaza de un juicio sumarísimo y una condena a muerte, que cuando le dejaron libre se marchó a Venezuela y pasó allí unos quince años, primero con la familia y luego, cuando naufragó el matrimonio y mandó a Cata y a los dos hijos de regreso a Barcelona, solo. Sabía que había proseguido allí su militancia en la izquierda, que había ganado bastante dinero en unos negocios que no le interesaban demasiado, que lo había gastado con alegría y lo había compartido con generosidad. Y que, cuando venía a pasar aquí con sus hijos el mes de agosto, invitaba espléndidamente a los amigos y a un montón de gorrones.

Entre nosotros todo sucedió en tres días, los tres primeros días de agosto, que yo, tan aficionada a juegos y festejos, declaré sagrados y celebré durante años. El primer día —en realidad, la primera noche— Jordi se había ido muy temprano a la costa. No quise acompañarle y, cuando desperté, casi al mediodía, me encontré sola, sin coche, un horrible domingo de agosto, en la ciudad vacía. Me refugié a pasar la tarde en el estudio de Jaime Gil de Biedma, donde encontré a Juan Marsé y creo recordar que a Luis Marquesán. Lo pasamos bien, pero al llegar la hora de salir a cenar, Jaime —no sé por qué razón, pues, sin que fuéramos propiamente amigos, nos llevábamos bien— no me propuso que les acompañara. Cogí, pues, un taxi y me hice llevar a la Mariona, y allí, en la mesa del fondo, en «nuestra mesa», estaba Cata con Esteban. Fuimos luego, en el coche de Cata, a una sala de fiestas de la costa, y ella aprovechó la coyuntura para repetir una vez más que ya no sentía celos por nada, que las constantes infidelidades de su marido habían dejado hacía mucho de importarle, que sólo seguían temporalmente juntos por los niños, mientras Esteban callaba, y yo la creía a medias, porque tenía una absurda propensión —que por fortuna he perdido— a creer aquello que la gente gratuitamente proclama, pero lo dijera ella o no lo dijera, la creyera yo o no la creyera, carecía de relevancia, pues si él me llamaba, y yo sabía que iba a llamarme, iría a su encuentro de todos modos, caminando sobre las aguas o apartando cadáveres. Después bailé con Esteban y —¡qué cursi suena, dios mío, pero es la pura verdad!— *desfallecí de amor* (utilicemos al menos palabras bíblicas), me mareé, me sentí morir, a punto estuve de desmayarme en sus brazos, allí, en mitad de la pista, y luego, al acompañarme, ya recuperada, a un taxi, le pregunté cuándo volveríamos a vernos, y respondió «todos los días, durante toda la vida», y pensé que mi pregunta era estúpida, tan obvio era, tan evidente, que íbamos a pasar juntos el resto de nuestras vidas.

El segundo día estuvimos solos en su casa. No recuerdo por dónde andaban Cata y los niños, pero sí recuerdo que le sometí a un interrogatorio en toda regla, impulsada por el afán de conocer su pasado y abarcar en mi amor todos los momentos de su vida anteriores a mí, mientras que él no manifestaba especial interés en descubrir el mío, mucho mejor dotado que yo para vivir con plenitud el presente. Me dijo que había esperado a estar conmigo para leer la carta que había recibido de su socio, que preveía siniestra. Y se trataba en efecto de una extensa carta siniestra, donde le aseguraba que ni de su parte en el negocio, ni de sus pertenencias personales, coche incluido, había logrado sacar nada, casi casi le había ocasionado pérdidas quedarse con todo lo suyo...

Me contó él entonces que había perdido las elecciones el partido de izquierdas en el que activamente militaba, que esto ocasionaba problemas en la empresa, que estaba harto de tan largo exilio, que anhelaba ver crecer a sus hijos, y que, siguiendo un impulso repentino, había cortado con todo y se había subido al primer avión que le llevara de regreso a España.

Le conocía todavía poco, pero se me ocurrió que era muy propio de él, de su altivo desprecio por lo material, de su desmesurado sentido de la propia dignidad y de la elegancia, no saber o no querer negociar las derrotas.

El tercer día nos acostamos. Nos habíamos dado cita en el portal de la casa de mis padres y, cuando me preguntó dónde quería ir y le respondí que a cualquier lugar donde estuviéramos solos y esbozó él un gesto de sorpresa, le pregunté riendo: «¿Crees que hace falta algún tipo de noviazgo, que debemos esperar unos días, ir por lo menos un rato a un bar para charlar y tomar unas copas?», y él se echó a reír también y respondió que no.

Hicimos el amor en una casa de citas que eligió por nosotros el taxista, y resultó sorprendentemente fácil y sencillo, desprovisto de artificio, muy distinto a lo que cabía esperar de un experimentado Casanova y una procaz muchacha de los años 60. Supongo que Esteban consideraba a los divinos izquierdosos unos hijos de papá y unos esnobs, y no entendía por qué se necesitaba tanto soporte ideológico, tal artificio y tamaña conciencia de grupo para hacer algo que él venía practicando por lo libre, y sin otro conflicto que los celos de su mujer o de los maridos de sus amantes, desde que le desvirgó, gozosamente y sin traumas, a los trece años, la mejor amiga de su madre.

No me hizo Esteban, ni esta primera vez ni las siguientes, la tonta pregunta de si me había gustado, ni ponderó que era yo una maravilla, una diosa en la cama (pocos días después me diría —y eso sí debía de ser cierto y eso sí me halagó— que nunca había encontrado a una mujer que hiciese el amor con tanta alegría). Y, sin embargo, tuvieron que transcurrir meses —ya vivíamos juntos— para que yo descubriera con estupor —una tarde cualquiera, en nada distinta a las demás, una de tantas tardes de sábado en que él no trabajaba y nos acostábamos para la siesta— que de mi propia sexualidad, yo, tan proclive los últimos tiempos a los juegos eróticos, ignoraba lo esencial; para que descubriera una calidad específica de placer de la que no tenía indicios y que no había añorado jamás, ni había buscado con éste ni con ningún hombre anterior, pues ignoraba, no sólo en qué consistía y cómo se alcanzaba, sino incluso que existiera, una dimensión de goce que mi cuerpo —siempre más sabio el cuerpo, siempre más certero y sutil que lo que llamamos espíritu— había estado, no obstante, aguardando, sin ser yo consciente de espera alguna, hasta que llegó Esteban, y con él la felicidad.

Esteban se marchó a mediados de otoño de su casa, donde, aunque a él no le gustara entrar en detalles —nunca, y era otra de las características que yo admiraba en él, habló mal de su esposa, ni de ninguna otra mujer; ahora se me ocurre que la única mujer de la que contaría horrores sería, mucho tiempo después, yo—, la vida debía de haberse vuelto insoportable, pues en cuanto Cata sospechó que había otra, y luego tuvo la certeza, y finalmente descubrió que la otra era yo —siempre, sea cual sea, le parece a la esposa la mujer con la que su marido la engaña, o por la que la abandona, la peor de las opciones posibles, la más pérfida y condenable—, desapareció de golpe su convicción de que era el suyo un matrimonio acabado y de que no podía ya sentir celos, y se lanzó a la lucha como una leona enfurecida a la que intentan arrebatarle al más querido de sus cachorros. ¡Dios mío, lo que dijo de él, pero sobre todo de mí, en la mesa de la Mariona!

Esteban había alquilado una habitación, bonita pero gélida, en el piso de una pareja de ancianos, y pasaba horas y horas tecleando traducciones del inglés en la máquina de escribir (la manta que le había regalado una de sus amigas escritoras, Carmen Kurtz —a la que había conocido a través de su mujer pero que había tomado, como muchos otros, partido por él—, cubriéndole las rodillas, esas rodillas flacas y huesudas, inconfundibles, que yo amaría tanto, como amaría cada recodo, cada centímetro, de su cuerpo anguloso y suavísimo), casi todas las horas que le dejaba libres su empleo de corredor de un catálogo de arte en librerías, que había conseguido a través de un anuncio de la prensa y que a mí, dada su edad —estaba a punto de cumplir o acababa de cumplir los cuarenta— y dada la vida de opulento ejecutivo que había llevado en América, se me hacía heroico, pero del que no se lamentó en momento alguno, porque lo cierto es que en aquella etapa no se lamentaba de nada, y no dejaba asimismo de sorprenderme que, con su doble ocupación de vendedor en la calle y traductor en casa, estuviera siempre disponible para mí en el momento preciso en que le propusiera encontrarnos.

Yo me marché del piso de Hospital Militar cerca ya de Navidad, dejándole un tiempo a Jordi para que buscara alojamiento y trasladara sus cosas. Me instalé —y no era la primera ni la segunda vez— en casa de mis padres, y me encantó de nuevo recuperar transitoriamente mi barrio y mis hábitos, no tan lejanos, de soltera, incluidas las esperas junto al teléfono y las citas en Bauma, el café de la esquina. Mi madre me acogía siempre bien, no se ponía en duda que aquélla seguía siendo y sería siempre mi casa, aunque había desmontado, sin que la necesitara para ningún otro fin, mi habitación el día siguiente al de mi boda. Ahora hizo dos cosas insólitas, pero muy propias de ella. Como yo me preguntara —un poco retóricamente— si no habría sido un error dejar a mi marido, ella, que a esas alturas no podía ver a Jordi ni en pintura y que era además medio bruja, me preguntó: «Pero ¿no tienes un amigo?» Y yo, atónita: «Sí, pero está trabajando estos días en Mallorca.» Y mamá: «Pues aquí tienes el dinero y coge el primer avión a Palma.» «Sí, mamá.» De modo que volé a Palma y viví algunas de las horas más felices de mi vida.

También dije que sí a su segunda propuesta. Estaba encantada de liberarse de Jordi y, por lo que sabía de él, le parecía bien Esteban, de modo que aprobaba el cambio de pareja, lo cual no era frecuente en las madres burguesas de finales de los 60, pero no le parecía correcto dejar a un hombre por otro (o no le gustaba que la gente lo supiera), y me pedía unos días de luto: que no apareciera en público con Esteban hasta dos o tres meses más tarde. Así pues, cuando ocupé mi piso de Hospital Militar, Esteban pasó varios fines de semana llegando furtivamente el viernes por la noche (cuando ya no estaban los porteros), marchándose el lunes de madrugada (antes de que se levantaran los porteros) y sin aproximarse a las ventanas ni salir a la terraza, para que no le vieran los vecinos, ni hablar en voz muy alta, para que no le oyeran.

Aunque dudo que pudieran oírle —apenas yo le oía—, porque andábamos retozando medio desnudos por la casa con las canciones de Brassens a un volumen apocalíptico.

No salíamos apenas, porque además yo me había quedado sin coche. Ocurrió de un modo bastante curioso. Cuando me casé con Jordi, yo tenía coche y él no, de modo que compartíamos el mismo. En ocasiones, pocas, no resultaba cómodo, y un día Jordi comentó que le parecía humillante que el coche fuera mío y tener que pedírmelo cada vez, y yo respondí a bote pronto que no había problema, que daba lo mismo, que si iba a sentirse mejor se lo regalaba y así no se vería obligado a pedírmelo y sería yo la que se lo pediría a él. Resultado: me quedé sin coche.

En esta primera etapa de nuestra relación, por si no bastaran los problemas que acumulaba —que su socio se hubiera quedado con todo lo suyo, que Cata montara escenas delirantes, no poder ver a sus hijos siempre que quisiera, trabajar un disparate de horas en tareas mal retribuidas, tener que adaptarte a un país del que faltaba desde hacía tanto tiempo—, surgió otro más grave. Cuando fue a pedir el permiso de residencia, se lo denegaron: o renunciaba a la nacionalidad venezolana o dejaba España de inmediato. No estaban dispuestos a correr el riesgo de que alguien con sus antecedentes políticos permaneciera en nuestro país con la relativa impunidad que le confería un pasaporte extranjero. De modo que Esteban, para seguir aquí, tenía que correr el riesgo de quedar indefenso en manos de la policía, de que le detuvieran cinco minutos después de entregar el pasaporte en el Consulado Venezolano.

Y entonces Enrique Sordo —literato, periodista, traductor, amigo de muchos escritores e intelectuales—, a pesar de ser un tipo de derechas, y ni siquiera de una derecha civilizada —pues no puede calificarse de civilizado a alguien que mantiene una estrecha relación amistosa con Creix, jefe superior de policía de Barcelona, considerado por muchos uno de los esbirros más despiadados del franquismo—, acompañó a Esteban, que trabajaría luego largos años para él en Argos Vergara, a la Jefatura Superior de Policía y, en una reunión a puerta cerrada con Creix, dio en cierto modo la cara por él, se responsabilizó —y no dejaba de ser una temeridad— de cuanto Esteban pudiera hacer en el futuro; mejor dicho, se comprometió a que no iba a hacer en el futuro absolutamente nada. Y llegaron, gracias a su mediación, a un compromiso, que no era, claro está, un trato entre caballeros, sino el pacto con un rufián que tiene el destino de otro hombre en sus manos: Esteban renunciaba al pasaporte extranjero y a la doble nacionalidad, pero, mientras se mantuviera al margen de toda actividad política, nadie sacaría a la luz su pasado ni le iba a ocurrir nada.

Me he preguntado a menudo si Enrique actuó así porque le caía bien Esteban, porque admiraba secretamente su éxito con las mujeres, las agallas que había mostrado en sus actividades políticas, la facilidad con que había ganado dinero y la espontánea generosidad con que lo había gastado y prodigado, su innata elegancia que, al margen de su origen social y de su poco interés en el vestir, le daba siempre el porte de un gran señor, o si lo hizo tal vez en un intento desesperado por mejorar la imagen que sabía —no era en absoluto un tonto— teníamos de él, o, todavía peor, que él tenía de sí mismo, o quizás porque esperaba que, caso de cambiar la situación política en España, podía contar con que le devolviéramos el favor.

En cuanto a Esteban, durante años, casi hasta la muerte del Caudillo, se atuvo bastante a este pacto, y a mí no se me ocurrió siquiera que pudiera comportarse de otro modo, ni los compañeros que habían militado con él en el pasado o que militaban entonces en la oposición estaban dispuestos a permitirlo, y me llevó tiempo comprender que aquella prolongada mutilación de una parte tan importante de sí mismo, aquella forzada inmovilidad en unos momentos en que el país empezaba a salir de su letargo —e incluso yo, sin correr en ningún momento peligros dignos de tenerse en cuenta, firmaba escritos de protesta, asistía a una que otra manifestación o participaba en el encierro de Montserrat—, debió de jugar un papel muy importante en su cambio de carácter y en el deterioro de nuestra relación.

Desde el primer día hasta el último en que tuvo un empleo, Esteban entregó, sin abrir siquiera el sobre, el sueldo íntegro a Cata (no lo cuestioné jamás, pero no dejaba de fastidiarme la sospecha de que este gesto pudiera encubrir un oculto sentimiento de culpa, y nunca entendí por qué razón se sentía mucho más responsable de Cata y sus retoños que de mí y de los míos) y sólo reservaba para nosotros lo que ganaba traduciendo en casa, y como a mí me resultaba indecoroso —poco elegante— pedirle más dinero a mi padre en el momento en que acababa de cambiar de pareja, y mi sueldo —Lumen todavía sufría pérdidas— era exiguo, tuve que aprender por primera vez en mi vida a salir adelante con poquísimos medios. Fue la época de los espaguetis con berberechos, de los espaguetis a la diabola, del arroz con huevo frito y con un pedazo, también frito, de sobrasada, o del arroz con higadillos de pollo. Vida comenta que, cuando nos invitaba a cenar —las dos nos habíamos casado casi al mismo tiempo, pero ella seguiría con Juan hasta hoy—, nos daba siempre un suculento solomillo o un enorme entrecot, para asegurarse de que comíamos algo de carne y no íbamos a sucumbir faltos de proteínas o de lo que sea que contiene la carne. Vida exagera. Comíamos, es cierto, mucha pasta, mucho arroz, muchos huevos y poca carne —la carne no me ha gustado nunca—, pero con relativa frecuencia yo aparecía en casa con una docena de las mejores ostras que encontraba en la ciudad y una botella de excelente vino blanco, y para mí —¡qué vergüenza tener un paladar tan incivilizado!— salmón ahumado y coca-cola. Una es capaz de privarse de todo menos de lo superfluo... A fin de cuentas lo único que nos apetecía era estar juntos y amarnos. La felicidad, lujo supremo, nos salía gratis... Y con el dinero que sobraba nos íbamos unos días a París para cambiar de decorado: para estar juntos y amarnos y ser felices y comer ostras y foie (yo cambiaba el salmón por el foie) en una ciudad que a los dos nos encantaba.

En estos primeros tiempos tratábamos a poca gente. Esteban me presentó a amigos españoles que había conocido en Venezuela y que habían regresado casi al mismo tiempo que él. Todos se habían exiliado en parte por razones políticas, habían hecho fortuna y habían vuelto con el propósito de invertirla en una vocación artística. Vicente Aranda era tal vez el más amigo, pero le tratamos poco. En la primera cena que celebramos juntas las dos parejas se habló mucho de cine, porque su proyecto era hacer películas —las haría y con éxito—, y me preguntó si me gustaba Hitchcock y, cuando dije que sí, quiso saber si sólo como cine comercial o si lo consideraba gran cine, dije que me parecía un excelente director y que muchas de sus películas eran auténticas obras maestras. Creo que había pasado el examen con buena nota y que nos caíamos bien. Al menos él me caía bien a mí. Su mujer no me preguntó nada: se limitó a advertirme, en un aparte, que no me hiciera ilusiones, porque el interés de Esteban por mí —ella le conocía bien— iba a durar cuatro días. Quedé en la duda de si era una incondicional de Cata o si era simplemente una grosera. En cualquier caso, yo ya sabía que mis pretensiones de indignidad irrespetuosa no eran de un tipo que me permitiera en este caso hacer otra cosa que encogerme de hombros y sonreír.

Otro amigo de Esteban, que ha seguido siéndolo mío a lo largo de toda una vida, es Antonio Rabinad. También había hecho fortuna en Venezuela y estaba bien situado allí, con su mujer y sus cuatro hijos, pero quería ser —y lo ha sido, muy bueno además— escritor, y regresó repentinamente a España por una razón peregrina: a Carlos el Magnífico le gustó uno de sus libros, *El niño asombrado*, y lo editó. Esto fue suficiente para que Antonio volviera a España. ¡Lo que pueden los mitos!

Antonio es uno de esos individuos que tienen un único fin, un objetivo exclusivo al que se supedita todo lo demás. Les ocurre a muchos artistas, unos con talento y otros sin futuro ninguno, y a mí, tan dispersa, a mí, que siento en cada encrucijada la tentación de probar un nuevo camino, que no me identifico con mi labor de editora, ni con los libros que he escrito, ni con ninguna de las personas que ha sido en una etapa el centro de mi vida, y que sólo he pretendido acumular el mayor número de experiencias posible, sin otra finalidad que el placer de descubrirlas, estos personajes consagrados a un único objetivo me admiran profundamente, porque son algunos de ellos los que hacen prosperar el mundo, los que crean obras tan bellas que siglos después me estremecen y hacen que se me salten las lágrimas (ante el Piero della Francesca de la Galería Breda, Adela siente deseos de postrarse de rodillas), pero no soy de su raza, no puedo siquiera envidiarles, sólo darles las gracias.

Antonio vive básicamente para escribir. Y es un tipo peculiar. Lo primero que me dijo, el día que le conocí, fue que Barcelona le resultaba incómoda, que no entendía cómo los barceloneses lo soportábamos. Soportábamos, ¿qué? Pues que hubiera tan pocas fuentes, claro, uno no podía pasear tranquilo ni ir a ninguna parte sin la garantía de disponer de una fuente cercana cuando tuviese sed, y en esta ciudad nadie se había molestado en calcular las distancias que mediaban entre fuente y fuente. No me atreví a confesarle que yo no había bebido jamás en una fuente pública —para mí meros objetos decorativos—, que no solía tener sed cuando iba por la calle y que, si la tenía, me metía en el primer bar y pedía una coca-cola, y, como no me pareció oportuno aconsejarle el uso de una cantimplora, le dije que tenía toda la razón del mundo.

Era un hombre al que le gustaban las mujeres, mucho, y no exclusivamente para la cama, detalle que siempre se agradece. Hay muy pocos hombres a los que les gusten las mujeres y, si das con uno, debes aprovecharlo. De modo que me ha invitado a almorzar un montón de veces —a lo largo de más de cuarenta años— y me ha contado un montón de historias, a menudo insólitas. Se lamentaba siempre del modo de actuar, o de ser, de su mujer, de la que estaba profundamente enamorado, y que debía de rozar la santidad, y ser un poco rara también, pues, cuando le pregunté a Antonio por la etapa del noviazgo, me contó que frecuentaba su casa y que allí, o sea en el interior de la vivienda, todos iban en bicicleta.

Pero la historia más hermosa es la de la isla. Ignoro si él la ha contado ya o si lo hará algún día, y, en la duda, voy a contarla yo. Ya sé que el ser humano puede enamorarse de cualquier cosa, no sólo de la persona más repugnante o menos adecuada, sino de una fuente o una maceta de geranios. Virginia Woolf nos habla de un hombre que se enamoró *perdidamente* de las piedras. Y un tipo en Grecia se enamoró *perdidamente* de una gata. (Creo recordar que ambas historias terminan mal, pero ¿no terminan acaso mal la mayoría de las historias de *perdidos* amores?)

Antonio Rabinad se enamoró de una isla. Fue un amor a primera vista. Pasaba en su coche, la vio y supo que aquél era el lugar que había deseado siempre, que le estaba destinado desde la eternidad, el punto exacto donde escribir su obra. Ya no pudo pensar en nada más. La isla —no la vi nunca, pero no podía ser gran cosa, un pedacito de tierra salvaje en uno de los ríos misérrimos próximos a la ciudad— pertenecía a alguien que no tenía ni la más remota intención de vender. Meses o años le llevó a Antonio convencerle, pero tan plomazo se puso que el otro terminó por claudicar y le vendió la isla. Y ahí comenzó el idilio. Despertaba a media noche y no había modo de volverse a dormir ni de quitarse aquel pedazo de tierra de la cabeza. De modo que a las tres o a las cuatro de la madrugada se levantaba furtivamente, intentando no despertar a su mujer, cogía el hacha y conducía como un loco hasta allí, donde se ponía a cortar árboles, armar tablones, levantar tabiques. Creo que construyó una magnífica cabaña de madera, con una altísima torre para el depósito de agua. Después hubo varias catástrofes: incendios, invasiones de ocupas. Y lo más triste es que, por razones económicas, se vio forzado a alquilarla a gente extraña. Hace tiempo que no tengo noticias de Antonio y no sé cómo ha terminado la isla. Espero que Carmen Balcells, que fue realmente con Rabinad muy generosa, la mejor de las agentes, haya comprendido la importancia de la cuestión y haya preservado a la isla de un triste final.

Pero los grandes amigos que compartieron con Esteban y conmigo esta etapa de extrema felicidad fueron Ana María y Julio.

Después de *El saltamontes verde,* yo había sacado otros cuentos infantiles de Matute y *Libro de juegos para los niños de los otros,* primer título de la colección Palabra e Imagen. La había visto en varias ocasiones, casada todavía con Ramón Eugenio, que seguía obstinado en tratarla como una niñita genial pero casi tonta de remate, incapaz de andar sola hasta la esquina, ficción a la que ella a veces se prestaba y todavía se presta, declarando que es un niño, no una niña, de diez años, lo cual me sacaba y me sigue sacando de quicio, porque no se ajusta en nada a la realidad (Matute tiene enormes y bellas cualidades —es una de las mejores personas que he conocido y que más he querido—, pero entre ellas no figura la veracidad).

Luego se separó, conoció a Julio —fue también un flechazo, un amor a primera vista, y tal vez al despedirse tras la cena de no recuerdo qué premio literario, ella le preguntara «¿cuándo volveremos a vernos?» y él respondiera «todos los días, durante toda la vida»—, estuvo un año sin poder ver apenas a su hijo, confiado por el juez a la familia de Ramón Eugenio, otro año, recuperado legalmente el niño, en Estados Unidos con Julio, y, al regresar, se establecieron los tres en Sitges.

Esteban había conocido a Ana María antes que yo.

En el curso de una etapa de total silencio de ella, en una huelga muda contra Ramón Eugenio, que duraba ya semanas y nadie sabía cómo resolver, Esteban, de vacaciones en Barcelona, les invitó, junto con otra gente, a un restaurante de postín. Y se produjo el milagro: Matute abrió la carta, se le pasó de golpe la mudez y gritó con entusiasmo: «¡Un chateaubriand!» Un buen pedazo de carne al punto figuraba para ella, hasta en sus peores momentos, entre las cosas importantes de la vida. A partir de entonces se hicieron grandes amigos y, al regresar de Estados Unidos y establecerse en Sitges, nosotros fuimos con frecuencia a cenar a su casa.

Era un dúplex disparatado y encantador. En la planta baja había dos dormitorios, un baño, la sala comedor, y en la parte delantera de esta sala se había construido Ana María un diminuto estudio de madera y cristal —era una habilísima artesana—, donde tenía una silla, una mesita, la máquina de escribir y un estante sobre el que se apilaban las hojas de *Olvidado rey Gudú*, una novela, en aquel entonces contratada por Lumen, de la que nos contaba fragmentos y dibujaba con vivos colores y purpurina los personajes. En la planta superior sólo estaban su dormitorio y la terraza, un dormitorio todo cama y una gran terraza desde donde se dominaban los tejados del pueblo y se vislumbraba a lo lejos el mar. Adosados al dormitorio, una cocinita y un baño de casa de muñecas. De modo que para llevar algo desde la cocina hasta el comedor había que abrirse dificultoso camino por el dormitorio todo cama y bajar la empinadísima escalera.

Son unos años, los de Ana María en Sitges, que recuerdo mágicos, dotados de una atmósfera, de una luz especial. De hecho habíamos escapado ambas, por caminos distintos pero paralelos, de un largo túnel asfixiante. Los cuatro —Ana María, Julio, Esteban y yo— éramos inmensamente felices y disfrutábamos compartiendo una felicidad que creíamos iba a durar siempre.

Para Ana María, aparte del Rey Gudú, era la etapa de los banquetes pantagruélicos, de las fabulosas joyas de cristal y latón, de los increíbles pueblos en tres dimensiones.

Experta cocinera, lograba que las cenas contuvieran el exceso, la intensidad, de nuestra alegría, que fueran a un tiempo disparatadas y exquisitas. Éramos cuatro los comensales, y emergía triunfal del último peldaño de la escalera tambaleándose bajo el peso de una monumental pierna de cerdo o espalda de cordero que habrían bastado para saciar a una tribu de vikingos. Y a veces recordaba que había guisado unas espléndidas legumbres cuando estábamos terminando el postre, o confundía las salsas, o comíamos frío lo que se debía comer caliente, o al revés, pero no importaba, porque nunca había constituido el comer tan glorioso aparato de lujosa fantasía, y era comer un juego, y cocinar era otro juego para niñas grandes que se resistían a crecer y que podían, si se les antojaba, superar también en su campo a la odiosa especie (no en vías de extinción) de las «mujeres de verdad».

Era la época también en que Ana María confeccionaba joyas. La invité una noche al palco del Liceo al que estaban abonadas unas amigas, y comparecimos las dos con sortijas ornadas de esmeraldas como huevos de paloma, abigarrados collares de oro y pedrería, semejantes a los pectorales egipcios o aztecas, pulseras que se diría extraídas del tesoro de los Nibelungos. Las joyas, espléndidas y primitivas, que podían lucir las cortesanas del olvidado reino de Gudú. Las amigas del palco rieron la broma, pero quedaron admiradas por las joyas. Y explicó entonces, modosita, Ana María: «Las hago yo. No valen nada. Si queréis os hago otras parecidas.» Y a la siguiente función —para estupor de los espectadores próximos— acudimos todas cubiertas de estas joyas fantásticas, que eran, eso sí, flor de un día, porque enseguida se oxidaban los metales, se desprendía la purpurina, se rompían las cadenitas, caían los pedruscos de cristal.

Sin embargo, la obra maestra de Ana María —dejando aparte la escritura, claro— eran los pueblos. Tal vez la idea surgió del hecho de acumular, sin objetivo concreto, restos de madera, botones, cajas de cosméticos, tubos de medicamentos, latas vacías, piedras y cristales de la playa, kilos de purpurina. Llegó además un momento en que una pandilla de chicos del pueblo empezó a llevarle los tesoros que encontraba en la basura, en el campo, en la playa, en la calle, porque ella no es como pretende un niño de diez años, pero sí es capaz, aún hoy, de tener, sin proponérselo, a una panda de niños de diez años fascinados. Nosotros, sobre todo Julio, veíamos crecer con cierta inquietud aquellos montones de porquerías y la invasión creciente de pandillas infantiles en la casa. También el carpintero, que consideraba a los señoritos de Barcelona unos gilipollas y a los artistas unos chiflados, mandaba maderas de raras formas y colores, pues no pudo dejar de sentir muy pronto por Matute un respeto de profesional a profesional.

De estos materiales de desecho fueron surgiendo los pueblos. Se colgaban como un cuadro en la pared, pero eran cada vez más grandes, más pesados, y hubo que reforzar los muros. Construirlos llevaba mucho tiempo y suponía a menudo noches enteras en blanco. Exagerada Ana María en esto, como en todo: apasionada siempre.

Los pueblos tardíos tenían fosos, torreones, murallas, iglesias de cúpulas doradas, fastuosos palacios para la reina Astrid y otros personajes del reino de Gudú; talleres y tiendas y viviendas de artesanos; había bosques y ríos, lagos y mares dotados de mágicas profundidades lacustres y marinas. Se abrían y cerraban puertas y ventanas, se encendían y apagaban las farolas. Si las cenas exquisitas y desmesuradas remitían a los banquetes de los vikingos, y las joyas a los Nibelungos, los pueblos tenían una atmósfera eslava, eran poblados de la vieja Rusia de los zares, por los que podían cruzar en el momento más inesperado Pedro el Cruel o Iván el Terrible.

He oído comentar muchas veces que las personas felices no se dan cuenta de que lo son hasta que la felicidad se desvanece. Y me sorprende oírlo. ¿Cómo pueden no darse cuenta de algo tan ostensible, tan evidente? Yo fui feliz aquellos años y lo supe todo el tiempo, desde que despertaba por las mañanas y me preguntaba al abrir los ojos si podía ser cierto que el mundo, al menos el mío, fuera tan maravilloso, hasta que me dormía en brazos de Esteban, que me acariciaba el pelo, me besaba los ojos, me estrechaba contra sí, me llamaba su «cheikha» y me juraba que siempre sería así, que despertaría a su lado todas las mañanas y me dormiría abrazada a él todas las noches de mi vida.

12

Ana María Moix y su corte de enamorados

Ana María Moix apareció una mañana en mi oficina —instalada ya la editorial en los bajos de Hospital Militar—, acompañando a Gloria Fuertes, con la que había iniciado yo una amistad a raíz de encargarle unos cuentos para Grandes Autores. Tal vez habríamos podido llegar a ser amigas de verdad, pero la posibilidad se frustró y dudo que ella sospechara jamás el motivo de mi cambio de actitud.

Me considero una persona —las viejas damas irrespetuosas lo son casi por definición— extremadamente tolerante, tal vez porque me considero a mí misma capaz de múltiples y variados dislates. Incluso las taras que me caen peor —la ambición desmesurada de dinero, el oportunismo, el abuso de poder, la envidia, los celos, la corrupción, la traición a los amigos, la falta de coherencia entre el pensar, el decir y el hacer— me molestan, sobre todo cuando las detecto en mí, pero no me enfurecen. A veces me hacen sonreír. Si afirmo que lo único que me provoca una furia homicida es la crueldad deliberada contra seres indefensos, estaré siendo veraz, pero esta característica la comparto con buena parte de la humanidad. Lo peculiar, lo que no todos comparten, es que para mí entre los seres indefensos ocupan un lugar primordial los animales. No es una actitud reflexiva, es algo visceral e incontrolable. Si viera a alguien maltratar a un perro, un gato, un caballo, un mamífero —mi solidaridad más estrecha es con los mamíferos— y llevara un arma, dispararía sin vacilar. Y me cuesta un gran esfuerzo establecer amistad con personas a las que no les gustan los perros o que van a los toros. Siempre me inspiran (y esto incluye a mi hermano, al que adoro, y a Adela Turín, una de mis mejores amigas, taurófilos ambos) cierta desconfianza. Y en este campo soy implacable. No perdono nada. Quizás influyera que a los ocho años, ante mi total impotencia, asesinaran a mi perra.

En fin, lo cierto es que Gloria Fuertes, gran amiga de los animales, gran defensora de sus derechos, trastornada por un grave problema emocional con la persona a la que amaba y que era quien se la había regalado tiempo atrás, dejó abandonada a la perra en el pueblo donde tenían su segunda residencia. Cuando regresó, la perra había muerto. Seguramente de tristeza, dijeron los vecinos. Esto entra en la categoría de delitos que no soy capaz ni de justificar ni de olvidar.

Apareció, pues, una mañana Ana en mi despacho, y en mi vida, de la que no iba a desaparecer jamás, porque, incluso en la larga etapa, más de un año, en que —por una absurda intromisión de Mario Trejo, al que volveré a referirme más adelante— dejamos de tratarnos, nos seguimos queriendo lo mismo. Hemos sido lo suficiente listas y hemos hecho el suficiente esfuerzo para convertir lo que empezó siendo una relación conflictiva, difícil y a trechos tormentosa, en una amistad inquebrantable, enriquecedora, incondicional, uno de los mejores regalos que me ha concedido la vida.

Ana era muy joven. Una niña flaca, introvertida, muy callada. Estaba terminando la carrera de Filosofía y Letras (especialidad de Filosofía) y soportaba un montaje familiar absurdo. Vivía con una tía anciana, la «tía Florencia», en un piso próximo a la Diagonal, y todos los mediodías —aunque estuviera haciendo algo interesante en el otro extremo de la ciudad— tenía que pasar a recogerla en taxi a una hora precisa (y tan precisa no debía de ser, porque Moix era incapaz de llegar puntual jamás: ni siquiera, en una época en que yo era enormemente importante en su vida, era capaz de llegar a la sesión matinal de cine a tiempo para que entráramos juntas, y tenía que buscarme con el acomodador y su linterna por la sala oscura, o, si tan tarde era, esperarme a la salida), cargar con una olla de sopa y trasladarse las dos a comer a la calle Joaquín Costa, donde residían los padres y Terenci, que hasta poco tiempo atrás se llamaba Ramón. El tercer hermano había muerto muy joven, y la madre había llenado la casa de fotos y elementos mortuorios. Nunca acabé de entender por qué la familia vivía separada en dos lugares distintos, ni por qué se encargaba tía Florencia de preparar cada día una olla de sopa. Y me desagradaba la idea de que una chica tan joven como Ana compartiera piso e incluso dormitorio con una vieja.

Eran los Moix, sin embargo, una familia de seductores. El padre, un conquistador, con ligues innumerables en el currículo. Siempre tuve la sospecha de que eran tipos como el señor Moix y no los príncipes de la divina izquierda los que se ponían las botas haciendo el amor y no la guerra, y cuenta la propia Ana que en un viaje familiar por las tierras donde había estado él trabajando aparecían por todas partes niños que se le parecían, que a veces llevaban su nombre, y cuyas madres, todavía buenas mozas, les miraban a ellos de una manera rara... miradas a las que la señora Moix respondía con otras de un cabreo creciente. La madre, una guapetona arrolladora, una real hembra, simpática, presumida, segura de sí misma y de su capacidad de gustar y enamorar a quien se propusiese (aunque no creo le interesara, como a su marido, la diversidad ni coleccionar amantes). Terenci, un tipo encantador, divertido, tierno, cariñoso, entrañable, un profesional de la seducción, que se metía en el bolsillo a la gente más diversa y se hacía perdonar unos caprichos, una falta de formalidad y de responsabilidad, un grado de egoísmo que en otro hubieran sido insoportables.

Contra todo pronóstico, Ana María, flaca y desvalida, con sus ojos desolados, sus obstinados silencios, su carencia de amor, su extrema timidez y sus múltiples temores, justo el extremo opuesto de su aparatosa y prepotente mamá —nada que ver tampoco con las esplendorosas mujeres que deambulaban por la Barcelona nocturna, por Cadaqués, por la casa de Dalí en Port Lligat, y se congregaban en la famosa fiesta que daba Federico todos los agostos—, despertaba también singulares pasiones, vivía rodeada de un círculo de enamorados y enamoradas, o a veces de parejas que soñaban con una relación a tres. La amaban incluso antes de comprobar su fina inteligencia, su portentoso y negrísimo y en ocasiones salvaje sentido del humor, su extrema sensibilidad. Creo que Ana, tan vulnerable, tan patética en algunos momentos, provocaba el deseo de protegerla, de ponerla a salvo —del alcohol, de la tentación del suicidio, del completo encierro dentro de sí misma—, sentimientos que se metamorfoseaban rápidamente en amor, y creo también que todos sus enamorados alentaban, sin que Ana les estimulara lo más mínimo, la fantasía de ser distintos, de que ellos sí iban a conseguir de aquella niña lo que no había conseguido todavía nadie.

Me cuenta en una carta (Ana me escribió las cartas más hermosas, y tal vez las más tristes y desesperadas, que me hayan escrito jamás) una ida a Cadaqués, coincidiendo con mi estancia en Nueva York: «Lo mejor de Cadaqués fue conocer a Joan Ponç, el pintor. Le encanté y me enseñó casi toda su obra, que sólo enseña a los marchantes. Creo que es la única persona a la vez más loca y más inteligente que yo. Me habló de la magia, de la vida, de las hostias que uno va recibiendo y de por qué vive solo en Cadaqués, sin ver a nadie. Las noches que le vi estaba yo más mustia que un *llus d'hostal*, y como de costumbre no dije ni pío. Ponç tiene una mirada fabulosa y me hablaba de las hostias de la vida. Tiene la teoría de que vivir es ir abriendo puertas. Uno se encuentra con un señor que lleva un niño de la mano y que le dice: "Por favor, ¿puede abrirme esta puerta?" Ante el aspecto suplicante y desvalido del señor y del niñito, uno le abre la puerta, y, cuando consigue abrirla, se encuentra en el umbral al niñito y al señor, que le dan una hostia.» Y en la misma carta: «Siempre supe que llegaría el día en que, como Tom en *El zoo de cristal*, me tocaría decir: "No, no fui a la luna, fui mucho más lejos. Y así es: No, no fui a Ibiza, fui mucho más lejos." Si lees en el periódico que un loco incendiario ha destruido el pueblo de Cadaqués, piensa mal —no, piensa bien—, porque habré sido yo... Nunca más volveré a Cadaqués. Es raro que determinados lugares siempre predispongan a la depre. No debí ir a Cadaqués. Pero Barcelona sin ti es como yo: una gran aberración de la naturaleza. Cadaqués era igual, pero en pequeño y sin ninguno de mis discos.» Y cuenta una anécdota que reproduzco porque refleja cuál era el ambiente del Cadaqués en los 60, aunque esté deformada seguramente por la fantasía de Moix, gran fabuladora y por consiguiente no del todo fiable ni veraz. Por una vez, omitiré el nombre de la protagonista. Escribe Ana: «El jueves llegó José Agustín, entró en aquel restaurante del Llané y me dijo a gritos: "¿Has visto a la hija de la gran puta?" "¿Quién?", le pregunté. "La cabrona de B.", me dijo. Después el tipo se calmó, y luego a mí me lo contaron todo. El fin de semana anterior B. salió en barca con José Agustín, y, ya en alta mar, se quitó el bañador y le preguntó: "¿Te gusto?" José Agustín dijo: "No, a mí me gusta desnudar yo a las mujeres." B. estuvo unos días sin saludarle. Después le mandó una postal (es verdad, porque la vi) en la que le decía que había conseguido que su marido se acostara con una americana amiga de José Agustín. La broma salió genial, porque la amiga americana resultó ser un hombre.»

Había momentos en que uno tenía la sensación de que media humanidad andaba enamoriscada, sin que ella lo buscara, de Ana María Moix. *La Nena* la llamaban «los mayores» de la izquierda divina, me parece que por iniciativa de Josep Maria Castellet, que la había incluido en una antología de jóvenes poetas que hizo época: *Nueve novísimos.* En ocasiones hay quien, a sus más de sesenta años, la sigue llamando así, y a mí me irrita horriblemente, me causa el mismo desagrado que oír a Matute ahuecar la voz para asegurar que es un niño, no una niña, de nueve años. Porque es mentira. No somos Peter Pan, somos tres viejas, que —gracias a ciertos méritos especiales— tal vez nos hayamos ganado a pulso el derecho a convertirnos en tres viejas damas indignas, pero de niñitos indignos ni hablar.

Lo cierto era que, con poco más de veinte años, aquella cría patética y depresiva había publicado con éxito dos libros de poemas —*Call me Stone* y *Baladas del Dulce Jim* (a los novísimos les encantaba titular poemas en inglés y citar bares, monumentos, avenidas de Los Ángeles o Nueva York, aunque no hubieran ido nunca más allá de Perpiñán y mal chapurrearan el inglés), y le habían dedicado un número de *Camp de l'Arpa,* revista de poesía, dirigida por José Batlló, un catalán crecido en Sevilla que había regresado a Barcelona, con su mujer —una andaluza guapetona que no se arredraba ante nada—, y que no dedicaba las pocas perras que ella ganaba, creo recordar, en la caja de un aparcamiento o de un súper, ni su tiempo (era sin duda uno de los tipos más trabajadores y capaces que he conocido y era también sin duda, pero el tema corresponde a otro capítulo, el más autodestructivo) a algo que les permitiera llevar a ellos y a los dos niños que tuvieron muy pronto una vida medianamente confortable, sino a editar y escribir poesía. Batlló, que por otra parte afirmaba que las mujeres le gustaban todas, había caído de cuatro patas en el círculo de adoradores de *la Nena.*

Llegamos incluso a un amistoso pacto Carlos y yo, por el cual nos repartíamos su futura obra, editando una Seix Barral y la siguiente Lumen. Caso insólito, del que no existían, creo, precedentes. Sobre todo porque el acuerdo se refería a novelas, no a poemarios, y Ana acababa de terminar *Julia*, que era sin duda una novela fascinante pero no dejaba de ser la primera. O sea que dos prestigiosos editores —Seix Barral, con la mítica colección Biblioteca Breve, y Lumen, con la recién creada Palabra en el Tiempo, que acogía narrativa, ensayo y ocasionalmente teatro, pues me había animado yo por fin a no limitar mi producción a libros infantiles o ilustrados y a crear una colección literaria—, con los que autores conocidos y de valía soñaban editar, se la disputaban y apostaban sin reservas por su obra futura.

Ana escribía a chorro, con una facilidad extraordinaria, movida por una necesidad interior irrefrenable. Creo que entonces no hubiera podido, ni proponiéndoselo, dejar de escribir. Deprimida a morir, atontada por medicamentos a veces equivocados, medio dormida o deshecha en llanto, Ana escribía cosas muy hermosas.

En aquella época la llevaba Vidal Teixidor, el psiquiatra obligado de la *gauche divine*, al que íbamos en masa, de modo que lo sabía todo, o al menos lo que le contábamos de nosotros mismos y de los demás, que a su vez le contaban lo suyo y tal vez lo nuestro, y después comentábamos entre nosotros lo que nos decía, lo que opinaba, o lo que habíamos entendido que opinaba Vidal, o comparábamos las recetas, lo cual concluía en una promiscuidad total, y parecía un chiste que en la misma escalera tuviera su agencia literaria Carmen Balcells, de modo que coincidíamos en el ascensor y en las salas de espera, con ese aire medio culposo, medio divertido, de los encuentros accidentales en las casas de citas.

Y yo creía en el talento de Ana como pocas veces he creído en el talento de nadie. Estoy convencida, además, de que la propia Ana, tan medrosa, tan insegura en otros campos, y tan poco vanidosa en todos, también tenía la convicción de que iba a escribir algo válido y personal.

¿Qué ocurrió? Llevo años preguntándomelo. Porque ni se me ocurre la posibilidad de que desapareciera de golpe su talento, o se le acabaran las ideas, que brotaban en ella incesantes, atropellándose unas a otras, ni de que la invadiera de repente, porque sí, una apatía, una lentitud, una pereza letales. Ya he dicho que Ana escribía a chorro, y la tentaba, o al menos la divertía, la posibilidad de escribir una novela en un tiempo récord, en menos días de los que le llevó a Stendhal escribir *La cartuja de Parma.*

Algo tuvo que ocurrir, pues, aunque nadie, ni la propia Ana, crea en ello, ¿y no podría tratarse, aunque parezca un incidente trivial, de algo que le he oído contar mil veces, eufórico y divertido, a Salvador Clotas, en las cenas donde los cinco miembros del jurado decidíamos el Premio Herralde?

Ana había publicado con éxito dos libros de poemas y una novela, *Julia*, que había llamado poderosamente la atención de la crítica, le habían dedicado el número de una revista minoritaria pero de prestigio, Carlos y yo íbamos a repartirnos los derechos de sus novelas futuras, era la niña mimada de la *gauche, la Nena*, y estaba escribiendo una segunda novela, *Walter, por qué te fuiste.* Faltaban pocos días para que se concediera el premio Biblioteca Breve, y Castellet empezó a telefonear para insistir en que la terminara a toda prisa y la presentara, porque precisamente aquel año no había llegado ni un solo original interesante y se iba a llevar el premio con toda seguridad. Ana la terminó y la presentó. Todo parecía resuelto. Cortázar llegó de París —tras haber hablado por teléfono con Castellet y Barral—, convencido de que la discusión iba a ser un puro trámite. Pero, oh sorpresa, Félix de Azúa y Salvador Clotas, los dos otros miembros del jurado, decidieron asumir el papel de niños terribles, de jóvenes rebeldes, fanáticos defensores de la modernidad, y se cargaron con ferocidad la obra de Ana. Y los «mayores» cedieron. Como ningún otro concursante podía competir, el premio se declaró desierto y se editó *Walter* como finalista.

No ocurrió nada. Salvador y Félix quedaron encantados del éxito de su travesura, tal vez Barral o Castellet se vieron obligados a disculparse un poco, pero Ana lo encajó de maravilla, ni siquiera se enfadó con Castellet, no se enfadó con nadie, pero *Walter* fue su segunda y su última novela, dejando a un lado el espléndido *Vals negro*, planteado inicialmente como una biografía. Estoy convencida de que hubiera escrito una al año, a un ritmo acelerado como el de su hermano Terenci, unas buenas y otras no tanto, pero no escribió ninguna en casi medio siglo. ¡Qué desperdicio de talento! ¿De verdad creen Félix y Salvador que hicieron algo muy meritorio a favor de la cultura?

De la mano de Ana entraron en mi mundo muchos miembros de su grupo. Lumen empezaba a disponer de los dos elementos que constituyen el haber de un editor: una carpeta de contratos elegidos con acierto y coherentes, y un entorno de personas, más o menos amigas, dispuestas a dar ideas y a colaborar. En mi despacho de Hospital Militar eran frecuentes las visitas inesperadas y las reuniones imprevistas: simplemente, gente amiga pasaba cerca de allí y tenía ganas de verme y de charlar. Y años después, en Sarrià, el aperitivo del mediodía en mi despacho sería casi obligado, con unos participantes habituales y otros ocasionales. De estas conversaciones, en las que no nos proponíamos en absoluto hablar de trabajo, surgían a veces las ideas más brillantes. Ya he dicho que el editor —lo mismo que el novelista— está en funciones de tal todas las horas del día e incluso de la noche.

A través de Ana conocí muy pronto a su hermano Terenci. Al disparatado, consentido, dicharachero, divertido, histriónico, cariñoso, irresponsable, encantador, entrañable Terenci. (¡Es curioso la cantidad de tipos irresponsables, entrañables y encantadores que había en el grupo de literatos *gauchedivinescos*!) Todos decían, y les doy en gran parte la razón, que era lo opuesto a Ana. Era un narrador genuino y no carecía de talento, pero parecía decidido a triunfar a toda costa y lo antes posible, de modo que escribía, creo, con demasiadas prisas. El gran enemigo de Ana como escritora es un exceso de autoexigencia y de sentido crítico, y el de Terenci era —al menos, así lo veo yo— una excesiva ambición de fama y de dinero. Ganó mucho, lo gastó a manos llenas, y trabajó intensamente hasta el final.

Las últimas semanas, en la habitación de la clínica, con la televisión altísima —sobre todo para ver la telenovela, creo recordar que venezolana y desde luego infumable, de después del almuerzo, que no se hubiera perdido por nada—, el DVD, el ordenador, las paredes tapizadas con carteles de cine, los muebles atestados de peluches y fotos y libros y chismes de todo tipo, y el aire lleno de humo, porque, cuando él dejó finalmente de fumar, siguieron fumando los visitantes (en la clínica, como en cualquier otro lugar, le estaba todo permitido), Terenci, con la ayuda de Inés, desde hacía años su íntima amiga y colaboradora (en su breve discurso de las exequias fúnebres, en el Ayuntamiento, calificó la relación que les unía de «matrimonio blanco»), seguía redactando partes de su último libro, seleccionando material gráfico, comprando fotos por internet.

Durante los últimos tiempos yo había tratado poco a Terenci. Pero volví a verle con frecuencia en su etapa final. No recuerdo a qué se debió el reencuentro. Supongo que coincidimos un día por pura casualidad y que a partir de ahí se reanudó la amistad. Nos reuníamos en su casa (un hermoso piso, atestado de objetos en su mayor parte espantihorrendos —porque Terenci cultivaba, ignoro si deliberadamente o no, un feísmo impecable—, pero con una espléndida colección de películas, fotografías y material relacionado con el cine), o en el vecino restaurante Cosmopolitan, abigarrado y fantasioso, con cierto toque oriental, una prolongación de su propia casa, porque era un cliente habitual y lo trataban mejor que a un rey.

Estaba ya muy enfermo, pero alimentaba un montón de proyectos. Los que hemos tenido contacto con adictos al tabaco sabemos bien que el hecho de que no puedan dejar de fumar no significa que sientan el menor deseo de morir, como algunos han sugerido podía ser el caso de Terenci. Terenci era un enamorado de la vida. Un día de diciembre, cuando no le quedaban fuerzas ni para llegar hasta la esquina y perdía el aliento al subir cuatro peldaños, estuvo haciendo planes en la sobremesa del Cosmopolitan para que fuéramos su hermana, Rosa Sender y yo a celebrar con él el final del año en El Cairo.

Antes de estar tan enfermo, Terenci era incansable. La noche del Día del Libro regresaba a casa con los dedos lastimados de tanto firmar ejemplares y la voz ronca de conversar con sus fans, y estaba realmente exultante. Disfrutaba hablando con la gente más diversa, con mujeres de condiciones sociales distintas que sentían por él una ternura maternal, incrementada —que no disminuida— por el hecho de que fuera gay y no pretendiera ocultarlo. Cuando hablaba con su público se estaba promocionando, claro, pero otros autores lo hacen con pereza o con cierto desdén, mientras que a él le gustaba. Era simpático, divertido... numerero.

También era a menudo irritante como un niño malcriado y egoísta, capaz de concebir y llevar a cabo ideas disparatadas, seguro de que alguien asumiría después las consecuencias, porque a él ni se le pasaba por la mente asumir la responsabilidad de nada, o de casi nada. Ideas como regalarle un cachorro a su madre, a la que le quedaban meses de vida, sin prever ni preocuparle quién iba a hacerse cargo del animal después ni la situación angustiosa que esto podía crearle a Ana. Él desde luego no se lo podía quedar, porque tenía ya un par de gatos que —si no los confundo con otros— había recogido en el Coliseo de Roma y se había traído clandestinamente, drogados, en el avión.

En Roma había pasado unos meses, alojado en casa de amigos, y había dejado tal cuenta pendiente de teléfono que el montón de billetes que nos metió meses más tarde de sopetón en los bolsillos a Esteban y a mí, cuando estábamos ya en la cola para embarcar —sin previo aviso y sin que tuviéramos siquiera ocasión de contarlos y saber así lo que llevábamos, y que nos ocasionaron un conflicto en la aduana, pues equivalían a lo que serían hoy tres mil euros—, no les bastó a los amigos para pagar siquiera la mitad de la deuda.

En los primeros tiempos, cuando edité *El día que murió Marilyn,* iba a cenar muy a menudo a nuestra casa de Hospital Militar, con Enric Majó, su pareja, que empezaba entonces su carrera de actor, y para cuyo lucimiento escribió Terenci un bastante divertido *Tartán del's micos contra l'estreta de l'eixample,* a cuyo estreno en el Romea acudimos en masa «todos», el «todo Barcelona», vaya, o los que creíamos ser el «todo Barcelona». Enric era —me parece que sigue siendo— una gran persona, lo bastante enamorado de Terenci para soportarle durante muchos años, y Terenci nos hacía los mejores espaguetis carbonara que he comido jamás y que me lo recuerdan inevitablemente cada vez que en un restaurante los pido. Además de telefonear horas enteras, conocer a todos los famosos, hacerse íntimo de los Alberti, recoger gatos callejeros, y supongo que escribir, le había quedado tiempo en Roma para aprender a cocinar platos exquisitos...

13

New York: un flechazo sin fecha de caducidad

El verano del 68 Vida se fue a Estados Unidos para asistir a un cursillo donde participaban los mejores lingüistas ingleses y americanos. Yo me reuniría luego con ella en Nueva York. Visto desde hoy, me ha sorprendido al principio un poco ese largo viaje de las dos mujeres, dejando a los maridos solos en casa y en período de vacaciones. Luego he ido recordando los motivos. El cursillo era útil para el futuro profesional de Vida; en el Instituto Americano, donde entonces trabajaba, le habían dado una beca; tenía muchísimas ganas de volver al que consideraba su país, sobre todo a Nueva York; y cualquier plan era bueno si podía ayudarla a superar la dura experiencia de su primer embarazo. Tardé mucho en descubrir que había sido tan terrible y que no la superaría totalmente nunca.

Desde pequeña supe —cosa poco frecuente en la época— cómo nacían los bebés, y decidí no tenerlos. Me encantaba construir cabañas —en los pueblos, de cañas; en la casa de la ciudad, con sábanas, biombos y escobas—, pero no jugar a papás y mamás ni con muñecas.

Adoraba los libros y los perros, pero no me gustaban los niños. Y con los años no he cambiado demasiado. Hasta cumplir los treinta y tres (más adelante explicaré lo que ocurrió entonces), ni se me pasó por la cabeza ser madre. El embarazo me parecía desagradable y el parto me daba miedo. Y, por otra parte, esta actitud no me ocasionaba ningún problema. Mis padres no hablaban jamás de sus posibles nietos; Jordi no quería por nada del mundo tener hijos; Esteban ya había tenido dos, y consideraba que me correspondía a mí decidir. Pero Vida parecía el prototipo de gran madre universal, capaz de acunar en sus brazos a la entera humanidad. Siempre había querido tener hijos y había estado segura de que los tendría; que a Juan no le apeteciera demasiado carecía de importancia, porque era algo acordado desde que empezaron a salir juntos, y Juan estaba —estuvo durante años— demasiado enamorado para negarle nada, o casi nada.

Ya he dicho que Vida y yo, sin parecernos, llevamos vidas paralelas. Nos casamos casi al mismo tiempo y las dos parejas andábamos siempre juntas. En cuanto Vida supo que estaba embarazada, se compró y se puso ropa de embarazada, anduvo con anadear de embarazada, sacó barriguita. Y los otros tres la observábamos expectantes. Era todo un espectáculo.

Entonces estuve unos días fuera, muy pocos, y al volver me contó mi amiga lo ocurrido. Había ido al ginecólogo, en una visita de rutina. Estaba casi en el octavo mes de embarazo y todo había ido como una seda. El médico auscultó y auscultó, hasta que Vida le preguntó si pasaba algo. «No oigo el corazón del niño.» «¿Y esto qué significa?» «Pues que seguramente ha muerto.» Así, de sopetón. Y estando Vida sola en la consulta. Lo que siguió fue un infierno. No se puede practicar una cesá-

Mi desacuerdo con el mundo empezó pronto: me dejo arrastrar enfurruñada por mi elegante mamá, bajo un sol que ya detesto.

Mi madre en su radiante juventud.

Mi padre, con Safo, la primera perrita que le sedujo. (Foto Maspons.)

Con mi primo Emilio en una boda familiar. En mi papel, poco frecuente, de burguesita convencional.

Y en un papel muy distinto y también poco frecuente: trabajando interna con los enfermos incurables del Cottolengo del Padre Alegre, para superar *penas de amor*.

Nuestro primer stand en la Feria de Frankfurt, diseñado por Oscar y Lluís y trasladado desde Barcelona *a lomos* del dos caballos.

Con Mercedes Torrents ante El Atomium de la Feria de Bruselas.

Felicitación navideña del estudio fotográfico Maspons y Ubiña.

Con Miguel Delibes, en tierras de Castilla. (Foto Maspons.)

Camilo José Cela simula leer su *Toreo de salón*.

Foto de la boda con Jordi Argenté, de la serie realizada por Julio Ubiña.

Esteban y la felicidad.

Esteban en el bosque, con nuestras dos perras dackel: Safo y Corinna. (Foto Maspons.)

Los editores de Distribuciones de Enlace: Carlos Barral, Pedro Altares, Paco Fortuny, Alfonso Carlos Comin, Romà Cuyàs, Jorge Herraldo, Rafael Martínez Alés, Beatriz de Moura y yo. (No logro recordar quién es la muchacha del centro de la foto.)

Breve estancia clandestina de Pablo Neruda en Barcelona. (Foto Maspons.)

Con Terenci Moix, en el cóctel donde acordamos publicar en Lumen *El día que murió Marilyn.*

Retrato de familia. Acaba de nacer Milena. (Foto Colita.)

Primeros años de escritora *confesa.*

Tras un almuerzo en Derby. De izquierda a derecha: Esther Tusquets, Magda Oliver, Ana María Moix, Max Aub, Carmen Balcells, A. Read y la mujer de Max Aub. (Foto Colita.)

Visita de Umberto Eco a Barcelona para presentar *Apocalípticos e integrados.* Paseo por el Barrio Gótico con Antonio y Lolita Vilanova, yo, Eduardo García Rico, Esteban y mi primo Emilio.

Las dos Anas (Matute, Moix) con Borja Farré en una fiesta en casa de mi hija Milena.

Con Carmen Giralt, mi mano derecha en Lumen. Fue durante años una de mis mejores amigas.

Mercedes Torrents

Miguel Delibes

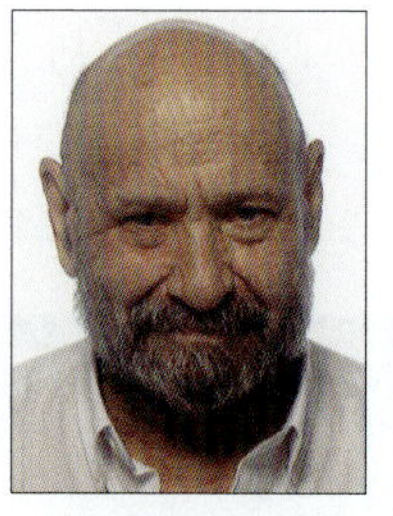

José Batlló

Ana M. Moix

Gabriel Ferrater

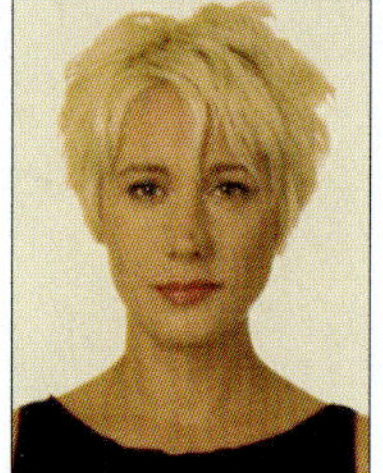

Maitena

André Bosch

Giménez-Frontín

Rafael Soriano

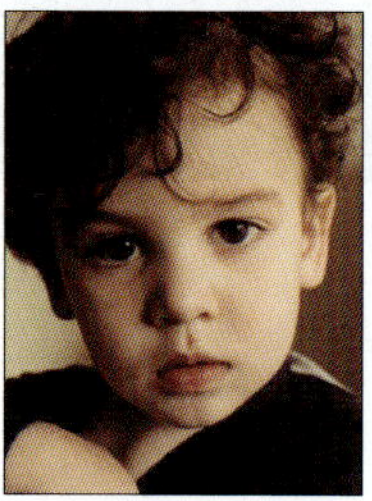

Héctor Civera

Teo Carrizo

Carme Riera

Carmen Martín Gaite

Oriol Maspons

Ana María Matute

Lluís Permanyer

Jorge Belinsky

Nora Catelli

J. A. Goytisolo

Pedro Porta

Marta Pessarrodona

Jesús Fernández Santos

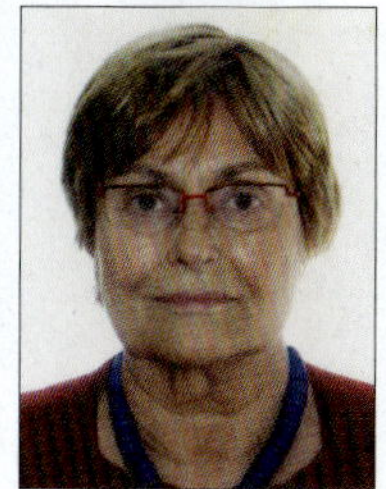
Vida Ozores

Oscar Oski

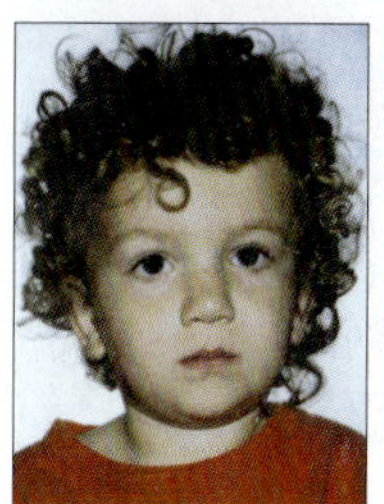
Noé Bernades

Joaquín Monclús

J. M. Valverde

Jordi Villaronga

M. Vilanova

J. M. Castellet

Enrique Ortembach

Juan Solá

Magnífico opopop de Safo.

La insigne dinastía de los dackels. (Foto Colita.)

Mila inaugura la etapa de los *gossos d'atura*, a la que seguirá la de los labradores.

Marisa, Leona de Castilla y Ángel Guardián de mis hijos. Todavía la añoro.

El equipo de Lumen *casi* en pleno. De izquierda a derecha: Oscar Solá, Alex, Mercedes Torrents, Gloria Vilardell, yo, mi hija Milena, Rosa Casasayas, Miriam Carles y Carmen Giralt.

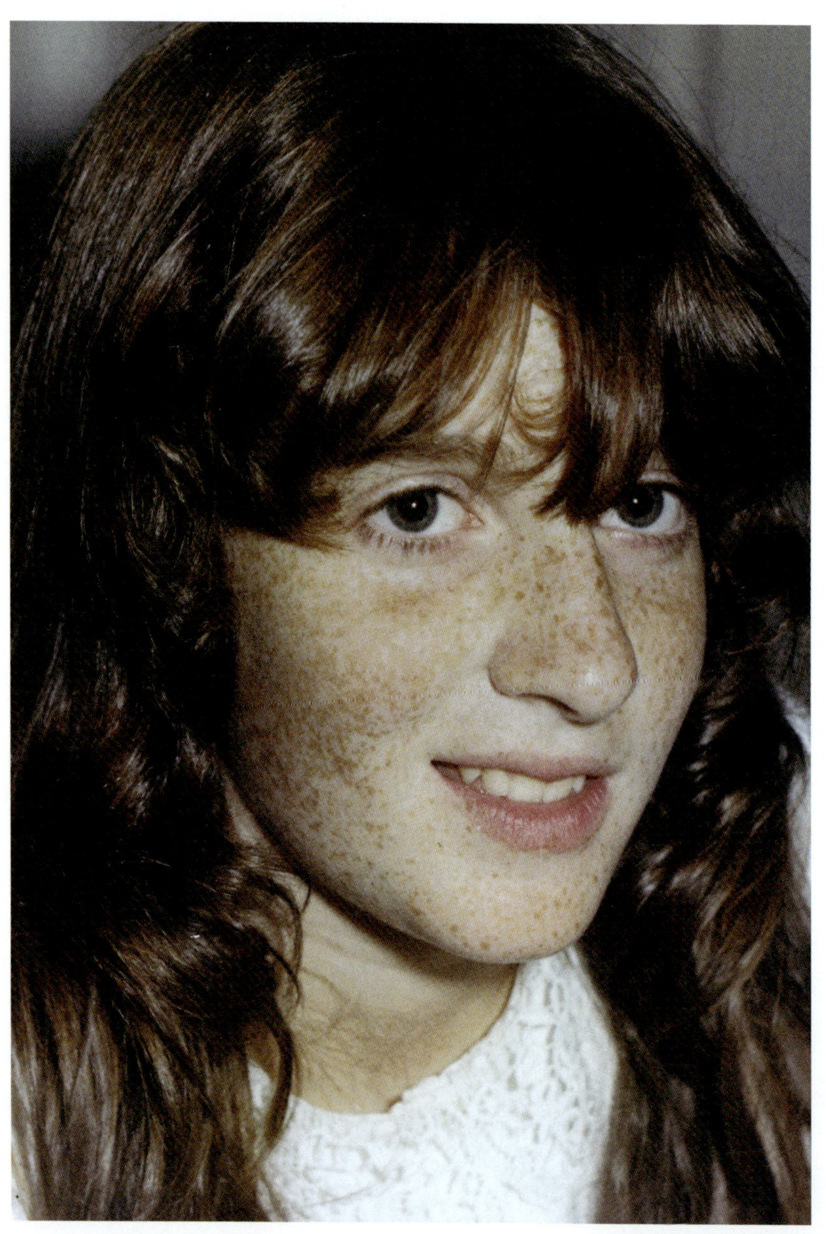

Mi hija Milena.

Con mi hijo Néstor, dispuestos a dar un paseo en coche de caballos por Central Park.

Crucero «familiar»: mi padre, mi hermano Oscar, Beatriz de Moura, su primera mujer, y Anna, la segunda.

Uno de los muchos viajes con Vida Ozores y Juan Solá, amigos de siempre y para siempre. Esta vez en Florencia.

Con Mercedes Casanovas, mi estupenda agente literaria.

Premio de Extremadura. Entre el jurado: Alfredo Bryce Echenique, José Manuel Caballero Bonald, José Donoso, Gabriel y Galán, Osvaldo Soriano y yo.

Con Olga Orozco, gran poeta argentina, que tuve el placer de editar en Lumen.

Néstor con Noé, mi primer nieto. El segundo, Héctor, nacería siete años más tarde. Ambos son hijos de Milena y, para mí, una fuente de alegrías inesperadas.

Fiesta en casa de Milena, para celebrar la aparición de una nueva novela de Umberto Eco. Entre el homenajeado y yo, una Ivonne Barral tan exultante como siempre.

Reunión de poetas catalanes que figuran en la antología de José Agustín Goytisolo publicada por Lumen. Entre otros y con el autor: Joan Margarit, Marta Pessarrodona, Pere Gimferrer y Alex Susana.

Cena en casa. Detrás y de pie: Milena, Joaquina y Juan Marsé, Gustavo Martín Garzo y Ana María Matute. Delante: Rosa Sender y yo.

Yo, en un rincón de mi casa. A mis espaldas un cuadro de José Hernández. (Foto Nina Subin.)

rea si el feto está muerto. Hay que esperar al parto. Y faltaba más de un mes. Era verano. Hacía calor. Todos los amigos estaban fuera de vacaciones. Recuerdo que una tarde, sin saber qué hacer para que pasara el tiempo, nos presentamos en casa de Ana María Matute, que sí estaba en Barcelona.

Aunque lo lógico hubiera sido mandar al médico a la mierda y no volver a la consulta, se siguió con él. En el parto, le puso el pentotal que ella pedía a gritos, pero después hizo constar que sólo lo había hecho porque el bebé nacía muerto; de no ser así, los hijos se parían con dolor. Y el cuerpecito de lo que iba a ser una niña desapareció sin que se hiciera un solo análisis, una autopsia, un informe. A los médicos que visitamos más adelante en busca de información no pudimos facilitarles ningún dato. Únicamente un análisis del sexto mes de embarazo no era normal, indicaba algún tipo de infección. Pero no se le dio importancia, se supuso que era un error y no se repitió para comprobarlo.

No recuerdo que se tomara ninguna medida contra el responsable de lo ocurrido. Si recordara su nombre y si no hubieran transcurrido años suficientes para que haya muerto o esté jubilado hace un montón de tiempo, lo citaría aquí. Soy hija de médico, y no suelo hacer a un médico responsable de sus errores —que traten una materia más delicada y valiosa no evita que puedan como en cualquier otro oficio equivocarse—, pero la insensibilidad, la falta de humanidad, las trampas para ocultar o falsear los datos que causaron el error, son para mí imperdonables.

Lo que Vida quería averiguar era qué ocurriría en futuros embarazos, y tal vez habría sido fácil, caso de saber lo que había ocurrido en el anterior. Así las cosas, los tres ginecólogos que se consideraban los mejores de la ciudad opinaron lo siguiente: uno, que se había producido un accidente fortuito, que no se iba a repetir; otro, que era algo congénito en Vida, una deficiencia que haría fracasar todos los embarazos; el tercero, que no tenía ni la más remota idea. El tercero era Conill, y con él tuvo más adelante Vida los niños.

En cuanto a mí, tenía muchas ganas de conocer Nueva York, y Lumen (o sea, mi señor padre, siempre deseoso de complacerme, no en vano dijo en una entrevista Carmen Balcells, cuando le preguntaron qué le hubiera gustado ser en la vida: «Hija de Magín Tusquets») financiaba mi viaje, para que visitara varias editoriales y a un par de distribuidores. Viéndolo con la perspectiva del tiempo, pienso que aquel viaje suponía que Esteban me daba la libertad de siempre, pero también significaba que en mí la etapa del loco amor, del *perdido* enamoramiento, había, lo reconociéramos o no, terminado. Ya no sentía, como la Ondina de Giraudoux, que mi soledad empezaba a dos pasos de él, ni que una noche en su ausencia era insoportable, y unos días sin verle, el infierno. Lo cual no era óbice para que le quisiera muchísimo, le echara de menos y le escribiera frecuentes cartas interminables. El viaje a Estados Unidos iba a tener, en mi vida personal, consecuencias imprevisibles: ni Esteban ni yo volveríamos a ser los mismos.

Nueva York en el verano del 68... Poco más tarde del mayo francés, el conflicto de Vietnam al rojo vivo, la juventud decidida a cambiar el mundo —seguros de que terminábamos con algunas cosas para siempre—, la imaginación al poder, los hippies imponiendo su modo de vestir, su música, sus conciertos multitudinarios al aire libre, donde hacían el amor —no la guerra—, y experimentaban con nuevas drogas, los negros pasando de la defensa al ataque, proclamando orgullosos su negritud, el black power. Al recordar el Nueva York de aquel verano irrepetible, la primera imagen que surge ante mí es la de jóvenes negros, altos, hermosos, soberbios, terribles, recorriendo sus calles, *tomando* sus calles, haciendo suya la ciudad, precedidos por parejas de perros doberman, sujetos con una traílla, tan hermosos y terribles como ellos, y, cuando ahora lo comento con Vida, se ríe y puntualiza: no era una multitud de negros, eran sólo dos, altos y guapísimos, eso sí, y con los perros, los vimos una tarde en Washington Square y nos preguntamos si habría muchos como ellos.

Y por primera vez, en un teatro de Broadway, teatro comercial, montaje de lujo, precios caros, localidades agotadas durante meses, *Hair*, desnudo masculino integral. En un momento dado del musical, muchos de los actores se situaban en el centro del escenario, a plena luz, y se desnudaban. Para una española que llegaba de la España franquista del año 68, era inimaginable. Tanto que, cuando tuve ante mis ojos aquella variedad de penes y cojones (habíamos conseguido entradas llamando, contra toda esperanza y toda lógica, a cuantos centros de venta y reventa figuraban en la guía telefónica de la ciudad —cuando Vida y yo queríamos algo agotábamos las posibilidades—, y en uno contestaron que les acababan de devolver dos buenas localidades de platea y le preguntaron si tenía bonitas piernas, ella respondió que de piernas nada, pero que de ojos no estaba mal, le dijeron que fuera a enseñárselos, fue, y volvió con las entradas, buenísimas y al precio normal en las agencias), cuando vi que lo del desnudo integral era verdad y además tan generoso, se me escapó a voz en grito un comentario de sorpresa, que según Vida entendieron los muchos espectadores hispanos. Lo cuenta a veces, para avergonzarme, y yo cuento en justa represalia cómo conseguimos las entradas, y las ventajas que supone tener amigas guapas. Y entonces ella hace algo que me saca de quicio y que comparte con muchas otras guapas (una de ellas, entre las famosas, la escritora Carme Riera): asegura que no lo es, o al menos que no lo sabe, que nunca se ha tenido por guapa. ¡Vaya memez! ¿Cómo iba una guapa a no enterarse, ni aunque viviera en una tierra sin espejos, de que es guapa?

Habíamos alquilado para todo el mes una habitación muy barata, cerca de la Quinta Avenida, un poco por debajo de Central Park. Me admira todo lo que fuimos capaces de ver y de hacer. El segundo día deliberamos: la ciudad podía ser peligrosa y éramos dos chicas solas y jóvenes, ¿nos encerrábamos por las noches en la habitación a ver la televisión o corríamos el riesgo y nos metíamos en todas partes? Decidimos arriesgarnos, claro. En el agosto neoyorquino las noches eran especialmente deliciosas. Fuimos al teatro —en Broadway y off-Broadway, donde nos habíamos hecho amigas de un grupo de actores y, al terminar la representación, se organizaba un debate sobre la obra—, a musicales, a la ópera, a espectáculos callejeros, empalmábamos una película con otra (todas prohibidas o ignoradas en España) en la Filmoteca del Moma, y después nos tumbábamos a oír conciertos en el jardín, cerca de la cabra de Picasso.

Vida me enseñó el Nueva York de los turistas, y el que había conocido ella de niña y de adolescente. Lo recorrimos en autocar, en helicóptero, en barco, en coche de caballos. Descubrí una variedad insospechada de comidas chinas, japonesas, cubanas, indias, y el delicioso pastrami de los judíos.

Tenía la sensación —casi física— de estar en el centro del mundo, la ciudad donde se cocía y decidía e inventaba todo, donde todo era posible, donde uno tenía más ideas por minuto. Pensé que en aquella ciudad —¡que me parecía además tan hermosa!— sería fácil escribir las novelas que desde siempre quise escribir —sobre todo después de renunciar al teatro—, pero que no me animaba siquiera a empezar. De todos modos, fue en Estados Unidos donde escribí, junto con Vida, los primeros textos destinados a la publicación. Cuatro entrevistas a cuatro autores editados por Lumen, y no podían ser más distintos entre sí.

Ralph Ellison —autor de *El hombre invisible*, considerada por los críticos una de las mejores novelas norteamericanas de todos los tiempos— nos recibió en su apartamento de Riverside Drive, una especie de enclave fronterizo entre dos mundos, pues si la avenida que bordea el Hudson es respetable y, en su zona inferior, incluso elegante, a la altura de la casa de Ellison sólo unos metros la separan de un barrio abigarrado de negros y puertorriqueños, auténtica prolongación de Harlem. Era una vivienda confortable, pero sin el menor asomo de lujo. La vivienda propia de un intelectual, de un escritor, de un profesor de universidad. Para enchufar la grabadora hay que desenchufar un ventilador. (¿Qué hace un ventilador en una ciudad donde hasta el último cuartucho de hotel —sin ir más lejos, el nuestro— tiene aire acondicionado, aunque tenga también cucarachas en la bañera?) Había libros por todas partes y desde la ventana de la sala se veía el río. La mujer, una negra esbelta de tez clara, nos sirve una bebida color fresa y se esfuma discreta. Un perrazo negro y pacífico nos observa amistoso pero sin excesivo interés, mientras Ellison responde a nuestras preguntas —sobre su obra, sobre su trabajo docente, sobre la situación de los negros en Estados Unidos y los grandes cambios que se han producido, sobre sus propias vivencias de negro nieto de esclavos— con seriedad, a veces tras unos segundos de duda y titubeos; otras, con vehemencia, pero con una vehemencia siempre controlada.

La visita a William Styron fue muy diferente. La novela que le había llevado a la fama, un best seller mundial —también publicado por Lumen, aunque con bastantes cortes de la censura, que se añadieron en futuras ediciones—, *Las confesiones de Nat Turner*, se basa en hechos reales y en el problema negro. Para entrevistarle tuvimos que viajar a Martha's Vineyar, una isla próxima a la costa de Massachusetts, donde él tiene su residencia veraniega, y donde se congregan artistas, escritores, editores, famosos de distinta ralea, en un ambiente sofisticado. Una especie de Cadaqués, vaya. Styron nos consiguió alojamiento en un lugar precioso, que se llamaba La Casa del Capitán, y nos fue a buscar en coche para llevarnos a su casa, que en realidad eran tres, «una es para los niños, otra es el estudio donde yo trabajo, y en la tercera vivimos mi mujer y yo». Las tres rodeadas de césped y a orillas del mar. Reinaba una opulencia refinada que no parecía deberse al éxito de su último libro. La mujer, esbelta y amable, con larga falda floreada y pies descalzos, no nos ofreció un refresco color fresa, sino todo un surtido de cócteles o de whiskies de distintas marcas. Por suerte, Styron, pese al ambiente, no se mostró mundano ni ingenioso. Fue el hombre reflexivo, inteligente, preocupado —angustiado incluso— por los conflictos del mundo en que vivimos, el hombre que se refleja en sus libros, seguro de su propia valía pero sin asomo de presunción.

La tercera entrevista nos llevó a otro paisaje y a otro personaje muy distintos también. Una universidad para muchachas de familias riquísimas. Una universidad femenina, con pocas alumnas, un paisaje idílico en plena naturaleza y un profesorado de lujo. Lujo excesivo me parecía a mí disponer de Bernard Malamud, gran narrador y seguramente máximo representante de la literatura judía escrita en inglés, para enseñar literatura a cuatro pijas. A los cuatro entrevistados los había editado en español Lumen, pero, en el caso de Malamud, Vida había traducido además varias otras de sus obras, publicadas en Seix Barral. Había muchos temas interesantes de que hablar, y lo hicimos, pero él volvía una y otra vez al que le obsesionaba: lo mal que le había tratado Carlos Barral, que sólo se explicaba porque no lo valoraba como escritor, motivo de que hubiera dejado de editar con él.

Había estado un verano en Barcelona, nos explicó, había anunciado con antelación su visita, tratando de concertar una entrevista, luego había ido dos veces a las oficinas personalmente, pero Barral no estaba allí, y nadie le hizo el menor caso. Ni siquiera había recibido nunca una carta de disculpa. Quedó convencido de que a Barral no le gustaban sus novelas, y de que tal vez ni las conocía. Fue inútil intentar explicarle que nos constaba que a Barral sí le gustaba su obra (y era cierto), pero que en agosto estaba en Calafell, liado con su barco, y su mujer y sus muchos hijos y sus todavía más numerosos amigos, demasiado distraído, disperso y egocéntrico para enterarse de que uno de sus autores había ido a visitarle, seguro además de que esto carecía de importancia, puesto que a él todo le estaba permitido y todo se le iba a perdonar. Uno de los graves errores de Carlos fue no saber nunca a quién merecía la pena cuidar. Perdió a Malamud, perdió a García Márquez, cuyo original de *Cien años de soledad* durmió un largo sueño en un cajón de su mesa sin que se le hiciera el menor caso (ésta es una de las versiones), y, cuando unos amigos lo lamentamos más tarde, replicó sin empacho: «No os preocupéis. Lo recuperaré cuando quiera.» Carlos el Magnífico era uno de los hombres más encantadores que he conocido, pero a veces su encanto no bastaba para anular los dislates provocados por su frivolidad.

Hubo otra entrevista... que concluyó en no-entrevista. Susan Sontag era uno de los autores de moda, había inventado un nuevo adjetivo, «camp», que hizo furor entre la juventud y que ella ahora odiaba. En su editorial nos la describieron como una mujer difícil, y, cuando accedió a recibirnos, nos aleccionaron con una lista larguísima de temas que no se podían ni rozar. O sea que íbamos un poco asustadas. Pero no había motivo. Estuvo amable, simpática incluso, habló sin tapujos y con inteligencia. Fue muy agradable y se trataba sin duda de la entrevista más interesante que habíamos conseguido. Nuestra alegría duró hasta que descubrimos que Vida no había puesto en marcha la grabadora. No tomábamos notas, mi inglés era menos que deficiente, y mi amiga se declaró incapaz de reconstruir nada de lo que allí se había dicho. La aventura terminó en un restaurante. Las lágrimas de Vida caían silenciosas sobre la hamburguesa, y yo fui lo bastante cabrona para hacer lo peor que se podía hacer: no decir ni una sola palabra.

Vivimos todavía más experiencias. Fuimos a Washington a cobrar una deuda de Lumen, pasamos unos días en la preciosa casa que tenían en Wisconsin el profesor Sánchez Barbudo y su mujer, estuvimos —no recuerdo con qué pretexto— en Chicago, viajamos mil horas en autocares Greyhound, frecuentamos a los parientes de Vida, emigrantes gallegos, que tenían coches grandes, veinte o treinta electrodomésticos en casa y toneladas de carne en la nevera.

Hicimos muchísimas cosas, pero ni asomo de sexo, ni el más inocente flirteo. Y, no obstante, algo estaba cambiando. Lo extraño fue que el primer síntoma del cambio no procediera de mí sino de Esteban. Tenía él un amigo escritor —no recuerdo si se habían conocido en Venezuela o después—, Andrés Bosch. Andrés y yo nos caímos muy bien y salíamos con frecuencia a almorzar mientras Esteban comía un tentempié en el trabajo. Al irme yo a Nueva York y quedar Esteban solo, se suponía que Andrés le vería a menudo. Pero Andrés no le llamó ni una sola vez, y, en cambio, allí estaba, esperándome en el aeropuerto.

El enfado de Esteban fue mayúsculo, pero me pareció justificado que le enojara que su amigo le hubiera tenido olvidado, y ni se me ocurrió que podía tratarse de algo más, impensable para mí que Esteban, defensor acérrimo de la libertad total en materia de sexo, enemigo a ultranza del aberrante sentimiento de los celos, pudiera sentirse celoso.

14

Tormentoso regreso a casa

No ocurrió nada especial en Nueva York y, sin embargo, a partir de aquel verano algo fue distinto. En aquellos momentos no lo advertí. Me sorprendió el enfado de Esteban al encontrar a Andrés en el aeropuerto y el rencor con que me comentó luego que a él no le había siquiera llamado por teléfono, pero no pensé que se tratara de algo de lo que él abominaba, algo que se declaraba incapaz, no ya de sentir, sino de justificar ni comprender: un puro y simple ataque de celos. La presencia de Andrés allí, esperándome —que sólo indicaba que prefería mi compañía a la suya, que simplemente lo pasaba mejor conmigo porque compartíamos más gustos comunes y el interés por la literatura—, dio entrada en nuestra vida a un sentimiento que yo llegaría a conocer muy bien, porque me anuló y destruyó durante años. Aprendí que los celos son realmente el mayor de los monstruos, una enajenación inmune a cualquier tipo de razonamiento. Aprendí que los celos destruyen por igual al que es su víctima y al que los siente, encerrados ambos en un mismo infierno sin posible escapatoria. Y aprendí también que no es cierto que los celos nazcan del amor, al menos no del amor hacia el otro. No son una prueba de amor, no son el humo que nace del fuego del cariño. Nacen de la inseguridad en uno mismo y del miedo a perder al ser amado, doblemente amado cuando entrevemos la posibilidad de perderlo.

En el curso de mi viaje yo había constatado que seguía queriendo muchísimo a Esteban, que me encantaría vivir a su lado hasta el final, que no podía imaginar pareja mejor, pero también había constatado que no estaba ya *perdidamente* enamorada de él. Y empezaba a entender que para mí, me gustara o no, sólo el enamoramiento comportaba la exclusividad, y que mis amores nacían con fecha de caducidad. Y sabía también que una de mis tres graves limitaciones —las otras dos son la música, excepto la ópera, y el alcohol, salvo esos licores empalagosos que no bebe ni te ofrece nadie— era no poder separar el sexo del amor, de modo que, de surgir alguien —y claro estaba que iba a surgir—, no sería una aventura sin trascendencia, un placer circunscrito a una parte de mí, sino una historia desmesurada, con fondo de orquesta wagneriana a todo gas, que me invadiría entera y pondría el mundo patas arriba. Lo peor de esa incapacidad —que se supone propia de mi condición de mujer y goza de prestigio en muchos medios y viene avalada por una larga e ilustre tradición— para separar sexo y amor no es que justifica más los celos e inquietudes de la pareja, sino que, para mí y supongo que para otras como yo, el sexo puede ser intenso pero queda muy reducido en el tiempo, a menos que, como asegura Edith Piaf de sí misma, una viva permanentemente enamorada. De hecho he sido bastante enamoradiza, pero he pasado también, sobre todo al hacerme mayor, largas temporadas sin amor, que comportan largas temporadas de castidad. *Je suis comme je suis, je suis faite comme ça*, cantaba Greco, y cuando una llega a vieja dama irrespetuosa lo admite con naturalidad. Las viejas damas indignas somos descaradas pero humildes. Tal vez nuestra característica más destacada sea no intentar recrear nuestra imagen, ni inventar un pasado que nunca existió, para vendérselo a los demás y, lo que es peor, acabar creyéndoselo uno mismo.

Yo volvía exultante de mi estancia en Estados Unidos. La revista *Destino* nos publicó a Vida y a mí las entrevistas a los cuatro autores (falló la de Sontag, pero Vida aportó una que había hecho en Illinois a Oscar Lewis, el único no editado en Lumen, lo cual significa que, bajo la sabia dirección de Antonio Vilanova —que había sido mi profesor de Literatura Española en la universidad y dirigía la colección Palabra en el Tiempo—, figuraban ya en nuestra editorial autores importantes), y yo saqué en una revista prestigiosa, izquierdosa y de buena venta, *Triunfo*, un reportaje sobre *Hair,* que era el boom del momento, con muchas fotos en color sacadas del programa, y con un texto también copiado en gran parte de él. De hecho, eran casi mis primeros pinitos literarios.

A los dieciocho años, en primer curso de la facultad, mi padre había costeado la edición de un libro de poemas, *Balbuceos*, muy malo, no porque copiara a otros poetas, sino por haber elegido mal los modelos. Durante años me avergoncé tanto de este libro que ni siquiera subsiste en mi poder un ejemplar. Se imprimieron unos mil quinientos, no recuerdo si se distribuyó en alguna librería, pero sí recuerdo que la principal vendedora fue la manicura que atendía a domicilio y lo endilgó a todos sus clientes. A la familia de mi padre el libro les cayó fatal, lo consideraron absolutamente impropio de una chica de mi edad. «¿Cómo es posible —preguntó Abuelita— que sabiendo hacer versos tan bonitos como los que leíste en la fiesta de tu primera comunión hayas escrito éstos?» «Éstos» eran naturalmente poemas de amor, y el de la primera comunión al que se refería mi abuela decía: *«Amada Virgen María, / muy grande fue la alegría / que reposó en mí / cuando yo, ¡ay sí!, / a tu hijo en mí recibí.»*

Al dejar la universidad y entrar en el mundo de la edición, nadie sabía ni que había publicado un libro de poemas ni que tenía intenciones de escribir. Pero un día, muchos años después, cuando había editado ya tres o cuatro novelas, vino a visitarme una joven hispanista americana. Después de hacerme las preguntas de rigor, leyó en su libreta de apuntes unos versos e inquirió: «¿De quién son?» Me pareció una pregunta fuera de lugar, como si quisiera pasarme examen, y repetí varias veces que no tenía ni idea, cada vez más molesta por su insistencia, y al final, para acabar aquel absurdo interrogatorio: «No lo sé, quizás suponga una ignorancia imperdonable, pero no lo sé. Tal vez sean de Rubén.» Se echó a reír: «Son de usted.» «¿De dónde los has sacado?», pregunté atónita. Resulta que a mis dieciocho años, cuando salió *Balbuceos*, yo coleccionaba autógrafos y, al pedirle el suyo a Juan Ramón Jiménez, adjunté mi librito. Y Juan Ramón no tiraba jamás un libro, de modo que en su enorme biblioteca subsistía un ejemplar del mío, al alcance de cualquier estudioso que diera por puro azar con él.

Lumen empezaba a tener un fondo de calidad, empezaba a ser conocida y habíamos rebasado ampliamente los dos años de vida que nos pronosticaron. Nos distribuía Seix Barral, y teníamos un trato muy amistoso con Carlos. No sólo no había puesto ningún inconveniente en que Vargas Llosa, el autor que acababa de ganar el Premio Biblioteca Breve y que estaba en la cresta de la ola, escribiera un relato, excelente, para Palabra e Imagen —*Los cachorros*—, sino que accedió a hacernos el prólogo (Carlos no era egoísta, era egocéntrico, que es algo muy distinto: sencillamente no podía evitar ser el centro del mundo).

Fue Carlos quien me telefoneó un día y me comunicó que teníamos que ir a Madrid, porque habían organizado una reunión clandestina de editores contrarios al régimen. Y a Madrid fuimos, porque lo que decía Carlos no admitía discusión, y era muy amable por su parte pensar en Lumen e invitarme a participar. Hubo tres o cuatro reuniones de este tipo. Supongo que auspiciadas por Cuadernos para el Diálogo, que sería nuestra cabeza de puente en la capital del reino. Fueron importantes estos primeros contactos entre editores opuestos al franquismo porque constituyeron el embrión de lo que sería poco después Distribuciones de Enlace.

Además de incluirnos entre sus amigos y ponernos en contacto con editores afines, debo a Carlos, aunque no lo hiciera de manera intencionada, algo muy importante. Dije al comienzo de este libro que Lumen necesitaba un milagro para subsistir. Yo no confiaba mucho entonces en los milagros y, aunque las viejas damas irrespetuosas suelen ser más agnósticas que ateas, tampoco ahora espero mucho de ellos. Y, sin embargo, no hubo un milagro, sino dos, dos fabulosos golpes de suerte, y en los dos jugó un papel Carlos Barral, y sobre todo Ivonne, su mujer. Uno de los milagros tuvo sus inicios en esta etapa, aunque culminó más adelante, y se llamaba Umberto Eco.

A Eco le conocimos en la Feria de Frankfurt. Era joven —todos lo éramos entonces—, trabajaba en la Editorial Bompiani, andaba loco tras una alemana muy guapa, que había estudiado con Althusser (que según las malas lenguas también le echaba los tejos y la perseguía desvergonzada y literalmente: no respondo de ello y puede ser mera fabulación, pero me gusta la imagen del viejo profesor galopando entre los pupitres para plantificarle a su hermosa alumna un pellizco en las nalgas), y terminó casándose con ella. Formaba parte de un grupo de intelectuales italianos extremadamente brillantes y divertidos, que cenaban a menudo con los colegas españoles, porque eran inicialmente amigos de Barral y teníamos más puntos en común entre nosotros que con editores de otras nacionalidades. Eran los años de la *gauche divine*, de Bocaccio, de audaces transgresiones. En Italia habían fundado el Grupo 63, con el que se montó un encuentro en la Escuela Eina —que impartía diseño y era otro activo foco contra el franquismo—, al que asistimos «todos», llenos de fervor y de entusiasmo. Y en la conferencia que dio Alexandre Cirici, citó cinco o seis libros de Lumen, absolutamente insólitos en el panorama editorial español. Mérito, sin duda, de mi hermano Oscar y de Beatriz de Moura —que trabajaba ahora en Lumen—, porque yo me sentía, como ellos, muy orgullosa, y los libros eran realmente fantásticos, pero no podía dejar de pensar que estábamos chiflados y que cualquier día no muy lejano íbamos a tener que cerrar el tenderete, si no renunciábamos a anticiparnos tanto a nuestro tiempo y a editar sólo los títulos que nos gustaban.

En una de aquellas cenas itálico-españolas (o mejor, milano-barcelonesas) de Frankfurt, Carlos el Magnífico (ya he dicho que era generoso y amable) le sugirió a Eco que nos diera algo suyo para Lumen, que era una editorial que estaba empezando, tal vez un libro que agrupara sus muchos artículos dispersos en revistas y en la prensa diaria. Eco dijo que sí, y firmamos —muy contentos por nuestra parte, pues, aunque se tratara de un título menor, Umberto empezaba a ser ya un autor codiciable— incluso el contrato. Lo sorprendente fue que días más tarde, ya en Barcelona, me telefoneó Ivonne para pedirme que, dado que ellos tenían el programa del año muy lleno y no querían quedar mal con Eco, editara Lumen, en lugar del batiburrillo de artículos inconexos, el título que tenía contratado en Seix Barral.

Aceptamos encantados la sustitución, más movidos por razones de prestigio que por creer mucho en las ventas, de modo que no se puede criticar demasiado a Carlos por lo que resultaría ser un gravísimo error. Ni él ni nosotros sospechábamos el futuro best seller en que este libro se iba a convertir, ni la fulgurante carrera de Eco, que haría de él uno de los autores más famosos, elogiados, respetados y vendidos de finales del siglo XX. Tan poca fe teníamos en la comercialidad del libro que creímos conveniente, en las dos o tres primeras ediciones (después se harían muchísimas y de grandes tiradas), titularlo *Apocalípticos e integrados ante la cultura de masas*, y no simplemente *Apocalípticos e integrados*, que era el título de la edición italiana, con el propósito de hacerlo llegar a un público más amplio.

Umberto vino a Barcelona para presentar el libro. Montamos un coloquio —creo recordar que nada menos que en Bocaccio, templo indiscutido de la divina izquierda—, al que invitamos, entre otros, a Eduardo García Rico, que se ocupaba de la sección de libros en la revista *Triunfo*, de Madrid, que en aquellos momentos equivalía a lo que puede haber sido durante años *El País*, salvadas las distancias que median entre un periódico y una revista. Quiero decir que sentaba cátedra. Eco era, y es, un hombre simpático, ingenioso, brillantísimo, que se lleva a la gente de calle. Es, además, un educador nato, y no sólo de sus alumnos.

La visita de Umberto a Barcelona coincidió, y era mucha casualidad porque no invitábamos con frecuencia a autores, con la de Albertine Sarrazin, una joven francesa que había pasado por casi todo, incluidos la cárcel, el hambre y la prostitución. Lo contaba en una buena novela, *El astrágalo*, que la intelectualidad francesa, bajo la batuta del *Nouvelle Observateur*, había acogido con entusiasmo y que fue uno de los primeros éxitos de ventas de Lumen. En lugar de reunirnos todos —no había incompatibilidad ninguna entre Umberto y Albertine, seguro que se hubieran caído mejor que bien—, nos dividimos en dos grupos. Esteban y yo nos dedicamos a pasear, cenar y ver flamenco con los Sarrazin, una pareja encantadora, feliz, llena de vida y de proyectos. ¡Quién iba a imaginar que ella moriría poco después, en una operación que no revestía gravedad ninguna, por culpa de un error del anestesista! Oscar y Beatriz estuvieron pendientes de Eco. Todo muy natural, pero permitía sospechar que se había producido una escisión, que la relación no era lo buena que debía ser entre nosotros, tratándose de una empresa pequeña donde no había espacio para dos líneas editoriales distintas. Y desde luego no lo era.

Cuando Oscar propuso que Beatriz entrara a trabajar en Lumen, para ocuparse de los derechos extranjeros, me resistí un poco. Sobre todo porque era muy reciente la experiencia con Jordi, mi ex marido, y temí que se repitiera algo similar. Conocía además bien a mi hermano y sabía que, habituado como yo a no mentir, creía a ciegas todo lo que se le decía, y que, como para todos los hombres o acaso más para él, lo que dijera o hiciera su mujer no se discutía, y la apoyaría en todo. Un suceso sin importancia me había puesto sobre aviso. Las dos parejas íbamos a vivir en la casa de Hospital Militar —a mí me había regalado mi padre un piso y a Beatriz se lo había comprado el suyo— y, cuando regresaron ella y Oscar del que debía de ser su primer viaje largo juntos, una especie de luna de miel, se encontraron con que les habían cortado la luz. Y, ante el desmesurado ataque de furia de Oscar, Beatriz se defendió alegando, ante mis propias narices: «Tu hermana dijo que de esto se ocupaba ella.» Oscar la creyó a pies juntillas, y yo quedé paralizada de asombro: de que me ocupara de pagar la luz o cualquier otra cosa de su piso no se había hablado, que yo recordara, jamás.

Cuando puse reparos a que Beatriz entrara a trabajar en Lumen, Oscar objetó que él llevaba años colaborando desinteresadamente en la editorial y que no podíamos negarnos. Era cierto. Por otra parte, Beatriz estaba más que capacitada para aquel trabajo. Sabía idiomas, era simpática, era muy trabajadora, tenía iniciativas, tenía ideas y creo que tenía —el tiempo lo ha demostrado— más vocación de editora que yo. Supongo que era obvio que no había lugar para las dos en Lumen. Pero llevó tiempo y un montón de enfados y disgustos que yo lo viera lo bastante claro para decidir terminar, a cualquier precio, con aquella situación. Lo triste fue que el precio no fuera la editorial (que yo estaba dispuesta a dividir en dos, dejándoles la parte más creativa y vinculada con Oscar), sino la relación con mi hermano. Sabía de antemano que le iba a perder, sabía que tomaría partido a ciegas, sin plantearse siquiera que yo pudiera tener una pizca de razón, que hubiera un motivo para mi decisión, por otra parte tajante e inapelable.

Habíamos hecho antes un viaje los tres a la Feria de Frankfurt. El día lo pasábamos en la Feria, pero por la noche, *todas las noches*, cinco noches, en una ciudad y en un barrio donde una mujer no puede arriesgarse a salir sola, se fueron a cenar con otros editores y me dejaron en el hotel, sin proponerme siquiera que les acompañara: se daba por sentado que yo era tan tímida y poco sociable que prefería quedarme desde las siete leyendo en la cama a cenar con Feltrinelli o Gallimard. ¡Se necesita ser tonta de capirote para aceptar tamaño disparate, cuando hubiera sido tan fácil montarme yo mis cenas o decirles sencillamente «hoy voy a ir con vosotros»! Lo que hice fue meterme el último día en su habitación y quejarme amargamente de su comportamiento. Otra tontería por mi parte. Pero la reacción de ellos fue aleccionadora. Mi hermano se quedó sentado en la cama mirándome estupefacto, como si no entendiera a cuento de qué venía aquella escena ridícula. Beatriz empezó a andar de un lado a otro, de pared a pared, retorciéndose las manos y repitiendo, mientras se le saltaban las lágrimas: «Estoy harta. Siempre me pasa lo mismo con las mujeres.» No recuerdo las palabras exactas, pero el discurso era unívoco: las mujeres guapas eran perseguidas, acosadas, agredidas por las mujeres feas o menos guapas, que no podían —podíamos— contener la envidia feroz que las —nos— devoraba. Incluso la madrastra de Blancanieves, pensé yo, con lo guapísima que era, llegaba al crimen por celos de otra más hermosa. Ahora mi hermano, que seguía sentado en silencio, también lo tenía claro. Y yo tenía claro que contra este ataque, o contraataque, no existía defensa posible. Al menos no para mí. ¿Cómo podía demostrarse que una no actuaba movida por la envidia? A lo mejor sí estaba yo celosa de la guapa brasileña, aunque me pareciera que no.

En fin, un día llegué a mi casa, después de almorzar en la de mis padres, con Oscar y Beatriz, como casi siempre, y Beatriz estaba dolida y Oscar enfadado, y se armó un alboroto porque en la cubierta del primer volumen de las obras del Che el nombre de Beatriz de Moura, a cuyo cargo corría la edición, figuraba en cuerpo 20 en lugar de en cuerpo 24, y yo me había ido calentando luego, a posteriori, durante el trayecto en coche, y entré en mi piso como una moto, directa al teléfono, y hablé con Oscar, y le dije que necesitaba verle inmediatamente, y acudió. Y declaré que yo no soportaba aquella situación ni un día más, propuse dividir la editorial, y mi padre, cuando le expusimos lo que ocurría, se llevó un disgustazo, y dictaminó que había montado Lumen para mí, y que de dividirla nada, pero que facilitaría medios económicos a Oscar y Beatriz para que empezaran una nueva editorial.

Así nació Tusquets Editores. Durante un tiempo utilizaron nuestro almacén y nuestra distribución. Después se independizaron del todo. Beatriz demostró su gran talento de editora y, tras las iniciales dificultades, le fue muy bien. Se había separado de mi hermano —aunque han mantenido a ultranza y hasta hoy una relación excelente— y había entrado en su vida Toni López Lamadrid, que compartió con ella la dirección de la editorial, una de las de mayor prestigio (y creo que más rentables) del país. O sea que todo ocurrió como debía ocurrir (salvo los líos y confusiones que ha provocado y sigue provocando el nombre de ambas casas: nadie entiende que Tusquets Editores sea de Beatriz de Moura, y Editorial Lumen fuera de Esther Tusquets) y —sienta o no envidia de su guapeza, porque sigue siendo una mujer hermosa— mantengo con ella una buena relación.

Fue duro perder la colaboración profesional de Oscar, su creatividad, su inteligencia, su energía. Y mucho más duro que se rompiera durante un montón de años una relación para mí importante. Pues, a pesar de que su segunda mujer, Anna, me caía bien, y no creo que tuviera nada contra mí, apenas nos tratamos. Sólo nos veíamos en casa de nuestros padres y, cosa rarísima, durante bastante tiempo Oscar siguió yendo allí con Beatriz. Y luego empezó a ir algunas veces con Anna, hasta que mi madre dijo que dos nueras no, una bastaba. Y quedó Anna. Me parece que Anna seguía en todo las iniciativas de mi hermano (debía de estar *perdidamente* enamorada), y Oscar no tenía ningún interés en volver a entrar en mi vida, o mejor dicho en que yo volviera a entrar en la suya. Dio una fiesta de cumpleaños con doscientos invitados, a la que no me invitó. No me dijo nada directamente, pero, durante uno de los almuerzos en casa de nuestros padres, comentó que sólo querían en la fiesta a gente guapa, divertida y que supiera bailar. Claro.

Fue su tercera mujer, Victoria Roqué, la que se obstinó en que nos tratáramos. Me invitó a sus fiestas —que no eran exclusivas para guapos, divertidos y danzarines, aunque estas tres características se seguían cotizando mucho— e incluso hicimos un viaje juntos. Pero esto ocurrió muchos años más tarde.

Mientras tenía estos y otros problemas en el trabajo, mi casa se había convertido en un campo de batalla, donde zumbantes bombas me amenazaban desde un cielo en llamas y tenía que andar cuidadosamente de puntillas para que no me estallara una mina bajo los pies. Por las mañanas, una de mis tres grandes amigas —Mercedes, Ana y Vida— me telefoneaba con cualquier pretexto para asegurarse de que seguía viva. Claro que seguía viva. Era impensable que Esteban me pusiera la mano encima. Pero sí me mantuvo noches enteras sentada por la fuerza en un sillón, escuchando sus insultos y sometida a un interrogatorio absurdo.

No sé si por razones genéticas o debido a la educación que había recibido (en casa éramos muy permisivos, muy tolerantes, pero no se mentía, y un compromiso establecido de palabra tenía el mismo valor que un documento firmado ante notario, y me llevó tiempo descubrir que existía un montón de mentiras exentas de la norma y por todos utilizadas y aceptadas, y que unos compromisos se cumplían y otros no), para mí seguía vigente el acuerdo aprobado por ambos cuando nos conocimos de respetarnos mutuamente una absoluta libertad sexual, y entonces yo no pensaba en mi propia libertad, pues no hay libertad posible cuando una está *perdidamente* enamorada —cuando una está *perdidamente* enamorada ni ve a los otros hombres—, sino en la suya, ya que ninguno de sus amigos creía que siguiera demasiado tiempo interesado por mí, y ya he contado que la mujer de Vicente Aranda me lo dijo con mucho desparpajo —y pésima educación— el día que nos conocimos y nos invitaron a cenar. «Supongo que no te haces ilusiones de que tu historia con Esteban tenga futuro. Le conozco bien y sé lo que duran sus enamoramientos.» Pensé que tal vez tuviera razón.

Tan convencida estaba de que nuestra relación era

abierta y permitía un amplio margen de libertad que, después de un almuerzo de varios amigos catalanes con Evtuchenko, llegué a casa divertidísima y le conté enseguida a Esteban que el guapo poeta ruso me había estado echando los tejos y que volveríamos a vernos por la tarde en la lectura de sus poemas. Mis palabras cayeron como una bomba. Mucho peor que el encuentro con Andrés en el aeropuerto. Ya no había error posible: lo hubiera sido o no en el pasado, Esteban era ahora un hombre celoso.

Evtuchenko estaba en Barcelona sólo dos o tres días, y yo ni asistí a la lectura de sus poesías, ni apenas pisé la calle. En realidad me daba lo mismo volver a verle o no: lo preocupante era que a Esteban no le diera en absoluto lo mismo. Dos días más tarde, me llamó a capítulo para deliberar. De hecho, para disculparse. Aseguró que se desconocía a sí mismo, que nunca le había ocurrido nada semejante, que se sentía avergonzado, que no se repetiría jamás, que yo era muy libre de ver a quien quisiera cuando quisiera, en ese preciso momento si tenía ganas... Pero los dos sabíamos que el guapo poeta ruso llevaba horas fuera de Barcelona.

Así empezó un conflicto que duró siete años interminables y que fue empeorando sin cesar. Yo, por mi parte, empecé a mentir, sin cejar a un tiempo en los intentos de convencerle de que su actitud no era razonable, ni coherente con su propia actuación de toda una vida, de que echaba por la borda sus teorías sobre el amor y el sexo. Pero a él, por su parte, ya no le preocupaba ser o no coherente, tener o no razón, reconocerse el celoso más celoso de la historia, no le importaba que mi fidelidad fuera involuntaria y no tuviera que ver nada con mi amor por él. De haber podido me habría tenido atada a una silla, encerrada bajo llave. Lo único que importaba era que yo no follara con otro hombre. Las mujeres no contaban. Quizás porque estaba convencido de que no eran rivales peligrosas, de que nunca serían para mí más que un juego, juego en el que su vanidad de varón le permitía mimar la esperanza de participar. Caímos en una situación siniestra, en el tipo de indignidad que una vieja dama indigna no se puede en absoluto permitir. Tuve que dejar las clases de inglés, porque el Instituto Americano era una casa de putas donde se iba a ligar, tuve que vigilar que el tiempo que llevaba en la peluquería no rebasara el habitual (el que Esteban consideraba habitual), tuve que estar a horas fijas en puntos fijos, para atender sus llamadas telefónicas, tuve que suspender almuerzos con amigos, viajar sólo por razones de trabajo... Y, lo peor y más injusto, dejamos de tratar a Vida y Juan, en parte por celos de Juan, pero sobre todo porque necesitaba un culpable y le tocó a Vida. Ella fue incluso a su oficina para hablar con él y arreglar aquella situación absurda. Todo fue inútil. Hubo etapas en que me rebajé hasta el punto —imperdonable para ella— de verla a escondidas. Además de convertirme en una mujer mentirosa, me convertí en una mujer sometida.

Pero era catorce años más joven que él, me había iniciado en el sexo muy tarde, he sido siempre enamoradiza, y era evidente que habría otros hombres en mi vida. Hubiera debido separarme de Esteban, o él hubiese debido hacer las maletas y largarse de casa. Pero yo le quería todavía mucho y le admiraba mucho, me parecía que, caso de no lograrlo con él, no lograría llevar vida de pareja con nadie, y Esteban se comportaba como un loco, pero sólo podía achacarse esta locura a que me amaba. De modo que continuamos juntos. Y no un mes, ni dos, sino más de siete años. Es posible que cada uno abrigara la esperanza de convencer al otro, tan obvias y poderosas nos parecían nuestras razones. Y, en realidad, sólo esto me hubiera dejado satisfecha. No se trataba únicamente de tener aventuras: quería que se reconociera mi derecho a tenerlas, y a gozar de ellas sin miedo, sin mala conciencia y sin mentiras. Era el mismo derecho que le reconocía a él, y lo que habíamos acordado.

Y Esteban, el eterno don Juan, que —aseguraban quienes le habían conocido en el pasado, empezando por Cata, su mujer, la guapa vasca de enormes ojos claros (centelleantes como los de mi madre y, como los de mi madre, capaces de fulminarte), que no carecía de sentido del humor y le llamaba, burlona y despechada, «marqués del pito alegre»— se había acostado en España y en América con cuanta mujer se pusiera a su alcance, no se interesaba ahora por ninguna. Existía un desfase entre nosotros dos, debido sólo en parte a la diferencia de edad. Esteban había vivido mucho, estaba harto —acaso sin saberlo— de líos de faldas, de adulterios, de aventuras, y veía en mí un punto de llegada, un punto final, el reposo del guerrero, mientras yo estaba en un punto de partida.

Además, Esteban había cambiado mucho desde que le conocí, y no sólo en su relación con las mujeres. Había perdido empuje y alegría. Había dejado de competir, y despreciaba a los que seguían en la brecha, luchando por ascender en el escalafón, por mejorar el sueldo, por disfrutar de un nivel de vida superior. Y no digamos a los que aspiraban a la fama y al poder, o, los peores, a los que anhelaban salir en televisión. Tan rotundo se mostraba que llegó a convencerme en esto, y tuvo que transcurrir mucho tiempo —estábamos ya separados y yo había publicado hacía meses mi primera novela— para que me prestara a ser entrevistada en la pequeña pantalla.

Aquel hombre simpático y encantador se hizo muy difícil de trato. Lleno de fobias y de manías —unas justificadas; otras, desmesuradas o ridículas—, se lanzaba por menos de nada a diatribas apocalípticas, sin importarle que estuvieran presentes autores, editores, agentes, con los que, por meros intereses profesionales, me convenía estar a bien. Algunos le gustaban y con éstos todo iba maravillosamente, incluso se hacían grandes amigos. Pero otros le caían mal, a menudo por motivos que yo ni entendía, y entonces sobrevenía la catástrofe. En los últimos tiempos de vida en común, echaba a perder la mitad de las cenas que yo montaba en casa. Según Andrés, mataba de modo fulminante los temas de conversación que todos intentábamos mantener a flote, hasta que el suelo estaba cubierto de una densa alfombra de palabras muertas, de mariposas asesinadas, y reinaba un silencio sepulcral.

Creo que hubo varias razones que amargaron su carácter. Reconozco que una fui yo. Me atuve a lo pactado y la verdad es que me hubiera sido imposible comportarme de otro modo, pero él, aunque al empezar no lo supiera, necesitaba una mujer entregada totalmente. En segundo lugar, tener que automarginarse de la vida política, en unos momentos en que en España empezaban por fin a ocurrir cosas, fue mucho más duro de lo que yo imaginaba. Era inevitable, dadas las circunstancias —todos los compañeros de partido que le conocían se aseguraban de que no pudiera intervenir—, como era asimismo inevitable que nuestra relación fuera tan conflictiva. Pero que fuera inevitable no ayudaba en absoluto a mejorar la situación.

Tuvo lugar, además, uno de estos incidentes que podrían en otros momentos, en otras circunstancias, no revestir tanta importancia, pero que en ocasiones marcan el futuro de un hombre. Para el brillante profesor Antonio Vilanova fue determinante, creo, perder las oposiciones a cátedra ante Blecua, para Moix (aunque ella cree que no y tal vez tenga razón) no ganar un premio que le habían prometido y que se declaró desierto. Para Esteban sería el despido de una editorial mexicana, que quería montar una sucursal en España y le había nombrado director. Tenían como asesora a Carmen Balcells. No sabían en realidad qué tipo de editorial deseaban, no estaban dispuestos a invertir una cantidad importante, había que consultarlo todo con Carmen. Esteban no dispuso de tiempo, ni de libertad de acción, ni de dinero, para poder hacer nada. Volvió a Barcelona el matrimonio propietario de la empresa, dos horteras con pretensiones de niños bien, ella se lamentaba de la pésima calidad de las bodegas de los restaurantes españoles y de que las ostras figuraban en las cartas sin especificar su numeración. Y pocos minutos antes de partir le comunicaron que estaba despedido. De Carmen no supe nada, e ignoro si la sucursal española de aquella editorial llegó o no a existir. Lo que sí sé con total certeza es que aquí terminó para Esteban cualquier tipo de ambición profesional, tiró la toalla.

Un tiempo después le ofrecieron en bandeja un trabajo estupendo. Además de estar espléndidamente pagado y de no tener que depender de nadie, caía exactamente en el área de aquello que más le había interesado siempre, las ciencias naturales. Y requería las cualidades de que estaba mejor dotado. Había que pasar, mero formulismo, por un test. Y ahí surgió el problema. Esteban no aceptaba el repulsivo apego norteamericano a los tests. Esteban detestaba los tests del mismo modo que detestaba la coca-cola. Como aquello me parecía una locura y nos iba mucho en ello (en aquel entonces creo que teníamos ya los niños y andábamos justos de dinero) y recordaba que años atrás le habían hecho un test de inteligencia para conseguir un trabajo, supuse que el resultado había sido deplorable, pero me resultaba extraño y le pedí por curiosidad que me lo mostrara. El resultado era buenísimo, un nivel muy alto de inteligencia y justo las cualidades que se requerían para el empleo en cuestión. Pues bien, no hubo forma. Esteban había decidido no subirse al carro de los triunfadores. De modo que telefoneó renunciando al empleo.

Después de la experiencia con el guapo poeta ruso, ni se me ocurrió hablarle a Esteban de otros hombres. Mentía como una bellaca, mentía sin parar, me convertí en una artista del engaño, y él en un espía consumado, con un olfato colosal.

Mi primera historia fue también con un poeta, Pedro (para mí sigue siendo Pedro, no Pere), el mejor amigo de Ana Moix. Fue muy literaria, muy tierna, muy divertida. Empezó antes de que nos conociéramos. Supongo que él y Ana hablaban mucho de mí. Y vista con los ojos de Ana yo era sin duda maravillosa, capaz de seducir a cualquiera. A la vuelta de mi viaje a Estados Unidos, empezamos a escribirnos. Cartas muy literarias y un poquito pedantes. Muy hermosas las suyas. En una de ellas me cuenta la historia provenzal de Jofré Rudel, enamorado de la condesa de Trípoli, sin haberla visto, «por el gran bien de gentileza y cortesía que de ella le contaban los peregrinos», que embarca en la segunda cruzada para «ver a la dama de sus pensamientos», enferma en alta mar y muere en sus brazos. Después Pedro me escribe unos versos rubenianos: «*Esther, la playa y la garúa / y el verde mar de muselina / y el vuelo blanco de una falúa / y los labios de nácar de la ondina.*» Y, en otra de sus cartas: «*Por la sonrisa de Esther / los pájaros se están quietos / y a oscuras rezo sonetos / por la sonrisa de Esther.*»

Después todo siguió el camino previsible, nos conocimos —en una cafetería, no en una posada de Trípoli— y lo pasamos muy bien juntos. En cuanto venció su timidez, su inseguridad y sus miedos de novicio, siguió con entusiasmo todas mis iniciativas —pocas veces me he sentido tan cómoda, he actuado con tanta espontaneidad—, e intentamos —a veces con resultados grotescos, que nos hacían reír a carcajadas— llevar a la práctica fantasías y lecturas. Pedro es el personaje más obsesivo que conozco, y en ocasiones te saca de quicio, pero es también una de las personas más inteligentes y peculiares que pululan en esta ciudad, y en muchas otras ocasiones me ha resultado gracioso y entrañable.

Terminó la historia —por una vez a gusto de los dos— y quedamos muy amigos. Mucho más tarde escribí mi segunda novela, basada en tres personajes. En los tres había rasgos extraídos de personas reales distintas, pero ninguno era el retrato de nadie. Y los tres se ajustaban a la historia que quería contar. Entendí que a Pedro no le gustara encontrar rasgos suyos en el personaje masculino (en Clara, la chica joven, se ha pretendido reconocer a tres o cuatro de mis amigas o conocidas, y, al término de una conferencia, se me acercó una total desconocida y declaró: «Clara soy yo», y yo no aceptaría en absoluto que se me identificara a mí, salvo en aspectos marginales, con la mujer madura), el más antipático de una historia antipática que no coincidía, claro, con la realidad. No pude ni sospechar, de hecho no lo descubrí hasta hace poco, que él interpretara mi libro como una agresión deliberada, como un deseo de hacer daño (¿por qué?), de vengarme (¿de qué?), y que a esto se debió que durante años me considerara su enemiga. Había sido una historia hermosa, que he recordado en todo momento con cariño.

Después estuve *perdidamente* enamorada de un periodista de Madrid, que se declaraba a su vez *perdidamente* enamorado de mí. (Es curioso que ahora, llegada a mi vejez de dama indigna, pueda considerar intrascendentes y hasta contar en clave cómica, unas historias que en su momento me parecieron terriblemente importantes.) Al periodista de Madrid le invitaron a pasar tres días en París. Y, a pesar de que yo viajaba a menudo a Madrid para verle, estar juntos y solos en París nos pareció un sueño. Inventé, pues, un complicado tejido de mentiras e incluso cambié, antes y después de haberlo usado, la fecha del pasaje de avión. Pero había una condición imprescindible para que yo corriera tan gran riesgo: él tenía que jurar que no mandaría a su revista ni una sola línea firmada en París. La invitación no implicaba en absoluto la obligación de publicar nada. No parecía haber problema.

Sin embargo, todo salió mal. El París que a él le interesaba no tenía que ver nada con «mi» París. Lo que compraba, pequeños *souvenirs* para amigos, eran un horror: Tours Eiffel de pisapapeles y bolígrafos con mujercitas que iban quedando en pelotas a medida que escribías. Él —que de tonto no tenía un pelo y era orgulloso como el que más— advertía mi perplejidad, duplicaba la compra hortera y me acusaba de niña bien. Y empezó a beber desde que salíamos a la calle por las mañanas, una copa en cada bar, y en la calle de la Rive Gauche, donde teníamos el hotel, había un bar en cada esquina. Le di la réplica pidiendo un Marie Brizard con hielo cada vez que él pedía un whisky o un armagnac. La diferencia estaba en que él era un alcohólico y yo una abstemia. A media tarde mi periodista se sentía levemente achispado, mientras que yo yacía desmayada en la cama del hotel. Estaba a punto de recurrir al médico, cuando sus cachetes y sacudidas bastaron para hacerme recobrar el conocimiento. Me regañó mucho y me advirtió que había corrido, y le había hecho correr a él, un grave peligro. Ésta es una de las tres borracheras que he atrapado en la vida y las tres fueron sonadas. Quizás de otra de ellas hablaré más adelante.

Pero lo peor del viaje aún no había llegado. La última noche de nuestra estancia allí fue una noche histórica: la noche que cayó De Gaulle. Las calles desbordaban un tumulto enloquecido y hubo tres cargas de la policía. Yo, peleada con mi periodista desde la mañana y sintiéndome el ser más desdichado de la tierra, caminaba entre la gente como sonámbula, sin hacer caso de los agentes que me ordenaban que me largara, que me fuera a mi casa, ¿qué hacía una señora como yo metida en aquel caos?, incluso podía resultar herida. Yo sabía que él estaba también recorriendo las calles, buscando los puntos donde se producían los incidentes cruciales, tomando notas... Era obvio que a la revista le habría parecido un milagro que uno de sus mejores hombres se encontrara casualmente en París y pudiera escribir un reportaje excepcional, seguro que le habían telefoneado mil veces, ¿cuánto habría tardado él en calibrar que un éxito profesional tan importante y evitarse además un serio problema con su director tenía más peso que la palabra dada de que no se publicaría nada con su firma desde París y que los conflictos que el incumplimiento de esta palabra me pudiera deparar?

Regresé a casa sin haberle visto y aguardé, con un rescoldo de esperanza, la aparición del número siguiente de la revista. Allí estaba el reportaje, texto y fotografías, en lugar destacado, y con su firma al pie. Decidí seguir el ejemplo de Hedda Gabler —sin llegar, claro está, hasta el suicidio: una no se suicida por alguien que vuelve de París con un cargamento de señoritas desnudas encerradas en bolígrafos de plástico—, y no hubo, pese a sus explicaciones y súplicas, olvido ni perdón. Así terminó la segunda historia posterior a mi regreso de Nueva York.

15

Carlos el Magnífico, el gran seductor

He citado ya en varias ocasiones a Carlos Barral, y es sin duda uno de los personajes centrales, no de mi vida, pero sí de este libro, segunda y última parte de mis memorias. Aunque ya en los últimos años de facultad, Carlos había sido popular entre los compañeros de Letras, y había dado lecturas y conferencias, y no era para nosotros un editor más, ni siquiera el editor de moda entre los intelectuales, sino, en mayúsculas, el Editor, yo no le conocí personalmente hasta el año 1961.

Acababan de iniciarse las actividades de Lumen cuando Beatriz de Moura y yo recibimos una invitación para asistir a la concesión del Premio Biblioteca Breve. Recuerdo que entré levitando en los despachos de la editorial donde se servía el cóctel, tan azarada que, caso de tener que hablar, no habría rebasado el balbuceo de un bebé (por suerte no conocíamos a casi nadie, y ni se dieron cuenta de que caminaba diez centímetros por encima del suelo ni tuve que hilvanar más allá de tres o cuatro palabras).

Nuestro trato más asiduo y nuestra creciente amistad con Carlos se iniciaron cuando Seix Barral se hizo cargo de la distribución de nuestro fondo. De un negocio —la edición— que, según mi padre, era entre todos los que conocía el más difícil, lo peor era y es la distribución. Tras una primera etapa de intentos fallidos, dimos finalmente con una empresa que hacía llegar los libros a las librerías e incluso vendía un mínimo razonable. Entonces me reunía con Carlos —a veces me invitaba a comer en un restaurante próximo a la editorial, que ya no existe, con mesas de madera y cortinas campestres—, para comunicarnos lo que íbamos a publicar en los próximos meses y acordar las fechas más convenientes.

Carlos Barral parecía reunirlo todo: era un excelente poeta y estaba al frente de una importante editorial donde dirigía dos colecciones —Biblioteca Breve y Formentor— que nos ponían en contacto con lo más reciente y notable de la literatura extranjera y descubrían e incorporaban nuevos autores autóctonos. Había creado el premio de novela inédita en lengua castellana, el Biblioteca Breve, que gozaba de mayor prestigio, el más codiciado entre los «entendidos», aunque no supusiera una cantidad importante de dinero. Por raro que parezca en aquellos tiempos no se trataba sólo de dinero, y Carlos conseguía que otros premios del país, que sí daban una cantidad muy elevada, quedaran relegados a poco más que horteradas que poco tenían que ver con la literatura. Cuando Andrés Bosch ganó el Premio Planeta con una novela sobre boxeo, *La noche*, le hizo una entrevista Rosa Regás, y le preguntó malévola: «Pero confiesa que hubieras preferido ganar el Biblioteca Breve, ¿verdad?», impertinencia que Andrés no olvidó nunca ni perdonó nunca —lo suyo no era olvidar ni perdonar—, aunque no vivió lo suficiente para comprobar que

Rosa, que no había ganado el Biblioteca Breve, sí obtenía muchos años después el denostado Planeta. Además Carlos formaba parte de un premio internacional de novela —el Formentor—, donde figuraban Gallimard, Einaudi, Rowohlt y Grove Press, o sea, los elegidos entre los elegidos, y militaba activamente en la lucha contra el franquismo.

Creo que, entre todos los seductores —hombres y mujeres— que he tratado a lo largo de más de medio siglo, Carlos se lleva la palma. A pocos he conocido tan divertidos, tan simpáticos, tan brillantes, tan imaginativos, tan guapos (se identificó desde joven con el capitán Ahab, pero le llevaría mucho tiempo parecerse a un lobo de mar deteriorado y obsesivo, derrotado por una ballena blanca), con tamaña facilidad para hacerse querer, para provocar en gente muy diversa (no únicamente intelectuales como Joan Petit o como Gil de Biedma, sino personas de otros medios, como la empleada que se hacía llevar dos veces al día el bebé a la oficina, para amamantarlo en los lavabos y no dejar el trabajo ni siquiera el tiempo que fijaba la ley, o pequeños libreros y representantes de provincias por cuyos problemas se interesaba de verdad y a los que hablaba, sin proponérselo, de igual a igual), devociones a toda prueba, no exentas, en el caso de Jaime Gil de Biedma o de la propia Ivonne, que a veces aunaban sus ataques, de una severa crítica.

Lo que a mí me parece entrañable es el carácter gratuito y desinteresado de ese poder de seducción. Le ayudó sin duda a congregar a su alrededor, con raro talento y certero instinto, un equipo de colaboradores como no lo había habido nunca ni volvería a haberlo después, y le ganó la amistad de editores, autores y agentes del mundo entero, pero Carlos no lo utilizaba deliberadamente, no se revestía de seducción cuando quería conseguir de alguien, que tal vez no le gustaba, algo importante. De haberlo hecho, seguramente su trayectoria habría sido distinta. Y otro grave inconveniente (y éste no me parece en absoluto entrañable): al contrario que Andrés Bosch, Carlos Barral olvidaba, ni siquiera se puede decir que perdonaba, pues si uno olvida no tiene ya nada que perdonar… ni, y esto es lo más grave, que agradecer.

Me inspira una profunda desconfianza, que comparto con mi hermano, la gente sin memoria. Carlos no agradecía los regalos, ni las muestras de afecto, ni siquiera los favores importantes, pero era capaz de mostrarse amigo de un tipo que nos había hecho, o incluso le había hecho a él, una canallada mayúscula, de mandar a uno de sus hijos a aprender el oficio de editor con un rufián que se dedicaba a las ediciones pirata, o de proponer para un cargo público de máxima importancia a un personaje que a punto había estado de acabar con todos los editores de Enlace, por la simple razón de que le parecían divertidos, guapos y simpáticos, perfectos para tomar unas copas en Bocaccio o para flirtear, mientras mantenía por el contrario luchas enconadas y en ocasiones peligrosas o suicidas contra individuos que, por motivos que oscilaban entre lo justificado y lo arbitrario, le caían mal o tenía entre ceja y ceja. Auténticas cruzadas en las que debíamos implicarnos a ciegas sus amigos.

Una de estas cruzadas me afectó de modo muy directo. A Carlos le ofendió gravemente, consideró que eso sí se trataba de alta traición, que Joan Ferraté —helenista, poeta, crítico, traductor (en la colección Palabra e Imagen publiqué sus *Veinticuatro poemas de Cavafis*)—, a su regreso de Canadá, en una de cuyas universidades había impartido clases, aceptara sustituirle en su cargo de director literario de Seix Barral. Ocurría que Joan era amigo mío. No tanto como su hermano Gabriel Ferrater, pareja durante varios años, los últimos de su vida, de Marta Pessarrodona, pero más próximo que un simple conocido.

Marta era, es, amiga mía de las de verdad, incondicionales las dos en nuestro recíproco cariño, y Gabriel, un tipo excepcional y disparatado («disparatado» significa aquí que no veía el mundo ni vivía la vida como la inmensa mayoría, no de la humanidad entera, sino de nuestro reducto de artistas e intelectuales, y que en este reducto se le consideraba de una inteligencia fuera de serie, de un talento excepcional, pero se le descalificaba por informal, alcohólico, mujeriego e imprevisible, por decir y hacer las cosas más políticamente incorrectas, más incómodas y sobre todo absurdas, como meter mano a las señoras por debajo de la mesa; desaparecer durante semanas o meses en la ruta entre Barcelona y Hamburgo, donde le esperaba un excelente empleo en una gran editorial, porque había tropezado con un equipo de ciclistas y se había unido a ellos; o improvisar un discurso genial —realmente genial, una pena que nadie tomara nota o lo grabara— en el encierro de Montserrat, donde todos éramos la izquierda pura y dura, intentando convencernos de que aquello era una tontada y de que debíamos volver a casa. *«Jo, aquí, hi veig molts esquizofrènics»*, rezongaba por los pasillos del monasterio.

Yo, que le quise mucho, no sospechaba que tuviera tantísimos amigos, ni tan dispuestos a ayudarle, como descubrí en cuanto murió (tampoco sospechaba que hubiera en nuestro país tantísimos socialistas, cuando ganaron las primeras elecciones) y me sorprendió que muchos de ellos ignoraran que —hubiera o no otros ligues laterales, cosa que ni sé ni importa— su mujer era Marta y que existía entre los dos, aunque mantuvieran dos viviendas distintas, una auténtica relación de pareja. Se han escrito tantas bobadas sobre Gabriel que creo ha llegado la hora de que Marta, que no quiso jugar nunca el papel de viuda y se ha mantenido al margen, nos cuente de Gabriel lo que sólo ella puede saber.

Esteban y Gabriel, dos tipos difíciles, se cayeron bien desde el primer día, y los cuatro —Gabriel y Marta, Esteban y yo— vivimos juntos momentos memorables. Hicimos en coche —Marta al volante y dirigiéndolo todo, descubriéndonos la ciudad, que visitaba por primera vez, a tres personas que la conocíamos bien (Gabriel había vivido allí, y Esteban y yo íbamos siempre que teníamos ocasión)— un espléndido viaje a París, en el que incluso Gabriel pasó, creo, momentos que se parecían un poco a la felicidad.

Cuando regresó Joan de Canadá, me lo presentaron enseguida y desde aquel momento yo había comido a solas con él varias veces, y habíamos hablado de literatura y habíamos intercambiado confidencias. De modo que, cuando una noche de la feria, Carlos me conminó en el bar del Frankfurter Hof (excelso punto de encuentro de los más excelsos representantes del mundo del libro, tan exclusivo que a Jaime Salinas le escandalizó encontrarnos a Jorge Herralde, a Beatriz de Moura y a mí allí) a negarle el saludo si me lo encontraba, como era probable sucediera, bajo la amenaza de romper toda relación conmigo si no cumplía lo que me exigía, me sentí perdida y pensé que para evitar una catástrofe, pues no era capaz de negarle el saludo a Joan ni veía justificado hacerlo y no quería de modo alguno reñir con Carlos, tendría que tomar al otro día el primer avión a Barcelona.

Carlos, si había ido a Frankfurt acompañado de Ivonne, apenas salía del hotel, ocupadísimos ambos en pelear y reconciliarse, en zaherirse y amarse, verdaderos artistas en el arte, tan practicado por muchos aunque con menor destreza, de hermanar la destrucción y el amor. Compartía cenas con editores amigos —a veces con nosotros y el grupo de jóvenes italianos—, discurseaba —los ojos chispeantes, la sonrisa socarrona y una ceja levantada— en el bar del Frankfurter Hof, y, si se acercaba al recinto de la feria, con su pipa y su capa —me sorprendía que usara una prenda tan ostensiblemente en España reaccionaria—, era sobre todo para repartir besos y piropos y bromas entre las esposas de editores, agentes literarias —profesión intermedia (Carmen es la excepción) que ocupan a menudo las mujeres— y viejas empleadas, encantadas y ruborizadas.

De todos modos, yo no quería correr el riesgo de encontrármelo en la Feria y tener que darle cuentas de si había visto a Ferraté y si le había saludado o le había dado la espalda.

A la mañana siguiente telefoneé como último recurso a Jaime Salinas. Contaba Carlos que Jaime, al regresar a España desde Estados Unidos, había entrado a trabajar en Seix Barral, pero en el departamento administrativo, y que él y Jaime Gil de Biedma habían tardado meses en descubrir, tomando copas en un bar cercano a la editorial, que se trataba del hijo del gran poeta Pedro Salinas. Pero a partir de entonces se habían tratado mucho, en el trabajo y como amigos, y Jaime le conocía bien. Además era docto y solícito consejero, estaba enterado de los dimes y diretes de todo dios, sabía las normas que regían en los países supuestamente civilizados, y le gustaba interferir en las vidas de los demás, y en ocasiones resolverlas. Al parecer había apoyado la idea de que Carmen Balcells e Ivonne Barral montaran una agencia literaria, a la que Carlos cedería los derechos de sus autores, y había jugado incluso un papel importante de casamentero en la boda de Carmen.

Jaime me invitó a desayunar con él en su hotel, y estuvo amable y tranquilizador. Me convenció de que no había que hacer el menor caso de lo que dijera Barral con un par de copas y de madrugada en la barra de un bar, de que no iba a ocurrir nada (no sólo no ocurrió nada, sino que poco tiempo después Ferraté y Barral comían juntos en un restaurante de Barcelona, o sea que en este caso al Magnífico se le había pasado el berrinche), de que me quedara tranquilamente en Frankfurt y saludara a quien me viniera en gana.

Desde largo tiempo atrás las relaciones de las dos familias que compartían la empresa —los Seix y los Barral— habían sido conflictivas. Y al morir Víctor Seix, se hicieron más difíciles. Justo delante del hotel —el Frankfurter Hof, donde se alojan los grandes de la edición y requiere años conseguir habitación— pasa, o pasaba entonces, un tranvía que va en dirección contraria al resto del tráfico. Víctor salió con prisa, no miró y fue arrollado por uno de aquellos vehículos silenciosos y veloces. Lo ingresaron en un hospital, ante la consternación de todos nosotros, incluso los que apenas le conocíamos, y tardó bastante en morir. La tragedia hizo que el conflicto interno de Seix Barral empeorara. En definitiva, con Víctor siempre era posible llegar a un punto de entendimiento. Con el resto de los Seix y su gente era más complicado, pero mi opinión personal —tal vez equivocada, porque les conocía desde hacía poco tiempo— fue desde un principio que el equilibrio podía mantenerse y que todos los esfuerzos debían ir en esa dirección. Me parecía que en el fondo sus socios admiraban al prestigioso editor-poeta, y le permitían llevar adelante un proyecto editorial arriesgado (algunos opinaban que Biblioteca Breve era un lujo, un capricho de niño rico, y es más que probable que muchos títulos se vendieran mal), le proporcionaban el respaldo de una firma importante que agrupaba distintas empresas, en una de las cuales, la agencia de publicidad, había trabajado Argente, mi primer marido. No creo que ni en Biblioteca Breve ni en Formentor nadie osara vetarle, ni imponerle ni siquiera discutirle títulos. Parecía difícil para un editor vocacional, que mantenía una línea de gran calidad y coherencia, encontrar una situación más ventajosa.

Pensé entonces, y sigo pensando hoy, que Carlos no debió irse nunca de Seix Barral, e incluso creo que de hecho no albergaba intenciones de hacerlo. Habría bastado tal vez que hubiera prestado a sus socios mayor atención, les hubiera consultado y escuchado aunque tuviera decidido ya lo que iba a hacer, hubiera empleado con ellos una pequeña parte del poder de seducción que derrochaba a manos llenas con cualquiera. Pero no. Se lamentaba, se hacía la víctima, los criticaba, se enfurecía. E incluso así la sangre pudo no haber llegado quizás al río, la ruptura no haber sido tan violenta e irreparable...

Pero aquí entran en escena dos nuevos personajes: Rosa Regás y Rafael Soriano, unidos por primera vez (porque hubo una segunda, y si la primera me pareció equivocada, la segunda sería catastrófica) en una lucha común: apoyar y estimular a Carlos en sus batallitas contra los Seix y los suyos, hacerlas más duras y enconadas. Yo había oído hablar de Rosa por primera vez en el Cottolengo, porque la superiora, una Omedes, era hermana de su marido. Me contó que, poco después de la boda, pasaron por su casa a pedir limosna, y, como no tenía dinero en aquel momento y supongo que también como afirmación de principios, les dio la cubertería de plata. No sé qué opinaría el marido, pero a la superiora le pareció de perlas, y a mí también. Después coincidimos en un cursillo religioso —yo acababa de reconvertirme a un cristianismo de izquierdas— que daba un curita en las Escuelas Betania, también propiedad, creo, de la familia Omedes. Rosa tenía un aspecto deportivo y juvenil, muy vital, muy simpático, muy atractivo, ligeramente desafiante y provocador. Se pasaba las sesiones metiendo el dedo en el ojo del pobre cura, que se defendía como podía. Lo que más soliviantaba a Rosa era que, según la Iglesia, los paganos que se precipitaban bajo las carrozas de sus dioses, seguros de alcanzar así su paraíso, quedaran excluidos de él por no haber sido bautizados.

Nadie habría dicho, ni en este apasionante cursillo —presuntamente posconciliar pero apestoso a naftalina— ni tampoco en la universidad, donde cursaba Letras, que Rosa era una mujer casada (se había casado muy joven) y con varios hijos. Resultaba distinta a las demás estudiantes y supongo que tenía trastornados a los pocos chicos que pululaban por aquella facultad, compuesta en un noventa por ciento de féminas. A las chicas tal vez no las fascinaba tanto —a algunas sí, pero no a la mayoría—, porque a las mujeres, ya se sabe, nos come la envidia hasta las raíces del pelo en cuanto aparece otra más atractiva. Una noche asistimos un grupo de estudiantes en su casa a una proyección de *El acorazado*

Potemkin, que la mayoría de nosotros no había visto nunca. En aquellos años sólo veíamos cine comprometido en los fines de semana que, con el nombre de La Linterna Mágica, montaba Arnau Olivar (que se casaría años más tarde, oh sorpresa, con la denostada Rosa Seix, ¿no sería tal vez tan retrógrada como suponíamos?) en Perpiñán. Rosa Regás pertenecía a una familia conocida. Su padre, Xavier, era hombre de teatro; uno de sus hermanos, Xavier, pintor, y otro, Oriol, dueño del principal templo de la divina izquierda, Bocaccio (le consagraron su templo, pero le robaron una «c», no se puede estar en todo...). Hay una cuarta hermana, Georgina, a la que no conozco.

Rafael Soriano no pertenecía a una familia conocida y no era hombre de Letras. Trabajaba en la sección comercial y le considero un excelente vendedor. Era, y es, un tipo de una pieza, sin dobleces, apasionado e insensato. Es un tipo al que quiero, y nada más lejos de las intenciones de una dama indigna que ser objetiva. Una de sus pasiones ha sido Carlos. Convencido de que Carlos era un genio, pero de que necesitaba gente sensata a su alrededor que realizara sus geniales ideas, estuvo siempre dispuesto a consagrar todos sus esfuerzos a esta causa. Rafael tiene una lealtad natural en los perros, pero rara en los humanos inteligentes.

Pues bien, Rosa y Rafael se aliaron para apoyar a Barral, y se pusieron tan a malas con la empresa que llegó un momento en que se vieron excluidos de ella (aunque en el caso de Rafael, ignoro en el de Rosa, no se trató exactamente de un despido). Entonces —¡qué cosas, qué disparates ha visto una cuando llega a vieja!— se montó a bombo y platillos un acto de desagravio, de protesta contra la editorial y de homenaje y solidaridad con las dos víctimas. A nivel internacional, porque llegaron adhesiones de relevantes personalidades de países extranjeros. Seguramente no sabían quiénes eran Rosa Regás y Rafael Soriano, ni cuáles habían sido los incidentes que habían llevado a este final, pero apoyaban la causa de Carlos. El acto se celebró en El Sot, bar de copas frecuentado por intelectuales y por gente de teatro. Creo que asistimos todos —el local estaba lleno a rebosar—, y en el mundo del libro se enteraron hasta los ratones de biblioteca. Todo un exitazo.

Al acto de homenaje y desagravio dedicado a sus dos fieles colaboradores no podía faltar Carlos. Y no faltó. A partir de este momento no había escapatoria, no tenía otra opción que hacer aquello que llevaba años anunciando y que muchos de sus amigos opinaban debía haber hecho ya: romper con sus socios, cortar amarras y lanzarse a navegar por su cuenta, en una editorial de nuevo cuño, Barral Editores.

Confiaba en la fidelidad de su gente, que quizás fue menor de lo que esperaba, pero no de lo previsible. Muchos autores siguieron en Seix Barral. Allí publicó su nueva novela Mario Vargas Llosa. Era lo más sensato, y seguramente lo que aconsejó Carmen Balcells, que era su agente y buscó, como siempre, lo mejor para sus autores. Rosa Regás no entró a trabajar en Barral Editores, sino que montó su propia editorial, La Gaya Ciencia, donde publicó libros muy cuidados y exquisitos, entre ellos los de su amigo Juan Benet.

Y, sin embargo, pese a todo lo que he dicho y lo que diré más adelante, Carlos me parece, visto con los ojos de mi vejez, indigna pero sabia y nada propensa a mitificar, una de las mejores personas que he tenido la suerte de encontrar en mi camino. Sus defectos eran irritantes, y habrían resultado intolerables si su ternura, su profunda humanidad (Carlos Barral es uno de los hombres más humanos que he conocido), su sentido del humor, su capacidad para reírse de sí mismo, no los hubieran en mucho superado. Carlos era capaz de tener esperando una hora larga a los libreros y periodistas sevillanos y detener el viaje para probar un higo chumbo o darse un baño en una playa mediterránea para él hasta entonces desconocida, o pasar las horas en el *patinejo* lleno de moscas de una ciudad del sur, debatiendo con el representante sobre razas y cuidados y adiestramiento de perros, mientras la mujer sacaba de la cocina una fuente de pescadito frito y tres o cuatro chiquillos semidesnudos correteaban pringosos a nuestro alrededor. Ni que decir tiene que el representante y la mujer y los chiquillos y el perro y hasta las moscas, le adoraban.

16

Distribuciones de Enlace

Poco después de ser homenajeado en El Sot, me telefoneó un día Rafael Soriano y me citó con urgencia extrema. A los pocos minutos nos encontramos en un café, y me contó lo que ocurría. Carlos abría una nueva editorial y necesitaba, claro, que le distribuyeran los libros. Me pidió que retirara de Seix Barral el fondo de Lumen y me integrara en una nueva distribuidora, que iba a montar y a dirigir él. Aunque yo habría podido continuar en Seix Barral, que funcionaba bien (no me pasó por la mente una de las frases más detestables que conozco: «a mí no me han hecho nada malo») y un cambio de canales de venta es, al menos a la corta, perjudicial, no vacilé en seguir a Carlos el Magnífico, al que ni se le ocurrió que los editores que entrábamos en la nueva empresa, Distribuciones de Enlace, le estábamos haciendo un favor, que no pensó ni por un momento en darnos las gracias o en decirnos que le alegraba tenernos a su lado. Juraría que ni siquiera me dio las gracias cuando le envié una pipa preciosa, de ámbar y espuma de mar, que, en el peor momento de su crisis, recorrí todos los anticuarios que conocía para conseguir. Le parecía natural lo que se hacía por él, del mismo modo en que no solía enfadarse por lo que se dejaba de hacer por él, ni siquiera contra él, salvo cuando se trataba de los «malos de la película», como eran en aquel momento algunos miembros de los Seix o Joan Ferraté, y sería más adelante Paco Gracia.

Así nació Distribuciones de Enlace, sociedad de la que formaban parte ocho editoriales: Barral Editores, con Carlos a la cabeza; las jovencísimas Anagrama y Tusquets, fundadas y dirigidas respectivamente por Jorge Herralde y Beatriz de Moura; Edicions 62, pionera de las ediciones en catalán, con José María Castellet de director literario, y Oriol Bohigas como presidente; Laia, con Alfonso Carlos Comín; Fontanella, con Paco Fortuny; nuestros amigos de Madrid, Cuadernos para el Diálogo, representada por Pedro Altares y Rafael Martínez Alés, vinculada políticamente con Joaquín Ruiz-Giménez, y editora de la revista de su mismo nombre, muy influyente en aquellos años, y Lumen.

Basta leer los nombres de las editoriales y de las personas que las dirigían para constatar que Enlace era un caso único, muy distinta en los objetivos y en el modo de trabajar de las otras distribuidoras. Un grupo de editores independientes, contrarios al régimen franquista (dentro de tendencias muy diversas: nacionalistas, miembros del PSUC, socialistas, cristianos de izquierdas), con un toque de sofisticación y exquisitez —varios pertenecían a la *gauche divine* y casi todos éramos amigos—, ocho editores atípicos, más intelectuales que hombres de empresa, convencidos de que una editorial no era simplemente un negocio más, como cualquier otro, y de que vender libros no era lo mismo que vender chorizos o neveras. Convencidos de estar llevando a cabo una importante misión política y cultural. Era poco frecuente encontrar un editor así, ¡y nos habíamos unido ocho!

Nos reuníamos en el nuevo restaurante, diseñado por Oriol Bohigas, que había abierto Mariona, independizándose de su hermano, que ha seguido regentando hasta hoy el mítico Estevet, próximo a la ronda San Antonio, al que todavía vamos algunas veces. El nuevo restaurante, sin embargo, con más pretensiones y precios más altos, no consiguió imponerse, pese al apoyo que le prestaron los muchos amigos de Mariona y los miembros de la *gauche.* Los editores de Enlace, junto con Rafael Soriano y algún otro jefe de la distribuidora como Faustino Linares y Vicente Leal, celebrábamos allí nuestras reuniones. Nos servían el almuerzo en un reservado, y aquellos almuerzos figuran entre los más divertidos e interesantes en que he participado.

Hablábamos, claro está, de libros —Rafael Soriano nos llamaba al orden de vez en cuando, si llevábamos demasiado tiempo tratando temas que nada tenían que ver con el trabajo, aunque nadie tenía demasiada prisa y solíamos terminar pasada ya media tarde—, cada editor exponía su programación, se discutían los problemas que teníamos planteados, los editores nos quejábamos de las deficiencias de la distribución, los vendedores de las nuestras, y surgían proyectos comunes. El más importante fue Ediciones de Bolsillo, una colección conjunta a la que cada sello aportaba los títulos que consideraba más adecuados. No recuerdo por qué motivo, seguramente pijotero, me enfadé con Carlos, que imponía sus decisiones sin escuchar a nadie, y saqué algún título de bolsillo fuera de la colección conjunta. Por culpa de estas negativas de Barral a tener en cuenta las opiniones ajenas, Anagrama, Tusquets y Lumen quedamos, en la zona de Madrid, fuera de Enlace. Ocurrió que Barral tenía en Madrid a un hombre muy valioso, Patón, pero nosotros teníamos a Miguel García, de Visor, la primera persona, la única, a la que le habían gustado los libros de Lumen, había aceptado ocuparse de ellos y se había movido para venderlos. Yo, ni siquiera ahora, en mi vejez indigna, he perdido la memoria. Si Ana María Matute afirma: «Yo no perdono, lo que pasa es que olvido» (y es verdad: no sólo olvida lo que ha ocurrido, sino que inventa un pasado que no existió jamás y que se enmaraña con la realidad en un revoltijo donde uno se pierde casi sin remedio), yo perdono (qué palabra horrible), se desvanece la furia sin dejar ni siquiera un rescoldo de rencor, pero no olvido. Es uno de los defectos que me hacen antipática, y últimamente, cuando alguien me relata una historia que yo presencié y que no fue así, o cuenta un incidente sin recordar que cuatro días antes lo contó justo al revés, callo y asiento, ¿qué más da? Todos tenemos derecho a inventar un pasado distinto, si el que tuvimos fue doloroso, o frustrante, o simplemente no nos gusta. Sólo me inquieto, y mucho, cuando somos mi hermano y yo los que recordamos distinto algo que vivimos juntos.

En fin, yo no he olvidado nunca que Miguel fue el primero que aceptó nuestros libros, y me negué en redondo a que fuera Patón nuestro distribuidor, sin que hubiera al menos una discusión previa en que opináramos todos, pero Carlos dictaminó que había cuestiones no opinables. Decidía él y punto. Ante el escollo de la infalibilidad del pontífice, los editores de Enlace nos distribuimos en Madrid por dos canales distintos.

En los almuerzos de Enlace se hablaba también muchísimo de política. Alfonso Carlos Comín comparecía a menudo con una noticia fresca, recientísima, que todavía no se había difundido por los medios, o lanzaba a veces afirmaciones contundentes, que no admitían réplica, que obedecían a un giro en la política del país, y que, como yo nunca estaba al día de lo que ocurría, pero en cambio recordaba (¡esa maldita memoria mía!) haberle oído afirmar con idéntica contundencia lo contrario en una comida anterior, me dejaban perpleja e incluso escandalizada. Carrillo pasaba de ser el mejor político español del último medio siglo a ser «el execrable verdugo de Paracuellos», aunque me parece que invierto el orden: primero fue lo de verdugo y después lo de magnífico político. Nuestros hombres en Madrid —Pedro Altares y Rafael Martínez Alés— también aportaban noticias frescas y desconocidas por nosotros, pero de otro tipo, chismes de la Villa y Corte; estaban, y seguirían estándolo tras la muerte de Franco, más cerca del meollo donde se cocían los acontecimientos, conocían a los miembros del gobierno, sabían sus trapos sucios, lo que se murmuraba en las reuniones ministeriales, en los pasillos de las Cortes...

En los almuerzos de Enlace se hablaba de literatura, de arte, de lo que ocurría en el mundo y en casa, de frivolidades. Barral, siempre brillante, ocurrente, divertido; Castellet, un poco más distante y socarrón; Herralde, deslizando en sordina sus incisos sarcásticos, sus pequeños dardos a veces envenenados, un poco solapado y cauto, lejos aún de la augusta serenidad que ahora le envuelve, pues, si pienso en Carlos como en un duque renacentista, tan creativo, inteligente y atractivo como irresponsable, frívolo, egocéntrico y vulnerable, veo a Jorge como un sereno emperador romano que lo tiene todo, hasta los últimos confines de sus dominios, bajo su control, incluidas sus propias debilidades. Polemizábamos, chismorreábamos (Jorge se moría si no estaba al corriente de todo, curioso como el que más), coqueteábamos, reíamos... Dios mío, cuánto reíamos entonces, y cómo hemos ido perdiendo entre tantas otras cosas la risa... Me pregunto si Beatriz conservará aquella risa desmesurada, estruendosa, que se oía de un extremo a otro de la Mariona, y me digo que es posible que sí, es posible que la hermosa brasileña y brillante editora siga riendo como reía hace más de cuarenta años.

Frivolidades aparte (y haberlas las había: el diseño de la colección de bolsillo se discutió horas y horas, hasta el amanecer, en el salón de la casa de Oriol Bohigas, debido a constantes interrupciones, porque uno de ellos se sentaba a improvisar al piano, o porque Carlos, caprichoso y mandón, amenazaba con retirarse del proyecto si no renunciábamos a la tipografía que había elegido el grafista de turno, ¡jamás permitiría que uno solo de sus libros se imprimiera en una letra asexuada como lo era la Futura!), pienso que Distribuciones de Enlace constituyó un fenómeno sorprendente, y que jugó un papel real en la vida política y cultural de la España de la última etapa del franquismo.

Si la extrema derecha no lo hubiera considerado así, si no hubiera visto en nosotros una amenaza, no se habría molestado en hacer lo que hizo. El 2 de julio de 1974, el local de Enlace fue destruido por una bomba incendiaria. Lo cuenta así *La Vanguardia*: «Un aparatoso incendio, motivado por la explosión de un artefacto, se registró en la madrugada de ayer, en los bajos del inmueble número 18 de la calle Bailén, donde está ubicada una parte de las instalaciones de la empresa

Distribuciones de Enlace. El artefacto, con un aparato de relojería, colocado en una de las dos puertas de entrada, estalló sobre las tres de la madrugada, incendiándose seguidamente los líquidos inflamables que llevaba incorporados, con lo que el fuego se propagó por el interior y afectó a buena parte de las instalaciones. Los bomberos trabajaron varias horas para evitar que el fuego se propagase a otros pisos... Tan pronto tuvo conocimiento del hecho, el director general de Cultura Popular, señor de La Cierva, transmitió a la empresa su profundo pesar.»

Lo extraordinario es que Carlos el Magnífico, que había sido el artífice de la idea que regiría Enlace, consiguiera, con el apoyo inestimable de Rafael Soriano, su sumo sacerdote —y no hubo nunca otro más leal y entregado—, imbuir este convencimiento en los empleados, de modo que representantes, vendedores e incluso libreros tenían la certeza de estar colaborando en una causa importante, donde el dinero no era lo fundamental. Si la venta de nuestros libros no les alcanzaba para vivir, lo complementaban distribuyendo además conservas, electrodomésticos o cualquier otra mercancía, pero lo importante eran los libros. Ya he dicho que nuestro príncipe renacentista —tan poco responsable en otros aspectos— sabía levantar auténticos espíritus de cruzada. ¡Había que ver lo que fueron, sobre todo los primeros años, las convenciones nacionales de representantes, o incluso las reuniones con libreros! El respeto con que nos acogían y nos escuchaban, sin culparnos nunca de los fracasos, sin poner en duda lo que les decíamos... Yo no lo valoraba debidamente entonces, pero, cuarenta años más tarde, al comprobar cómo discurrían estos actos en grandes grupos editoriales, quedé admirada.

Una de las innovaciones introducidas en Enlace fue que, en grupos de dos o de tres editores, y acompañados de Soriano, hacíamos frecuentes recorridos por España, para promocionar nuestros fondos y sobre todo las novedades de los meses siguientes. La reunión más importante solía tener lugar en el hotel donde nos alojábamos, y a ella asistían, además de libreros y distribuidores, un montón de escritores, intelectuales, curiosos y amigos. Ya al llegar, había siempre en el vestíbulo de los hoteles tres o cuatro poetas o novelistas que esperaban emocionados a Barral (si formaba Barral parte de la expedición), y un grupito de jóvenes rebeldes, de aspecto inconfundible, que, ante el desagrado de la futura dama indigna, que en aquel entonces todavía no había pasado del ateísmo al agnosticismo, creían no en uno sino en dos dioses —Marx y Jesucristo— y esperaban emocionados a Comín (si figuraba Comín, lo cual era menos frecuente, en la expedición).

Teníamos reuniones con los libreros y visitábamos sus establecimientos, convocábamos ruedas de prensa, íbamos a las emisoras de radio y a la tele, comíamos con amigos. En localidades pequeñas constituíamos un acontecimiento. Y algunas veces era fatigoso, pero casi siempre lo pasábamos bien. Disponíamos de tiempo, además, para charlar largamente entre nosotros.

Fue en el curso de estos viajes donde tuve ocasión de conocer mejor a Carlos el Magnífico, príncipe de los seductores, en sus facetas divertidas, brillantes, cariñosas, amables y en sus aspectos irritantes de niño caprichoso, egocéntrico e irresponsable. En uno de los viajes nos abandonó en Zaragoza, que era la primera etapa del itinerario previsto. Tuvo una de las frecuentes peloteras con Ivonne, en este caso por teléfono, y —ante la desesperación de Soriano, porque la «atracción principal» de la gira era sin duda Barral y sin él quedaba el equipo reducido a mí, mucho más novata y en absoluto famosa, y a un jovencísimo Félix de Azúa, muy en la línea de Carlos pero que no le llegaba todavía ni a la suela de los zapatos—, regresó inmediatamente a Barcelona, imposible saber si para reconciliarse o para enconar más la pelea. A Carlos le encantaba sostener unas conversaciones farolíticas con Félix, basadas en un brillante intercambio de frases ingeniosas. Yo asistía al espectáculo como si se tratara de un partido de tenis y, si el juego se prolongaba mucho, me aburría y casi me mareaba.

Y una buena mañana me encontré metida en un coche con Carlos y Rafael, camino de Valencia y de Andalucía. Rafael nos trataba como tratan las mujeres listas y experimentadas a los hombres: como niños y como dioses. Nos atribuía cantidades ingentes de talento (sobre todo a Carlos, claro está), pero también una grave carencia de sentido práctico, de responsabilidad y de sensatez. De modo que —con delicadeza y con cariño— nos dirigía, administraba y, hasta donde era posible, nos controlaba.

Carlos manifestó de entrada que sólo se sentía seguro si conducía él, se sentó al volante y avanzamos a un promedio de cuarenta kilómetros por hora. Era lo más similar a un viaje del siglo XIX, a recorrer los campos de España a lomos de mulas. Todo nos admiraba, nos sorprendía, todo era un buen pretexto para hacer un alto en el camino, mientras Soriano, en el asiento trasero, se mordía impotente los puños y nos repetía por milésima vez que llegábamos tarde.

En efecto, llegábamos tarde a todas partes. Pero no importaba demasiado, porque nos esperaban pacientes en todas partes personas que admiraban a Carlos y le querían y le hubieran aceptado cualquier cosa... A fin de cuentas la puntualidad era la cortesía de los reyes, pero nadie se la iba a exigir a los dioses.

Al llegar al hotel subía unos momentos a su habitación. A veces nos llamaba, para discutir algún detalle que se le acababa de ocurrir y nos recibía en la bañera, cubierta hasta los bordes de perfumada espuma. Y hablaba y hablaba, y le escuchábamos de pie en el umbral del baño. A Rafael no le gustaba que me recibiera así, no le parecía correcto, aunque de Carlos sólo asomaban a un extremo su cabeza de sátiro y, al otro, las puntas de los pies. Muy formal y tradicional Rafael en estas cuestiones.

Después Carlos bajaba a sentarse en un rincón del bar. Con una sonrisa benévola y un vaso más que mediado de whisky en la mano, atendía a dos o tres periodistas y era asediado enseguida por los jóvenes, o no tan jóvenes, poetas de la localidad. Decían en aquel entonces las malas lenguas que los jóvenes poetas que acudían con sus versos a Jaime Gil de Biedma salían de su despacho o de su casa deshechos en llanto; doy fe de que salían radiantes y fascinados de sus entrevistas con Barral: sospecho que Jaime les tomaba en serio y que a Carlos le traían sin cuidado.

A mí aquel vaso de whisky siempre renovado me molestaba un poco, porque el primer día habíamos parado, a la hora de comer, para tomar un batido, y por la noche habíamos cenado, cerca del hotel, otro batido y un vaso de horchata, y al mediodía siguiente —todavía estábamos en Valencia— almorzamos, de pie ante un tenderete del paseo, dos horchatas gigantes, y cuando, a la noche de la segunda jornada, se me propuso una cafetería para la cena, pregunté si íbamos a alimentarnos de batidos y horchatas durante todo el viaje. Carlos quedó muy sorprendido, y explicó que él tenía úlcera, que seguía una dieta de productos lácteos y que no se le había ocurrido que a nosotros nos podía apetecer algo distinto.

Después de tanta dieta parcialmente compartida, y de tanto discursear yo con los cocineros de hoteles y restaurantes, en un intento inútil de que hicieran para Carlos esa sencilla sopa de arroz con aceite y ajo que en mi casa sanaba todos los males, me irritaba un poco que nuestro poeta-editor, guapísimo, recién salido de la bañera y con una camisa negra generosamente abierta sobre el pecho dorado, enarbolara de inmediato el primer whisky de la tarde. «Se lo chivaré a Ivonne», amenazaba yo. Ivonne tenía que reunirse con nosotros en Sevilla. Pero Carlos me dedicaba su mejor sonrisa, la mirada traviesa de sus ojos claros. «No te atreverás», decía.

Además de recorrer carreteras secundarias pero pintorescas a cuarenta por hora, y detenernos, porque Carlos quería que bajarse a coger para él un higo chumbo —no había probado nunca ninguno—, o para recoger a una autoestopista irlandesa, pelirroja, con pecas, jovencísima, que le recordaba a la reina Ginebra, o porque le era imprescindible, absolutamente imprescindible, meter un pie, al menos un pie, en el Mediterráneo, además de visitar librerías, y hablar con periodistas, cerrar el último local de todas las ciudades (momento en que Carlos, aunque fueran las cuatro de la madrugada, nos reprochaba abandonarle tan temprano en la soledad de su cuarto), además de todo esto, celebrábamos las reuniones con distribuidores y libreros que eran el objetivo del viaje.

Después de hacerlo varias veces, le habíamos tomado el tranquillo y seguíamos un esquema siempre parecido. Nos presentaba y abría el acto Rafael Soriano. Habíamos acordado que hablaría yo a continuación. Empezaba refiriéndome a lo que había supuesto Carlos el Magnífico para mi generación, a la espléndida labor que había llevado a cabo, a lo orgullosa que me sentía por figurar a su lado, y pasaba a exponer luego ordenadamente, como una niña aplicada que hace bien sus deberes —impuestos en este caso por Soriano—, el programa editorial de Lumen. Después llegaba el turno de Carlos, y hablaba de lo que le venía en gana: del Mediterráneo y Ulises, de lo que era un editor vocacional, de que tan castellano era el que se hablaba en Santiago de Chile, como el que se hablaba en Santiago de Compostela o en Santiago del Estero, o de que había cuatro grandes nombres en la narrativa del siglo XX: Proust, Kafka, Joyce y... (aquí seguía un nombre que no me sonaba en absoluto, me temo que ni a mí ni a nadie, pues nos sumía a todos en la perplejidad y en la mala conciencia de nuestra inconmensurable ignorancia, ¿cómo podíamos no conocer ni el nombre de un novelista de la talla de Proust, de Kafka o de Joyce?). Con un poco de suerte —y entonces Soriano suspiraba feliz—, Carlos nos hablaba de los libros que iba a publicar. Pero ni una sola vez agradeció mis elogios, me devolvió mis cumplidos, se refirió a mí o a Lumen.

La última jornada, Carlos se empeñó en hacer noche en Mojácar, y al día siguiente, pasadas las ocho de la tarde —los representantes, los libreros, los periodistas, la flor y nata de la intelectualidad, un montón de escritores y de amigos, aguardaban desde las siete—, llegamos los tres, sudorosos y exhaustos, al hotel de Sevilla.

Ivonne nos esperaba impaciente en el vestíbulo, y allí mismo, tras un beso apresurado, se lo largué todo de corrido y sin tomar aliento: que su marido había pretendido matarnos de hambre con una dieta de horchata y batidos (me callé lo de los whiskies), que había intentado hacernos morir de sueño alargando las noches hasta el amanecer en unos siniestros tugurios pueblerinos, que incluso me había hecho bailar, ¡a mí!, un pasodoble torero, para que vieran los andaluces que los catalanes nos atrevíamos con algo más que con las sardanas (la verdad es que no habíamos quedado nada mal, pero esto no lo dije), que traía yo las manos deshechas de batallar con un higo chumbo, que había aceptado Carlos mis públicos elogios sin corresponder ni darme siquiera las gracias, con la naturalidad de un dios al que le fuera todo debido, y que para colmo había logrado hacer que me sintiera una analfabeta miserable al citar, junto a los nombres de Joyce, Proust y Kafka, un cuarto nombre incomprensible, que trataban de anotar con disimulo y seguro que sin éxito los poetas locales y que a lo mejor ni existía y acababa de inventar. No se trataba de que fuera egoísta, ¡se trataba de que no podía abandonar ni por un instante la íntima convicción de constituir el centro del universo, convicción que nos había sido a todos arrebatada antes de hacer la primera comunión!

Ivonne me cogió cariñosa por los hombros, me dio la razón en todo, le dijo a Carlos que era un monstruo (pero se nos escapaba la risa a los tres), nos mandó directos a la ducha, y diez minutos después estábamos sentados ante el público, y el miserable Magnífico (todos los duques y condes de la Italia renacentista eran algo miserables), la camisa negra abierta sobre el pecho, una cadena de oro al cuello, la pipa en la mano, preparaba su discurso sobre Santiago de Chile, Santiago del Estero, Santiago de Compostela, sobre los cuatro grandes novelistas del siglo XX, y yo decidía que esta vez no los iba a citar a él ni a su editorial para nada.

17

Un cambio fundamental e inesperado

Desde muy niña, hasta donde alcanza mi memoria, yo había sabido que no quería tener hijos, y lo decía. Mientras fui pequeña, todos se rieron y lo encontraron divertido: cosas de críos. ¿Prefería libros a muñecas? Pues me regalaban libros... y también seguramente muñecas, pues recuerdo que una de las estanterías del cuarto de juegos estaba ocupada por una hilera de muñecas, sentadas una junto a otra, bien apretaditas para que no robaran más espacio del imprescindible a los libros. Sólo una, la más fea, me interesaba, y no por fea, sino porque había sido de mi madre y ella decía que tenía mucho valor, por ser de celuloide y no del material habitual en la posguerra, de modo que le hacían ropa bonita y se le daba un trato especial. Pero a mí lo único que de verdad me gustaba eran los perros, los libros, el cine, el teatro y el mar (lo mismo que ahora, vaya).

Y luego nunca tuve que plantearme ni discutir el tema de la maternidad. Quizás, inmersa en una historia romántica, alimenté por un momento la fantasía de tener un hijo del hombre al que amaba, pero no pasó de ser eso: una fantasía momentánea. Jordi lo tenía tan claro como yo (el futuro demostraría que más) y por ello pudimos basar el recurso de anulación matrimonial en la decisión de no procrear. Mis padres se mantuvieron siempre al margen: a mamá no le gustaban los niños y además le hubiera parecido un error tenerlos con aquel marido mío que cada día le merecía peor opinión, y papá era demasiado discreto y respetuoso para tocar el tema.

Cuando le conocí, Esteban tenía ya dos hijos adolescentes —Edgar y Elena (la madre iba contando que le había puesto yo a mi hija el nombre de Milena, para que fuera «mi Elena»— y, si alguna vez se mencionó la posibilidad de tenerlos conmigo, siempre dijo que le parecería bien lo que yo decidiera. Yo apenas pensaba en ello. Y, sin embargo, un día cualquiera, sin que hubiera ningún motivo especial, me dije a mí misma: «¿Y por qué no?» Tal vez traer hijos al mundo fuera un disparate, y desde luego era un riesgo extremo, adquirías un compromiso que jamás podrías soslayar, tener hijos (creo que lo dijo Kennedy) era entregar rehenes al destino, pero si lo hacía la mayor parte de la humanidad, ¿por qué yo no?

Me llevó muy poco tiempo decidir que sí y comunicárselo a Esteban. Quedaban dos cuestiones por resolver: la médica y la jurídica. Sentía de niña auténtico pánico al dolor físico y tal vez influyera en mi renuencia a la maternidad el terror al parto. Ahora no era ya tan miedosa, pero quería asegurarme de que iba a sufrir lo mínimo. Fui a tres médicos y les pregunté. El primero, muy famoso, me largó un discurso sobre la relatividad del dolor, el importante papel que representaba nuestra actitud psíquica y el poder de la mente. El segundo, muy famoso también y miembro de la izquierda más divina, entendió que yo sentía un miedo simbólico, ancestral, casi metafísico, y sacó un montón de libros con imágenes de partos en tribus primitivas. El tercero, menos famoso y además creyente, me dijo que algo me iba a doler, porque no podía anestesiarme hasta que la dilatación alcanzara determinados centímetros, so riesgo de que se interrumpiera y hubiera que despertarme y volver a empezar, pero que —si yo lo había decidido así—, al llegar a ese punto la dilatación, me dormiría y ya no me enteraría de nada. Elegí, claro está, al tercero, y fue una buena elección.

El problema jurídico tiene mucha más miga, porque no se trata sólo de una anécdota de mi vida privada, sino que da una imagen muy curiosa de hasta qué punto era todavía un disparate la realidad cotidiana de la España de los 70. La ley prohibía que un hombre casado reconociera hijos fuera del matrimonio. O sea que Esteban no iba a poder reconocer a los nuestros. Pero esto no era lo peor: lo peor era que, al estar todavía vigente mi matrimonio con Jordi (¡cuánto lamenté entonces no haber acelerado el proceso de anulación!), los niños llevarían automáticamente el apellido Argente. Y esto era para todos nosotros inadmisible.

Alguien me aconsejó que fuera a ver al juez que dirigía el Registro Civil. Moviéndose siempre al borde de lo que permitía la ley y utilizando hábilmente los agujeros inesperados que encontraba en ella, había conseguido entre otras cosas el permiso de residencia para un montón de emigrantes. Fui a ver, pues, al juez, y me admiró constatar una vez más los grandes cambios que puede llevar a cabo un solo hombre. El último de sus empleados te daba un trato inusual en los organismos oficiales.

Él te escuchaba con atención, retenía los casos que podía resolver y te aconsejaba a quién recurrir si caían fuera de su jurisdicción. Mi caso caía de lleno en ella.

Respiré aliviada, y empezó a explicarme los pasos que debía dar para que el niño llevara el apellido de su padre real y no de mi marido.

El primer paso me dejó helada. Cuando naciera el bebé, alguien, el propio Esteban, debía ir al registro e inscribir el nacimiento en tal clínica y a tal hora de un niño —o niña— *de padre y madre desconocidos.* «Pero ¡no lo van a admitir!», protesté asustada. «Lo admitirán.» «Pero querrán saber un montón de datos: quién eres, qué papel desempeñas en la historia, cómo te has enterado.» «De eso nada. Sólo querrán saber qué nombre ficticio inventas para los padres. Y, dado que valen todos, Esteban coge el Listín Telefónico, lo hojea un poco y sugiere que el padre podría llamarse Esteban Busquets y la madre Esther Tusquets.» Yo estaba ahora aterrada: «No puede ser. Aunque lo acepten, a los dos días vendrá a casa la policía, con alguien que tenga un cargo en el servicio de Protección de Menores, o algo parecido, y me quitarán a mi hijo. ¿Cómo van a aceptar que vague por ahí un niño de padre y madre desconocidos, sin que el Estado se haga cargo de él, o averigüe al menos con quién está y dónde y cómo se encuentra?» Y el juez: «No te preocupes. Te garantizo que no puede pasaros nada, ni a ti ni al niño. Después, unos ocho días más tarde, va Esteban con dos o tres amigos al registro y constituyen una tutoría para el doble huérfano, presidida por el propio Esteban. Entretanto tú tienes que reconocer al pequeño, y el modo más sencillo y más barato es ir a un notario y hacer un testamento dejándole heredero como hijo tuyo. Y ya casi hemos llegado al final. Sólo que, al reconocerle, tendría que llevar tu apellido —Tusquets— en primer lugar, y, para que no ocurra, escribes una solicitud, alegando que en la guardería y en el barrio le conocen ya como Busquets y que, para evitar escándalo y habladurías, es mejor dejar los apellidos como están. ¿Lo has entendido?»

Sí lo había entendido, pero me parecía cosa de locos. Y al temor, común a tantas madres, de que el bebé naciera con alguna malformación se sumó el miedo a que me lo quitaran. Aunque ninguno de ambos miedos me llegara a quitar el sueño.

Quedé embarazada el primer mes que me lo propuse, con gran alegría de Esteban, de mi padre y tal vez incluso de mamá. Como yo era una pedante y no tomaba en serio el número que se montaba en torno a las embarazadas, sus molestias y sus «antojos» (me fastidiaba, eso sí, un montón que en la clínica me calificaran de «primípara tardía»), ni se me ocurrió alterar ninguno de mis planes, el primero de los cuales consistía en un viaje de trabajo por América Latina, con dieciséis vuelos amontonados en poco más de veinte días. Y sólo cuando, al cuarto día, vomité un poco antes de bajar a desayunar, me pareció raro y pensé que aquello no me ocurría nunca; y sólo cuando, mientras trepaba por la escalera interior de una pirámide de Yucatán, me acometió tal ataque de claustrofobia que escapé enloquecida escaleras abajo, abriéndome paso a golpes y empujones entre los turistas, constaté que estaba embarazada de tres meses y que era humana.

De todos modos, subí a Cuzco y a Machu Pichu, y me bañé en Río de Janeiro. Me gustó mucho bañarme allí, bajo el Pan de Azúcar, llevando a un futuro bebé en la barriga. Telefoneaba a Esteban todas las noches y eran llamadas interminables, no porque hubiera mucho que contar, sino porque me sentía muy sola, allí, tan lejos, al otro extremo del mundo.

El viaje resultó duro y aburrido, interminable, y mi

padre, como compensación, nos regaló un viaje de cuatro días en Venecia a mí y a Esteban. Pudimos saludar una vez más a nuestros viejos amigos los Tetrarcas, pasear de noche por la Via Sciavoni, oyendo el golpeteo de las góndolas allí amarradas, pasear por las zonas menos turísticas que tanto nos gustaban, comer espaguetis carbonara en La Colomba, y pasarnos las horas muertas en el Florian y en los otros cafés de la plaza. Allí acabamos de decidir —lo habíamos hablado largo y tendido por teléfono durante mi viaje y yo había confeccionado las guías telefónicas extrayendo nombres de los listines que solía haber en las habitaciones de los hoteles— que, si era niña, se llamaría Milena (por Kafka claro, no por mi-Elena). Si era chico, dudábamos aún entre dos o tres posibilidades.

Justo en aquellos meses estaba también Vida embarazada (ya he comentado estas frecuentes coincidencias en nuestras vidas paralelas). Después de la niña que nació muerta, había tenido un hijo, Óscar, que nació con total normalidad, y ahora esperaba al segundo. Tendría que haber nacido después que Milena, pero el feto empezó a perder vitalidad y decidieron, asustados por el precedente de la niña, adelantar el parto. O sea que las dos estuvimos al mismo tiempo hospitalizadas, con un nuevo bebé, telefoneándonos de clínica a clínica.

Después de tantos años aterrorizada por los dolores del parto, en ningún momento pasé miedo. Guardo un recuerdo idílico de la clínica: montañas de ramos de flores, de visitas, de regalos. Ana María Matute había dicho que me iría a ver todos los días, y creo que lo cumplió, aunque estuve allí una semana. Era una delicia no tener que ocuparse de nada. Me traían a Milena, cambiada de ropa, comida, tranquila, en una cunita de cristal.

Lo duro fue la vuelta a casa. Si no se me había ocurrido que el embarazo podía causarme algún trastorno, tampoco pensé que cuidar de un bebé, teniendo como única ayuda una muchacha que iba tres horas por la mañana a limpiar, podía afectar mi trabajo. Ni lo pensó mi padre; ni lo pensó, me parece, nadie. No sé cuántas veces he oído decir a lo largo de mi vida: «Tú puedes con todo.» Lo cierto es que, al llegar con Esteban y con el bebé a mi casa, teniendo bien planeado cómo había que actuar para que no se pusieran celosos nuestros perros (que de todos modos no lo hicieron: jamás mis perros han creado el menor problema con mis niños, sino todo lo contrario; igual que en los humanos, los celos nacen del temor a perder al ser amado, y ellos sabían que no iban a perder ni un ápice de mi amor, que mi compromiso con ellos era irrevocable), no pude subir al piso, porque en el vestíbulo de la casa, ante la puerta de la editorial, me esperaba en pie un impresor, con unas pruebas en la mano que yo debía corregir de inmediato. Y allí me quedé, corrigiendo pruebas, mientras Esteban subía a depositar a Milena en su preciosa cuna de mimbre.

Estoy absolutamente convencida de que la mujer debe compaginar su profesión y la maternidad, de que ambas son irrenunciables, aunque en algunos momentos no resulte fácil. Y, si me he reprochado a menudo no haber sido una buena madre, no creo que esto tenga mucho que ver con mi trabajo profesional. Por otra parte, tengo presentes varias ocasiones en que les fallé y por las que me siento profundamente culpable, pero lo curioso es que no son éstas las que me echan en cara (ni siquiera las recuerdan), sino otras de las que yo no guardo memoria y que a veces juraría no son ciertas... Todos nos inventamos un pasado y raramente coinciden. ¿Por qué no iban mis hijos a inventarse el suyo? Y no quiero iniciar aquí una guerra de fantasmas, en la que ninguno cambiaría su versión, y en la que yo jugaría con ventaja porque ellos no tendrían voz. Y no sé por qué hablo de ventaja, cuando en cualquier guerra ellos, únicamente ellos, me tienen vencida, aunque no lo sepan ni lo crean, de antemano.

No sé si puedo con todo (me parece que no), pero soy muy reacia a cambiar planes. Desde el momento en que decidí ser madre, di por sentado que serían dos, y sólo tenía Milena cuatro meses (habíamos seguido las instrucciones del juez al pie de la letra y sin problema y en su certificado de nacimiento figuraba como Busquets Tusquets, hija de Esteban y de Esther) cuando volví a quedar preñada. Me aseguré, eso sí, de que una persona vendría a cuidar de los niños por las noches. Parí —de nuevo sin excesivo sufrimiento— un niño espectacular. Grandísimo, precioso. Enfermeras de otras plantas de la clínica venían a mi habitación para verlo y mi madre podía darse por satisfecha: tenía dos nietos guapos, y que no parecían del país, muy nórdicos. Trejo, el poeta argentino del que quizás hablaré más adelante, decía que Milena, pecosa, pelirroja y con una nariz importante, parecía una irlandesa judía, y Néstor, atlético y casi albino, un miembro de las SS. Sauleda, el pediatra, un hombre sabio, inteligente y bueno, entregado a los demás, uno de esos pocos personajes que logran que en el planeta Tierra la vida sea tolerable, examinó al bebé con evidente satisfacción y me anunció que aquel niño estaba ya medio criado y no me iba a dar ningún trabajo. ¡Qué alegría! Pero los sabios también se equivocan...

El niño pilló una otitis para la que no se encontraba solución. Estaba acribillado a inyecciones de antibióticos, y todas las mañanas la almohadita de la cuna aparecía inundada de sangre y pus. Néstor (finalmente se llamaba Néstor) comía bien, engordaba, no presentaba síntomas de sufrir dolor, pero la infección no mejoraba. El otorrino, a quien Sauleda interrogaba impaciente y preocupado todas las mañanas, cuando coincidían en el hospital, no sabía qué intentar. Decidió hacerle una limpieza diaria y profunda del oído, festivos incluidos, y eso sí dolía. El médico y yo estábamos desesperados. Mi madre, siempre simpática y optimista, decía: «Como todavía no ha aprendido a hablar, además de sordo será mudo.» Maravilloso. Por suerte al llegar el verano y operarle de vegetaciones, la otitis desapareció.

Entretanto su hermana no comía. Sauleda opinaba que no había que forzarla ni que preocuparse. Y yo no la forzaba pero sí me preocupaba. Al terminar el día anotaba en una libreta lo que había comido durante toda la jornada: tres cucharadas de papilla, medio yogur, un vasito de naranjada. Y todas las noches se despertaba a las tres en punto y berreaba enloquecida y enloquecedora hasta las cuatro en punto. Dormía con Esteban; sin embargo, me tocaba a mí, que dormía a ratos en mi cama y a ratos dormitaba en el sofá de la sala, intentar que comiera algo a las doce de la noche y a las siete de la mañana. La chica que habíamos contratado para las noches dormía en el otro dormitorio con Néstor, que chorreaba pus sin chistar, pero al que todavía había que prepararle un biberón cada cuatro horas. Yo estaba tan cansada que lloraba si tenía que dar un paso. El médico me pidió un análisis de sangre y reveló una anemia intensa. Estaba claro que no podía con todo: dos embarazos y dos partos seguidos, sin tener apenas ayuda en casa, sin abandonar el trabajo de Lumen, me habían dejado para el arrastre. No entiendo que mis amigos y mis padres no se dieran cuenta antes.

La chica que venía por las noches, Célica, era entonces o había sido hasta hacía muy poco o estaba dejando de ser la compañera de Cristina Peri Rossi. Acababan de llegar de Uruguay, con otra amiga que apenas conocí y que era la tercera en discordia, y Cristina trabajaba en Lumen. Entre tanto biberón, y almohaditas con pus, y llantos nocturnos, y celos de mi pareja (porque los celos no habían aminorado), eran para mí una liberación. Estaban bastante más locas que yo, se atrevían a más —yo diría que se atrevían a todo, pisaban muy fuerte las uruguayas y estaban convencidas de que todo se les debía—, se divertían más —montaban unos números de folletón televisivo de sobremesa que le hubieran encantado a Terenci—, intentaban vivir a tope el arte, el sexo y la revolución. Cristina era además una excelente escritora. De clase obrera y partido comunista. Célica era una niña bien, había estado casada, era tupamara, lo bastante insensata para robar documentos oficiales del departamento del gobierno donde estaba infiltrada. «¿Qué tal va la tupamara?», preguntaba divertido Sauleda, profundamente religioso pero en absoluto escandalizado de que le confiáramos nuestro bebé a una presunta terrorista.

La tupamara era una gran ayuda, una noche sin ella era una catástrofe, pero llegó el 1 de mayo y se negó a trabajar. Por principios, claro. Imploré en todos los tonos posibles, dije que era un asunto personal, no laboral, que era un favor de amiga, que no lo iba a saber nadie, que si eso la hacía sentirse más cómoda no le pagaría. No hubo modo. Célica tenía magníficas condiciones para llegar a ser una vieja dama indigna, pero estas tonterías dogmáticas hacían dudar que llegara a serlo. Durante una temporada nos gustamos. O tal vez el plural sea petulancia mía. Nos movíamos en una zona sensual y resbaladiza. Había mucho de juego y mucho coqueteo, muchos contactos furtivos. Y esto a Esteban el Celoso no le molestaba en absoluto. No tuvo celos ni puso reparos a ninguna de mis amistades femeninas. Le caían bien. Supongo que estaba convencido de que no había competencia posible. He dicho que los celos nacen del temor a perder al ser amado, y, equivocado o no, él pensó siempre que las mujeres no eran un peligro. Tal vez creía que alejaban el peligro real, que eran los otros hombres. Y además le gustábamos, sentía una ternura especial por nosotras, la necesidad de protegernos, que no excluía a las lesbianas, a menos que se pasaran de agresivas y desagradables. Y Célica era simpática.

En algún momento mi padre debió de advertir que estaba agotada, resolvió el cuidado de los niños, y Esteban y yo pudimos hacer una breve escapada a París. Célica se nos unió en el último instante. Tuvo dos actuaciones sorprendentes. Primera: estábamos en fiestas navideñas y yo me había ofrecido a comprarle los pantalones que más le gustaran. Pues bien, en todo París no encontró ningunos. Jamás había recorrido yo tantas tiendas de ropa ni entrado en tantos probadores. Cierto que era de una delgadez extrema y tenía las caderas de un adolescente de diez años, pero también estuvimos en departamentos juveniles y hasta infantiles. Tanta exigencia indumentaria me pareció un poco ridícula, un capricho de niña malcriada. Y me pareció todavía más ridículo que en un número del Crazy Horse, cuando la bella a medio despelotarse desafía desde el escenario al público a subir a por ella, y naturalmente nadie se mueve de su asiento, Célica montara en cólera contra la falta de hombría y de agallas de los hombres que estaban en la sala. Esteban me miró con su más irónica sonrisa de conejo sabio.

La historia con las uruguayas fue accidentada y tuvo momentos tensos y conflictivos, en mi vida privada y en Lumen. Cuando dejé de necesitar a Célica como canguro, una empleada de Lumen tuvo problemas en el embarazo y el médico le impuso tres meses de reposo. Le pregunté a Célica si quería hacerse cargo de este trabajo, dejando clarísimo que no se trataba de un empleo sino de una sustitución temporal. Aun así, cuando regresó la embarazada, hice que mi padre le ofreciera a Célica una indemnización disparatada, más alta que si se tratara de un despido improcedente.

Entonces Célica nos puso una denuncia. Y, por más que el juez perdiera la paciencia con ella y le advirtiera que, si bien casi siempre tenía razón el trabajador, en este caso la tenía toda la empresa, y que, de no aceptar ella un acuerdo de conciliación e ir a juicio, se le asignaría una cantidad muy inferior a la que le ofrecíamos, quiso llegar hasta el final, aunque debía saber forzosamente que no tenía sentido. Cobró una suma insignificante, pero quedó, sin duda, satisfecha, pues obviamente no se trataba de dinero, sino de mantener en alto la proclama: «¡Un tupamaro no se rinde! ¡La lucha sigue en pie! ¡Ninguna batalla es pequeña si lleva a la victoria final!», o cualquier chorrada parecida. Después del juicio, me telefoneó un día proponiéndome ir a dar un paseo por las Ramblas, con Néstor, porque nos echaba mucho de menos...

Con Cristina fue distinto. Las oficinas de Lumen eran atípicas y permisivas, pero hasta cierto punto. Cristina era una bomba. La carga política y erótica que aportaba convirtió Lumen en un manicomio. Un ir y venir de mujeres, un pasar horas caminando, a dos, a tres, por el paseo, o encerradas en el despacho, y salir luego con los ojos hinchados por el llanto, interminables y amorosas llamadas telefónicas, desacuerdos políticos, porque se suponía que todas éramos de izquierdas, pero no de la misma izquierda, y porque Cristina y sus amigas estaban convencidas de que se lo debíamos todo: sacarlas clandestinamente del país, metérnoslas en casa, prestarles el pasaporte, y que no tenían que darnos ni las gracias.

Y, sin embargo, en el caso de Cristina me siento algo culpable. Tal vez habría podido controlar la situación, si me hubiera comportado desde el primer día de modo distinto, si no hubiera entrado en un juego que me divertía pero que me privaba de autoridad, que se me escapó de las manos, y que hizo imposible su permanencia en Lumen. Hemos mantenido, sin embargo, una buena relación amistosa y ha participado en varios de nuestros proyectos.

18

Historia de Marisa

Con dos niños tan pequeños y con mi trabajo en la editorial, yo necesitaba desesperadamente a alguien que me ayudara de verdad. Hubo un trasiego de asistentas y canguros, catastróficas todas. Una sacó a la vez las dos placas del fondo de la jaula y se me escaparon tres canarios, otra se subió con los niños en la barca de unos chicos y casi muero de espanto al no encontrarlos en la playa, una tercera los sacó a dar una vuelta y regresaron cinco horas después, y la cuarta —a la que no había visto antes— tenía tal aspecto de nani asesina que le pedí a Mercedes, que vivía dos plantas más abajo, que los siguiera durante su paseo, que resultó de lo más inocente, y no los perdiera de vista.

Aquello era un desastre, hasta que apareció Marisa. La contraté como asistenta, pero bastaba verla y oírla unos minutos para descubrir que de asistenta nada. Era una señora. No una educada y discreta señora catalana venida a menos, sino una señora de León, hija y nieta de militares, un poco gorda ya pero todavía guapetona, un poco descarada si le venía en gana, capaz de meterse a quien quisiera en el bolsillo o de cantarle las cuarenta al lucero del alba. Pero tenía un corazón de oro, una gran generosidad, que la llevaba a compadecer y ayudar a los demás, una capacidad enorme para gozar con intensidad y sin remilgos de lo que le gustaba, y una permisividad y tolerancia sorprendentes en alguien tan de derechas. Tenía, además, una mano especial para los niños y le gustaban tanto como a mí los animales. Seguro que estando con ella no podía ocurrirles nada malo, que los defendería como una leona. Tomó el mando, se hizo cargo de la situación y cuidó de todos nosotros. Uno de esos seres peculiares que aterrizan en mi casa y encajan. Y seguramente no habría encajado en otro lugar.

Ocurría que ella tenía tan poco de asistenta como yo de señora de la casa. A mí las asistentas habituales me hacían sentir incómoda —no me parece bien que coman en la cocina ni tenerlas recluidas en su cuarto, pero tampoco me apetece que se siente a mi mesa una desconocida con la que no tengo probablemente mucho en común, ni ver a su lado la televisión—, y Marisa no hubiera soportado más allá de cuatro o cinco días a la más comedida de las señoras. Porque ni siquiera ésta habría tolerado sin protestar que la casa estuviera sucia, los niños comieran entre horas, su repertorio culinario consistiera básicamente en fritos que nadaban en aceite (aunque debo reconocer que estaban ricos, y que sus croquetas, sus tortillas de patata, sus paellas y sus gazpachos eran memorables), e hiciera sistemáticamente las cuentas del gran capitán (no se trataba de una sisa razonable y casi admitida: era puro robo a mano desarmada).

El primer día que vino a trabajar, se sentó en el borde de mi cama y me dijo: «Todo este piso es más pequeño que la zona de servicio del de mi hermana.» Y era verdad, claro. Una de sus guapísimas cuatro hermanas —había un hermano varón también extremadamente atractivo, que nos dejó embobadas el día que fue a Lumen con un precioso abrigo de cuero negro y envuelto en el misterio, porque acababa de llegar de América Latina con mucho dinero y tras una intensa militancia, pero ni se sabía de dónde procedía el dinero ni si había militado con los montoneros o en la extrema derecha— se había casado con un tal Baret, que era realmente muy rico y salía con frecuencia en la prensa relacionado con negocios mafiosos. El tal Baret acabó en la cárcel, donde se decía que vivía a lo grande, y, cuando detuvieron a su hijo por un lío relacionado con un talón falso, la madre del muchacho, o sea la hermana de Marisa, se presentó en el banco y le dijo al director que era una calumnia y que le mostraran el talón, y, en cuanto lo tuvo en sus manos, lo engulló para destruir la prueba que inculpaba a su retoño.

Marisa, a la que había abandonado su marido, dejándola con dos niñas muy pequeñas, sin un duro y sin estar preparada para ganarlo, porque la habían educado sólo para madre de familia, tuvo que espabilarse como pudo y acabó aterrizando en mi casa. Pero pasaba a menudo los fines de semana en la torre que los Baret tenían en Sitges. El mayordomo —que, aunque parezca mentira, se llamaba como corresponde a un mayordomo: Fermín— les servía a las dos hermanas refrescos y tapas y biquinis en el jardín, donde tomaban el sol y cotilleaban, y por la tarde iban al bingo y la hermana pagaba cartones para las dos hasta la madrugada. Luego, al día siguiente, Marisa podía no tener dinero para que una de sus hijas participara en una excursión del colegio o para pagar el recibo de la luz. De todos modos, en las raras ocasiones en que sí tuvo dinero, lo derrochó a toda prisa de manera insensata en un rolex de oro, en un cargamento de productos de belleza, en varios vestidos en los que no cabía, en regalos para todo el mundo...

Los veranos los pasábamos en mi casa de Cadaqués. Marisa y sus dos hijas, yo con mis dos hijos y los primeros años con Esteban, con nuestros respectivos perros, y sucesivas rondas de invitados. Vida, Juan y sus dos niños tienen el apartamento justo al lado, y nos hablábamos de ventana a ventana. Siguen viviendo allí y nos seguimos hablando de ventana a ventana (ahora a gritos porque, quien más, quien menos, sordeamos), pero no somos los mismos, no sólo porque hemos perdido alegría y nos duelen los huesos (no a los tres los mismos huesos, ni tampoco a cada uno todos los días los mismos, pero siempre hay algún hueso que duele, y es lo primero que nos comunicamos cada mañana), sino porque yo aspiro a convertirme en vieja dama indigna y Vida —quién lo habría dicho— apuesta cada vez más a favor de la sensatez y la respetabilidad.

Hubo unos veranos muy felices —creo que los niños no los han olvidado—, bajo el sabio y disparatado montaje doméstico de Marisa, que tenía la casa patas arriba y gastaba su dinero y el mío (más el mío) con despreocupación total, pero que se llevaba con los niños como nadie, y jugaba bien al king y al póquer y a la canasta, y podía pasar en ello noches enteras, a veces mano a mano las dos.

Incidentes también los hubo. En cierta ocasión, ya separada yo de Esteban, llevábamos tantos días sin que se ocupara de nosotros, que al fin me animé a decirle que no estaría mal que se pasara la aspiradora, se lavara la ropa, hubiera en la cocina algo que comer. Me miró indignada. ¿Cómo podía reprocharle esto, cuando llevaba dos semanas pintando paredes, limpiando baldosas, colgando chorizos y jamones? Imposible entender lo que me estaba diciendo. Hasta que lo explicó. Estaba a punto de abrir un bar en el Barrio Chino —ella quería unas granjas catalanas en la parte alta de la ciudad, pero el dinero no daba para tanto—, con el marido de la Tata. La Tata era la mujer que había cuidado de sus niñas, antes de que la abandonara su propio marido y tuviera que prescindir del servicio. Después la Tata se casó, pero siguieron viéndose mucho. En realidad eran muy amigas, aunque el matrimonio mantuviera algo de la respetuosa distancia que les separaba de la que había sido su señora. Tras parir el cuarto o el quinto hijo, la Tata decidió, porque le parecía más frágil que sus hermanos, meter al bebé en la cama matrimonial, y el Tato se trasladó transitoriamente a otra habitación. Pero había pasado el tiempo, y el bebé, que ahora era un adolescente de catorce años, seguía compartiendo la cama con su mamá, y el Tato se hartó de dormir solo y de que nadie le hiciera caso, y se le ocurrió proponerle a Marisa que se asociaran y montaran un bar.

Una vez sabida cuál era la situación e inaugurado el local, mi casa volvió a estar relativamente limpia y se ponía de vez en cuando una lavadora, pero, como nadie cocinaba, yo bajaba con los niños al Barrio Chino —acompañados a veces por el poeta argentino Mario Trejo, inefable personaje que había semiaterrizado en mi casa y en mi vida—, y en el bar, lleno de negros de la Navy porque el local quedaba cerca del puerto —mocetones de dos metros, que no entendían el español, pero a los que Marisa elegía el menú, les reñía si dejaban algo en el plato, les obligaba a prometer que comerían el bocadillo que les preparaba, tenía a raya y cuidaba como a niños—, nos hacían una paella riquísima, que no nos cobraban.

La situación —que, a pesar de las paellas gratuitas, era una catástrofe, no sólo para mí, sino para sus hijas e incluso para ella— terminó pronto y de modo inesperado. Un día el Tato —harto, supongo, de que las mujeres ejercieran de mamás de otros y no le hicieran a él, que era en definitiva quien proporcionaba los medios, ningún caso— le reprochó a Marisa que permitiera demasiadas libertades a los marines, y la Leona de Castilla, en un arrebato de indignación más que justificado, se sacó del bolso el contrato de la sociedad, lo hizo trizas, se lo tiró al Felón por la cabeza, escupiéndole con desprecio algo que me recordó un popular poema que siendo yo niña recitaban a menudo por la radio, sólo que ella le dio la vuelta, y quedó en: «¿Cómo te atreves tú, mequetrefe, que no eres mi marido, ni mi novio, ni mi amante, a decirme lo que debo y lo que no debo hacer?» Después salió de allí para jamás volver.

Pero lo que yo quería contar aquí es la historia de Marisa. Su padre era militar de carrera, y eran, ya lo dije, cuatro hermanas y un hermano. Todos, eso también lo dije, muy guapos. Marisa todavía era una mujer atractiva y guapetona cuando la conocí. Me contó Ángel Jové —uno de los miembros más interesantes y creativos y polifacéticos de la divina izquierda, más representativo de aquellos años, pintor, actor de cine, diseñador gráfico, autor de muchas cubiertas de libros de Lumen y luego de Anagrama— que, cuando el militar fue destinado a Cervera, donde vivía Ángel, las cuatro muchachas causaron sensación. Marisa se describía a sí misma menos sociable, más aficionada a dar sola largos paseos en bicicleta y sobre todo a leer. Le dieron la educación que se daba a las señoritas de entonces, sólo útil para representar el papel de esposa y de madre, porque era impensable que necesitaran o que les apeteciera ejercer otro tipo de trabajo, y las cuatro hermanas hicieron la buena boda que se esperaba.

Marisa se casó con un chico que estaba a punto de terminar la carrera de farmacéutico y que regentaba ya su propia farmacia. Tuvo dos niñas, casa de veraneo en La Floresta y los servicios de la Tata. La pareja se llevaba bien, y él sólo se separaba de ella el rato que pasaba en un bar, tomando café, entre la comida y la apertura de la farmacia, y únicamente disponía de más tiempo y libertad de movimientos el mes de verano en que Marisa se instalaba con las niñas y la Tata en La Floresta y él no tenía vacaciones y bajaba a Barcelona. Todo normal y previsible, hasta que se produjo el bombazo.

Se descubrió que el respetable marido había colgado la carrera, que no era ni llevaba camino de ser farmacéutico, que estaba en la miseria más absoluta y había hipotecado el negocio hasta los topes, y que todo el dinero se le había ido con una negra que hacía *striptease* en el New York, con la que llevaba años liado e incluso había tenido un niño. Un derrumbe total. Y, sin embargo, Marisa, no sólo le perdonó, sino que salvó lo poco salvable y organizó el abandono del piso de Barcelona y el traslado de la familia a La Floresta, lo cual reducía mucho los gastos. Se suponía que el marido iba a buscar trabajo en lo que fuera, pero a los dos días cogió el dinero que había en la casa, algunas joyas de Marisa, y desapareció llevándose también el coche. Desapareció durante años y nunca se preocupó por ellas ni las ayudó en nada.

Marisa volvió al piso de Barcelona, y se encontró sin un duro, con dos niñas pequeñas y sin otra preparación para ganarse la vida que «sus labores». Pero le echó valor, trabajó sin límite de horas en todo lo que se presentaba y salió adelante. Y ahora viene lo sorprendente —para mí lo más sorprendente— de la historia.

Llevaba años ocupándose de mis hijos y de mi casa y había pasado a ser una figura fundamental en nuestras vidas, cuando me comentó un día, indignada, que la había telefoneado, estando ella ausente, su marido («no sé qué querrá ese cabrón, pero me va a oír, si llega a hablar conmigo»), y, dos días más tarde, se sentó en el borde de mi cama, como su primera mañana de asistenta, y declaró: «He vuelto a tomar posesión de mi casa», con esa manía suya de dar por sabido lo nunca mencionado y lanzar frases sibilinas de las que una no entendía nada. Entonces se explicó. La había llamado su marido y había insistido en que se vieran diez minutos en el bar de la esquina. ¿Y? Le había pedido perdón, le había propuesto volver a vivir con ellas. ¿Y? Ella había accedido y se iban todos a la casa de La Floresta, que era aquella de la que decía haber tomado de nuevo posesión.

Yo había quedado muda de estupor, y Marisa, la Leona de Castilla, la mujer con más agallas que yo conocía, me seguía contando, como si fuera lo más natural del mundo, que habían subido enseguida a decírselo a Elenita (la hija menor, a la que le habían hecho creer que su padre había muerto y que llevaba diez o más años rezando todas las noches una oración por el descanso de su alma), a comunicarle la gran nueva: «Tu papá no está muerto, cariño, es este señor, y va a volver a casa.»

¿Por qué? Era imposible que le amara, improbable que le quisiera. Quizás anhelaba tener un hombre en su vida, en su cama, y no se atrevía, por las niñas, a empezar con una nueva pareja. Pensé que por lo menos su marido (desde el primer día ella sustituyó «ese cabrón» por «mi marido») le haría la vida más cómoda y agradable, la mimaría, saldrían juntos, la llevaría a cenar, al cine, al teatro, quizás de viaje. Pero no hubo nada de eso. El marido no daba golpe y no la llevó a ninguna parte. Exigía cenas completas y convencionales, invitaba a algún amigo (o sea que Marisa tenía más trabajo que antes), reñía a las hijas, pretendía controlarlas, educarlas, se quejaba de falta de cariño. «Ni la perra me quiere en esta casa», rezongaba. Y, en efecto, la perrita, una caniche negra, se plantaba delante de él y le ladraba. Me parece que ni siquiera la sensiblera Elenita logró cobrar afecto a aquel desconocido que ejercía de rey de la casa.

Y, sin embargo, Marisa no se planteó echarlo, y ahora yo creía saber el porqué. No era por amor, ni por las hijas, ni por vivir mejor, ni siquiera por la cama (era un hombre atractivo, en su estilo de amanerado galán español del cine de los años 50). Era para poder decir «mi marido», para que los vecinos y los tenderos del barrio, y sus hermanas y sus cuñados y sus sobrinos supieran que él había regresado a su lado (no había vuelto a tomar posesión de «su casa» sino de «su hombre»), para librarse de la condición de mujer separada, pues una mujer separada era una paria, una ciudadana de tercera, una fracasada (de no verlo así, no habría tenido la peregrina idea de hacerle creer a Elenita que su papá había muerto), una mujer sin un hombre al lado no era nada.

Quizás Marisa habría cargado con él hasta la muerte, pero el tipo era un hijo de puta años atrás y seguía siendo el mismo hijo de puta (los humanos cambiamos pocas veces), y tuvo una actuación curiosamente similar. Habían decidido trasladarse a vivir a La Floresta, y llevaban un par de días instalados allí, cuando él volvió a desaparecer, y a las pocas horas Marisa recibió un telegrama de la negra que hacía *striptease* en el New York. Le decía que aquella casa era suya, que debía largarse inmediatamente y que ni se le ocurriera llevarse nada porque le iba a pedir cuentas si encontraba a faltar algo.

Marisa se dio una panzada de llorar, pero en esta ocasión su hermano había regresado de hacer la revolución en América, y Marisa le llamó. El hermano compareció con un hacha (o la encontró allí, eso no lo sé) y destrozó concienzudamente cuanto había en la casa, incluida la nevera. Después dejó una nota: «Si tenéis algo que reclamar, dirigíos a mí», y devolvió a las tres mujeres a su piso de Barcelona. Cuando, un tiempo después, su ex marido intentó abordarla en un par de ocasiones, Marisa se lo contó a su hermano, y el hermano agarró al tipo por las solapas y le dijo: «Si te acercas a menos de cien metros de ella, te mato.» Iba en serio, todos sabíamos que iba en serio, y al ex no volvieron a verle por el barrio. Lo último que sé de él es que, mirando un día en la tele un reportaje sobre asilos de ancianos y de mendigos, Elenita exclamó de pronto: «¡Éste es papá!» Y en efecto había un viejo comiendo sopa que podía ser su padre.

Marisa pasó sus últimos años en Cadaqués, en un apartamento chiquitín con una vista espléndida sobre la bahía, siempre con algún perro que yo le endilgaba, a los que llegaba a querer mucho pero que nunca sustituyeron a Colita, la perrita que nació en casa, tan diminuta y frágil entre una espléndida camada de diez robustos cachorros que parecía imposible que sobreviviera, pero Marisa la sacó adelante —todo sobrevivía entre nosotras, todo crecía, se multiplicaba— y fue un animal magnífico, de una ternura y de una inteligencia irrepetibles.

Algunas noches, cuando me dominaban una tristeza o una ansiedad insoportables —porque en mi larga vida ha habido noches maravillosas, pero también noches en las que me parecía imposible llegar hasta el amanecer—, la telefoneaba y me lanzaba a la carretera, con la certeza de encontrar, a las tres o a las cuatro de la madrugada, una mesa con bocadillos y coca-colas y una baraja de cartas y a una Marisa dispuesta a jugar, y a escucharme, las horas que hiciera falta. A Marisa van ligados algunos de los mejores recuerdos que conservan mis hijos de su infancia, y Marisa fue la única persona de mi entorno con la que Esteban mantuvo una relación positiva, la única con la que quiso tratar cuando nos separamos. Que la casa estuviera un poco sucia y a veces no hubiera pasado todavía por la lavadora la ropa que necesitábamos y me endilgara las cuentas del gran capitán no tenía importancia alguna, porque yo la sabía incondicional, sabía que, si las cosas se torcían, podía contar con ella para todo, que —pese a sus disparates— era casi tan fiel y tan inteligente como Colita, y tenía una cualidad que los animales, por muy listos que sean, desconocen: un agudo sentido del humor, que le permitía incluso reírse de sí misma y relatar su historia en clave de comedia.

¡Ay, Marisa, si supieras cuánto te echo en falta, cuánto me gustaría algunas noches lanzarme a la carretera y saber que al final de trayecto, junto al mar, me esperas tú con la baraja a punto para, mientras escuchas mis penas, jugar hasta el amanecer a la canasta!

19

Dos golpes de suerte

Ya dije que un pequeño editor no puede andar a la caza de best sellers convocando premios millonarios, firmando cheques en blanco o pujando en subastas internacionales. Si no puede comprar best sellers tiene que crearlos o intentar descubrirlos entre títulos y autores que todavía no lo son. Es cuestión de olfato, sin duda. Pero también es cuestión de suerte. A menudo ocurre con un libro que ha sido rechazado previamente por otros editores. Es curioso que el último éxito comercial que conseguimos en Lumen, *El diario de Bridget Jones*, que muchos creyeron me había sido impuesto por la multinacional a la que había ya vendido la empresa, obedeciera a una decisión personal mía y de Milena: otra editorial del grupo lo había rechazado por poco comercial, y tuvieron que venderse varios miles de ejemplares para que el equipo de ventas se aplicara seriamente en la distribución. Recuerdo que en el aeropuerto de Barcelona, a punto de salir todo el equipo editorial hacia Canarias, fui a la librería. No podían vender la edición en castellano porque llevaba agotada varios días, y entonces la gente se compraba la catalana, de la que había altos montones por el suelo. Cuando llegó Juan Pascual le armé una bronca, bronca pequeña, pero que quizás no le gustó porque había empleados de la empresa delante. Pero todo esto ocurrió mucho más tarde.

Es probable que yo tenga olfato, y es seguro que he tenido suerte. Si era necesario un milagro para que Lumen saliera adelante, tuvimos dos. Y el primero fue *Mafalda.*

En Madrid, en una de las sucesivas librerías que iba abriendo, Miguel García (alias Visor) me dio un día un librito argentino de cómics, un cuaderno de *Mafalda* (también fue Miguel quien me dio un ejemplar de *Rayuela*, cuando en España no lo conocía nadie), publicado en Buenos Aires por un individuo inteligente, sensible y muy simpático, aunque poco formal en los negocios y sin duda poco honesto en las pagos de derechos de autor de Quino (tiempo después yo constataría con sorpresa que ese tipo de delitos económicos, que a mí son los que menos me importan, sacan a Quino de sus casillas, despiertan en él instintos homicidas). Aquel primer cuaderno me pareció fantástico. Los dibujos de Quino no habían alcanzado todavía la perfección, la exquisitez de su obra posterior, no era todavía el magnífico dibujante de sus años de madurez, pero el personaje y la historieta eran geniales. Lo prueba que hayan sobrevivido y sigan todavía vigentes, a pesar de que, para desesperación de sus fans (y de sus editores...), Quino, dando muestras de una honestidad profesional poco frecuente, decidiera acabar con el personaje hace casi cuarenta años, por considerar que le encasillaba en exceso, limitaba su campo de trabajo y le dificultaba iniciar otros proyectos.

Yo conocía, pues, bien el personaje y la historieta

cuando fui a la Feria de Frankfurt con Vida, el otoño que estábamos las dos preñadas, y enormes, y nos dieron en el hotel una habitación con una sola cama y no muy grande, de modo que dormíamos espalda contra espalda y lanzado bufidos de mal humor.

El agente de Quino, Ravoni (de él y de su mujer, Coletta, argentinos los dos, llegaríamos a ser Esteban y yo muy amigos, pues había personas a las que mi complicada pareja sí aceptaba y con las que seguía mostrando su talante generoso y encantador), fue al stand de Seix Barral para ofrecer los cuadernos de *Mafalda*.

Estaban Carlos e Ivonne. Carlos afirmó displicente que los cómics no le interesaban lo más mínimo. Ivonne comentó que tal vez podían encajar en Lumen, donde había visto publicados otros títulos de dibujos. Ravoni se lo comentó a Vida, que andaba por allí ,Vida me lo repitió a mí... Y yo corrí enloquecida los pasillos de la Feria hasta dar con Ravoni y precipitarme en sus brazos.

Pero era sólo porque me gustaba *Mafalda*, no porque creyera ni remotamente que iba a ser un éxito comercial.

De hecho hice una modesta edición del primer cuaderno —unos tres mil ejemplares creo recordar—, y la venta, ante la sorpresa general, se disparó de inmediato. Se han vendido en España cientos de miles de ejemplares. Millones de ejemplares. Y Quino, que recibió múltiples propuestas de otros editores, grandes editores que podían ofrecer tentadores anticipos, siguió fiel a nosotros, y fue pasando a Lumen los libros nuevos y los que quedaban libres. Quino es honesto a carta cabal y esto justifica en parte que sea, para mi criterio, demasiado exigente con los demás. Una irregularidad o un atraso en las liquidaciones, la venta de libros en mercados para los

de Anagrama y creo que Toni López Lamadrid ejercía de mecenas, siguiendo la tradición familiar de los Güell, y le asignaba un sueldo fijo a cambio de su producción pictórica.

Àngel miró el piso y nos preguntó muy serio: «¿A vosotros os gustan los ambientes fríos y sin rasgos personales?» «¡No, no!», aullé desesperada, secundada por Esteban. «¿Os gusta vivir en un lugar que parece el vestíbulo de un Banco?» «¡No, no!» De modo que le pedimos ayuda. Se introdujo una enorme cortina de terciopelo grana, una lámpara-espejo decorada con cristales de Bohemia, una alfombra oriental y una pintura de Àngel cuyo fondo era la postal antigua de un jardín romántico. Ahora no parecía una institución bancaria, parecía un burdel. Estaba mucho mejor.

Con dos niños rubios que, para satisfacción de mi madre, parecían, él, nórdico o alemán, y ella, irlandesa, con un piso en la zona más elegante de la ciudad, los niños en el parvulario más caro, una pareja estable a la que no quería como pareja pero con la que no me atrevía a romper y un negocio inesperadamente floreciente, pensé que mi destino estaba fijado, que nunca me iba a ocurrir ya nada interesante. Y decidí, ya que había permitido que me lo impusieran, asumir por entero este papel. Compré una vajilla de porcelana inglesa, una cubertería de Christophle, cuadros y antigüedades. También primeras ediciones y hermosísimos libros ilustrados del XIX, pero esto no era nuevo, lo había hecho desde la adolescencia.

Alguien, no recuerdo si Miguel García, comentó irónico: «Esther lleva abrigos de visón, y un solitario, y tiene un BMW con chófer.» En fin, el solitario me lo robó la asistenta (a la que no me atreví a denunciar) a los cua-

que no tienen derechos, la inclusión no autorizada previamente de un dibujo suyo en un folleto de UNICEF, o un error en el diseño de un libro provocan en él una furia desmesurada, que sorprende en un hombre tan tierno y cariñoso.

Poco después de que empezáramos a editar sus cuadernos y de que comprobáramos que eran auténticos best sellers —el milagro que Lumen necesitaba—, vino Quino, con Alicia, su mujer, y con uno de sus hermanos, acompañado también de su esposa, a pasar unos días en Barcelona. Nos caímos muy bien, les enseñamos la ciudad, discutimos sobre todo lo divino y lo humano y descubrimos que coincidíamos en muchísimos puntos, nos divertimos, intimamos, la verdad es que nos hicimos amigos. Descubrí, eso sí, que yo había cometido un error: estábamos tan contentos de la sorprendente venta de *Mafalda*, que decidimos, al reservarles hotel, pagarlo nosotros. Y estoy segura de que esto no les gustó. Les parecía más correcto que cada cual pagara lo suyo, mientras que a mí, futura dama indigna, no me creaba ningún problema aceptarlo todo ni darlo todo. Alicia y Quino eran inmunes, fui descubriendo, a la frivolidad, a los caprichos; el genial humorista se lo tomaba casi todo terriblemente en serio, tenía pocos puntos de contacto con la *gauche divine* y muchos con Esteban. Por eso les cayó tan mal nuestra separación —sobre todo que yo la provocara y asumiera, al menos aparentemente, sin patetismo ninguno, cuando él la vivía como una tragedia— y siguieron viéndole por separado.

El segundo milagro fue *El nombre de la rosa*. Ya dije que *Apocalípticos e integrados* había sido un éxito. En el curso de los años siguientes fuimos publicando sin problemas y siempre con buenas ventas los libros, todos ellos de ensayo, que escribía Eco. Nunca hemos llegado a ser propiamente amigos —creo que en gran parte a causa del idioma, a mi escaso conocimiento del inglés y a mi defectuoso conocimiento del italiano, que entorpecían nuestras conversaciones—, pero hemos mantenido una excelente relación. Me inspira un profundo respeto. No sólo por su inteligencia y su cultura, por su altísimo nivel como fabulador de historias y como pensador. También por su honestidad (en la que creo a ciegas), y por su humanidad (tan patente en el amor que siente por los suyos, en el afán de ayudar a sus amigos, en la preocupación por sus alumnos, en su magnífico sentido del humor, en su capacidad de gozar cuanto de bueno ofrece la vida, como en su lucha por no engordar o no morderse las uñas).

Quedan —me parece a mí— pocas personas que sirvan como punto de referencia, que nos marquen una pauta a seguir. Eco es una de ellas: toma posiciones —comprometidas, honestas e independientes— ante los problemas que se plantean hoy en el mundo, y creo que ésta es la función más importante del intelectual en la sociedad, el máximo servicio que puede prestarnos.

El año 1980 supimos, a través de Marcelo Ravoni, el agente de Quino del que nos habíamos hecho amigos, que Eco había escrito una novela y que en Italia la editaba con bombo y platillos Bompiani. Hubo ofertas de otros editores españoles, pero yo, en un ataque de pura insensatez, declaré que no iba a participar en una subasta. Lumen no entraba en este juego. Por suerte mis colaboradoras no me hicieron demasiado caso y ofrecieron un anticipo bajo, pero superior al de los títulos anteriores. Y Umberto decidió que nosotros éramos sus editores en lengua castellana y nosotros publicaríamos *El nombre de la rosa.* No creo que fuera una prueba de amistad. Lo hizo porque lo consideraba, no ya justo, sino normal. Y a mí me parece fantástico que comportarse como no se comporta casi nadie le parezca a alguien normal.

Nos sobraba una cantidad determinada de un tipo de papel, y me arriesgué a imprimir diez mil ejemplares. Se lo comenté, preocupada, a Miguel García, y me dijo: «Me invitarás a una gran comida cuando hayamos vendido cien mil.» No le creí en absoluto, pero, con mi tendencia a gastar el dinero antes de ganarlo, me compré en el rastro una magnífica vajilla de Limoges con decoración déco.

El libro alcanzó un éxito para mí sin precedentes. Era una experiencia embriagadora. Estaba en todas partes. Se exhibía en el escaparate de la papelería del último pueblo de España. Se comentaba en la prensa, en la radio, en televisión. A la fiesta que celebramos, con la presencia de Umberto, en casa de Miguel y Mari Paz, asistieron, además del «todo Madrid» literario e intelectual, el embajador de Italia, el ministro de Cultura de entonces, Solana, y un montón de políticos socialistas. En la fiesta que di unos días después en mi piso de Barcelona —yo había establecido ya la costumbre de presentar un libro o festejar a un autor en mi domicilio particular y de un modo informal, haciendo servir la comida y las bebidas por jóvenes estudiantes amigos de mis hijos y no por camareros profesionales, estudiantes que sabían ser generosos con el alcohol que echaban en las copas— los asistentes, unos invitados y otros no, invadieron la cocina, los dormitorios, el rellano de la escalera...

Pero el primer indicio de que el libro tenía un gancho especial, pese a incluir largas disquisiciones filosóficas e históricas y páginas enteras en latín, lo tuve cuando mi padre, que no era un gran lector, al terminar de corregir las pruebas de la primera parte —papá, aparte de ocuparse de lo comercial, hacía un poco de todo—, me pidió la segunda. No había sucedido nunca y significaba que la historia le había atrapado.

Era el éxito con mayúscula. Repentino, casi indiscutido, mundial. Y no he conocido a nadie a quien un éxito de esta magnitud hiciera perder tan poco la cabeza. Cuentan que en Frankfurt, su mujer, la hermosa alemana que unos años atrás escapaba entre los pupitres a los lascivos pellizcos de Althusser, comentaba, divertida, que Umberto le decía: «Cómprate todo lo que te apetezca, hemos de subir el nivel de vida», y que a ella no se le ocurría nada para subir el nivel de vida que llevaban.

Eco siguió dando sus clases en la Universidad de Bolonia y en Estados Unidos. Como siempre. Programa un tiempo determinado para la promoción de un nuevo libro; es un excelente profesional y sabe que se lo debe a sus editores. Pero marca unos límites y sus alumnos son siempre tenidos en cuenta. En cierta ocasión, le concedían uno de los premios más importantes a nivel internacional, lo que comportaba ir personalmente a recibirlo, y dijo que no podía aceptar porque justo aquel día tenía una actividad o una clase en la universidad. A mí me gusta fantasear que ese hombre tan sabio y tan organizado se sigue comiendo las uñas... pero igual son figuraciones mías.

Quino y Umberto constituyeron una gran ayuda: aunque de caracteres contrapuestos, en ambos fue igual la fidelidad a Lumen. Gracias a ellos y a mi padre —que tenía un certero instinto para los negocios y un sólido sentido común, en alianza extraña con un impulso idealista, romántico casi, que hizo que no viera nunca la editorial sólo como un negocio— fue posible durante más de treinta años la insólita aventura de Lumen: una pequeña editorial (al contrario que Tusquets y Anagrama, decidí de forma deliberada, cuando tuve ocasión de hacerlo, no crecer) independiente, que publicaba sólo lo que le apetecía, que llevó a cabo un notable cometido cultural y en parte también político, que permitió a muchos creadores llevar a término aquello que anhelaban realizar, que posibilitó a muchos tantas cosas, que creó un ámbito donde casi todos (no todos, lo reconozco, no todos) trabajaban con gusto y sin agobios (nunca olvidaré que un día que se había convocado huelga general a la que nos adherimos en bloque, pasé casualmente por la oficina, para acabar un trabajo pendiente, y los encontré a todos en su puesto de trabajo, a puerta cerrada y sin coger el teléfono, terminando, sin habérselo dicho unos a otros, trabajos pendientes), y donde varios de nosotros trabajábamos con genuino entusiasmo y auténtico placer.

El editor que tenía contratado *El nombre de la rosa* para bolsillo pasaba por un momento difícil y decidió rescindir el contrato. Fui entonces a Madrid, porque la mejor opción era que se editara en Alianza, hablé con Javier Pradera y a los pocos días me comunicaba por carta que el libro no interesaba por ser demasiado largo. De modo que me vi casi obligada a incluirlo en el catálogo de Lumen. Algo muy parecido sucedió en Argentina. Y la versión cinematográfica, que en ocasiones mata la venta de un libro, la reavivó en este caso. En *El nombre de la rosa* todo jugó a nuestro favor. Era el póquer de ases o la escalera de color que necesitábamos.

20

Más que mediado el curso de la vida

En el 72 y el 73 habían nacido mis dos hijos y muy poco después nos trasladamos al piso, casi lujoso, que compró mi padre para mí en el paseo de la Bonanova, justo debajo del que iban a ocupar ellos. Yo quería vivir en el Ensanche, yo siempre he querido vivir en el Ensanche, pero prefirieron la zona alta de la ciudad, a la que se estaba trasladando casi en bloque la burguesía.

Mi madre se empeñó en que decoraran mi piso dos chicas interioristas, que ella conocía. Nunca he sabido por qué, supongo que se debió a este afán tan suyo por estar en todo, por controlarlo todo. No me gustó nada el resultado. Una noche llegaron sin previo aviso mi hermano y Lluís Clotet. Entraron sin casi saludar y recorrieron las habitaciones a paso de carga, intercambiando miradas de inteligencia y en un silencio total. Se fueron como habían venido y la visita completa no llegó a un minuto. Nos dejaron a Esteban y a mí hechos polvo.

Pensé que a lo mejor podía ayudarnos Àngel Jové, el polifacético y creativo miembro de la *gauche*. En aquel entonces diseñaba algunas cubiertas de Lumen, muchas

tro días; el chófer no era mío sino de mamá, que me lo prestaba a ratos, un tipo encantador, pero alcohólico perdido, que nadie se animó a despedir y que, tras estar tres o cuatro veces a punto de matarnos, murió él de cirrosis galopante; mi coche iba tan sucio y abollado que parecía sacado de un cementerio de coches; y «el» abrigo de visón —sólo era uno— que me había regalado mamá lo tuve que regalar a mi vez porque los niños pegaron un póster en la puerta de mi cuarto donde una cría de visón hacía un comentario patético sobre mi piel y la de su mamá.

Nada iba, pues, demasiado en serio. Y si yo temía pasar el resto de mi vida en un remanso de paz, en una especie de limbo (¿cómo se le pudo ocurrir a la Iglesia una idea tan siniestra como la del limbo, más injusta y nefasta —en eso llevaba razón Rosa Regás, de la que voy a tener que hablar muy pronto, porque lo anuncié y porque me siento obligada a dar mi versión de la historia en lo que a mí me implica— que la del infierno?), estaba más que equivocada.

Por suerte, tuve en aquellos años dos grandes amigos, dos queridísimos amigos. Uno de ellos fue Andrés Bosch, el novelista que me había esperado en el aeropuerto provocando el primer ataque de celos de Esteban y al que había ofendido mortalmente —era muy fácil ofenderle mortalmente— Rosa Regás, al preguntarle si no habría preferido ganar con *La noche* el Premio Biblioteca Breve en lugar del Planeta. Los inesperados celos de Esteban podían estar justificados, porque Andrés era muy atractivo, nos gustábamos, nos queríamos mucho (sospecho que me quiso más que a todas sus novias), pero no funcionábamos como amantes. Ni siquiera el día que me atiborró de coca sentí nada especial. Y por otra parte yo no era su tipo. Le excitaban las mujeres capaces de decirle a gritos en la plaza San Marcos veneciana «no me sirves para nada, no sabes ni hacerme una paja», de precipitar adrede su coche (el de él) contra un Mercedes correctamente aparcado, si algo las enfadaba, o de tirar toda su ropa por la ventana del hotel, o de ponerse a mear en cuclillas al borde de la pista de baile, o de sacar las tetas al aire en un restaurante elegante, mujeres con las que a menudo terminaba las noches en comisaría.

Hubo una velada memorable. Fuimos a cenar en grupo a la salida de la presentación de un libro. Andrés con su última amiga, Matilde, que había abandonado a Ramón Eugenio de Goicoechea, ex marido de la Matute —el que decía de sí mismo que llevaba el Sena en el sobaco—, por él. Ramón Eugenio se obstinó en acompañarnos, y Matilde se pasó la cena provocándole. Cuando declaró que obviamente, siendo Capricornio, debía de llevar cuernos y muy grandes, Ramón Eugenio se subió a la barandilla del altillo donde estábamos y, con su voz atronadora y retórica, juró que se iba a precipitar al vacío (poco más de dos metros) si aquella hija de la gran puta no se callaba de una puta vez. Lo bajaron por la fuerza, y Esteban y yo, por una vez de acuerdo, nos volvimos a casa. Supimos, a la otra mañana, que la función había proseguido en Jamboree, que se habían liado varios a bofetadas, que Andrés le había dado una soberana paliza a Ramón Eugenio, y había llegado la policía y habían cerrado el local y habían terminado todos, claro, en comisaría.

¡Qué gran noche para Matilde, pues no era lo mismo que se atizaran por ella dos infelices que dos escritores bastante famosos y ante un grupo de literatos e intelectuales! Matilde se moría por los hombres de letras, los coleccionaba. En Calafell organizó la gorda. Estaban todos, después de la cena, en La Espineta, el café de los Barral, y Matilde le susurró a Carlos (que figuraba, claro está, en la lista de coleccionables): «Si te vienes conmigo a la playa, te enseño las tetas» (las tetas eran su obsesión, porque las tenía bonitas), y Carlos, que malditas las ganas debía de tener a aquellas horas y pasado de copas de ver las tetas de Matilde ni de nadie, se consideró obligado a acompañarla a la playa, y le vio las tetas, e Ivonne les vio a los dos, y armó la de dios es cristo.

Según Carmen Kurtz, muy amiga de sus amigos, y Andrés lo era, Matilde y Andrés sugerían la imagen de un elefante entrando en una tienda de porcelana. Y era cierto, sólo que aquella en principio frágil porcelana adoraba ser pisoteada por elefantes y les causaba, además, profundas heridas en las patas. No se trataba de una guerra desigual, y ambos disfrutaban en ella.

Se me hace difícil entender que existan personas que sólo tienden a un único objetivo, estando como está la vida plagada de experiencias distintas y seductoras —yo las quiero todas, me tienta todo—, pero las hay, y más entre los artistas. Andrés era un caso límite, superaba incluso a otro de mis amigos, Antonio Rabinad. Andrés sólo anhelaba una cosa, a la que sacrificaba todo lo demás: ser un gran escritor y triunfar. No lo había logrado y esto había agudizado hasta tal punto su susceptibilidad, su despecho y su mala leche, que en este campo era un enfermo. En cierta ocasión pasamos más de un año sin tratarnos. Yo no sabía por qué. Habíamos estado en mi casa y le había encargado una nueva traducción. Andrés tradujo muchísimo y gran parte de ello para Lumen. Después de sus noches de farra, sin que importara a qué hora se había acostado, se levantaba a las nueve y traducía durante seis horas. Le he visto traducir cuarenta folios en una mañana. Luego comía o leía o escribía o hacía cualquier otra cosa, y a las nueve ocupaba —guapo y elegantísimo— la barra de un bar donde se encontraba con su gente y comenzaba la noche.

Aquel día estuvimos hablando de *Cien años de soledad.* Carmen Balcells había dado una pequeña fiesta para García Márquez (Gabo para los amigos, pero yo no llegué a serlo) y había repartido unos cuantos ejemplares. Yo lo había leído de un tirón, me había gustado y se lo había pasado a Andrés, porque me parecía que le iba a interesar. Hablamos de este libro, una bazofia, según él, y creo que de Vargas Llosa, otra bazofia. Después le acompañé hasta la calle, nos cruzamos con Román Gubern o con Alexandre Cirici, ni siquiera lo recuerdo bien, le saludé y volví a mi casa. A los cinco minutos telefoneó Andrés: había dejado en la portería el libro que le había dado para traducir, no iba a traducirlo, ni éste ni otro, no quería ningún contacto con Lumen (no sé si añadió «ni contigo», pero quedaba claro). Yo era muy tonta y muy orgullosa (practicaba a fondo esa dignidad que nos está sabiamente vedada a las viejas damas indignas), y dejé pasar más de un año. Luego, de repente, un día que pasaba junto a una cafetería donde solíamos citarnos, le llamé y le dije: «Aquí estoy. Si quieres verme, baja.»

A los tres minutos estaba allí, loco de alegría, cubriéndome de besos, repitiendo lo mucho que me había echado de menos. ¿Y el motivo del enfado? Yo había caído como una tonta analfabeta en ese cuento del boom de la literatura hispanoamericana, me gustaba García Márquez, y además al saludar yo a Román (o a Cirici) había advertido que lo hacía con el mismo cariño que cuando le saludaba a él.

Era un disparate, pero yo sabía ya lo suficiente de los celos —amorosos y profesionales— para entenderlo todo. De modo que callé y di por buena la explicación.

Andrés murió muy joven. Una noche me telefoneó Matilde a las cuatro de la madrugada y me contó llorando que él se había sentido mal, había llamado a un médico de guardia, el médico le había examinado, no había encontrado nada, pero le había aconsejado que cuando pudiera se hiciera un chequeo más completo. Andrés le había pagado, le había acompañado hasta la puerta y había caído muerto. Los vecinos la habían avisado a ella.

Yo no conocía a la familia, Matilde me importaba un bledo, y por Andrés ya no se podía hacer nada, de modo que ni se me pasó por la cabeza ir a su casa. Lo raro no es esto. Lo raro es que me volví a acostar, caí inmediatamente en un sueño profundo y no desperté hasta bien entrada la mañana. Han transcurrido casi treinta años y no ha pasado, creo, un solo día sin que haya pensado en Andrés, en que no haya añorado nuestros almuerzos a dos, en que no le haya necesitado. Pero, ahora que he entrado de lleno en la vejez, sé el privilegio que es no vivir demasiado tiempo. Morir antes de llegar a viejo y sin enterarte de que mueres… Mi madre, que me educó a base de mitología griega y de cuentos de hadas, contaba la historia de una madre ateniense que tenía dos hijos que destacaban en todo —en inteligencia, en fortaleza, en bondad, en belleza física— y estaba tan orgullosa de ellos que le pidió a una diosa —no recuerdo a cuál, se lo preguntaré a mi primo el Sabio, Xavier Roca, eficaz notario y buen escritor, que lo sabe absolutamente todo— que les concediera lo mejor de que puede gozar un ser humano. Y a la mañana siguiente encontró a sus hijos estrechamente abrazados, con una plácida sonrisa en los labios, aparentemente dormidos, pero muertos. No lo entendió, horrorizada, la madre de los muchachos, ni lo entendí de niña yo —me pareció una barbaridad, la peor de las injusticias—, y sin embargo estoy empezando a entenderlo. Gracias sean dadas a los dioses —un solo dios es un peligro, pero un parnaso múltiple, no— por haber hecho que dos de las personas que más he amado —Mercedes y mi padre— murieran antes de llegar a la extrema vejez, en pleno sueño, sin dolor y sin miedo.

Otro gran amigo de estos años, el dibujante argentino Oski, no murió tan joven como Andrés, pero murió poco tiempo después de que yo le conociera. Oski era otro personaje difícil y jodido, aunque por motivos distintos. Oski no necesitaba autoconvencerse de que era bueno en su profesión ni convencer a nadie. Sabía que lo era y además los mejores dibujantes o los más famosos o los que más vendían —Quino y Mordillo, por ejemplo— le consideraban su maestro.

Para mí era un genio. Inteligente, refinado, culto, sensible. Con un punto de sofisticación y sutileza, que era tal vez la razón de que fuera un artista minoritario. Porque cuando yo le conocí el problema más obvio era éste, que ni vendía sus dibujos, ni se editaban sus libros, ni le encargaban colaboraciones para revistas ni anuncios de publicidad. No tenía trabajo. Hicimos en Lumen, sobre todo reeditamos, varios libros magníficos: *Vera historia de Indias, Tablas médicas de Salerno, Ars Amandi.* Y le encargué, porque le apetecía hacerlo (me parece que se identificaba con el desdichado y tierno protagonista de la historia), ilustrar *El fantasma de Canterville.* Fue una gozada trabajar con él, y una gozada conocerle, y una gozada amarle. En algún momento pensé que era una pena no haber encontrado antes a aquel hombre grandote, gordo, torpón, de largo cabello blanco y hermosos rasgos. Tenía que haber sido muy guapo, y en cierto modo seguía siéndolo. Un viejo guapo, increíblemente terco, quejica y gruñón. La verdad es que a veces —de hecho, casi siempre— era insoportable. A los dos días de llegar a una ciudad le parecía horrenda. Al tercer día se había peleado con las personas más interesantes, más influyentes, las que más le podían ayudar. En Barcelona se dio mucha prisa en pelearse con el pobre Perich, y tan mal concepto tenía —tuvo de pronto— de los catalanes que consiguió algo inaudito: que yo, cuyo nivel de catalanidad rozaba el cero (ahora ha aumentado un poquito), le echara de mi casa por lo ofensivo que resultaba lo que decía de nosotros.

Venía de Milán, donde Marcelo Ravoni, que era también su representante (su agencia, Quipos, se dedicaba a ilustradores, autores de cómics y dibujantes de humor), y le admiraba y apreciaba mucho, había organizado una exposición de su obra y les había alojado, a él y a su compañera chilena, Carmen, en su propia casa, donde Oski se había apresurado a generar problemas, quejarse de todo y no mostrarse agradecido por nada, colmando la paciencia de Coletta Ravoni, una argentina muy lanzada y extrovertida, nada dispuesta a que abusaran de la buena fe de su marido.

El conflicto llegó a un punto culminante cuando Oski, para el catálogo de cuya exposición había conseguido Marcelo (y era un exitazo desde el punto de vista de la promoción, pues en aquellos momentos no había en Italia escritor con mayor prestigio y fama) un texto de Umberto Eco, se negó en redondo a corresponder a esta atención regalándole un dibujo. Fue inútil explicarle que era una costumbre casi establecida. Si era una costumbre, era una mala costumbre, dictaminaba Oski. Creo que en esta actitud intervinieron lo poco generoso que era con su obra, una dignidad mal entendida y luego fue ya sólo testarudez. La discusión más agria tuvo lugar en un restaurante de Barcelona, donde Esteban y yo los habíamos invitado a los cuatro, al levantarse Coletta enfurecida y largarse a media cena, seguida, claro, de mejor o peor gana, por el pobre Marcelo. Marcelo admiraba y quería e incluso entendía a Oski, pero su mujer estaba harta de lo que consideraba un abuso descarado.

Es curioso que Umberto, unánimemente mimado y agasajado, tuviera tan mala suerte con los dibujantes argentinos: Oski se negó a regalarle un dibujo, y Quino, cuando le pedí que me vendiera uno determinado, que le gustaba mucho a Eco, para yo regalárselo, se negó en redondo. Regalar o vender dibujos le había traído siempre muy mala suerte. «Malísima», corroboró Alicia.

Carmen, su pareja, era mucho más joven que Oski y supongo que era la persona ideal para cuidar de él y soportar sus caprichos y sus enfados, para seguirle en su deambular por el mundo, un deambular interminable porque no existía en parte alguna un lugar donde pudiera sentirse a gusto. Y la verdad es que sus quejas y sus protestas no dejaban de estar en parte justificadas. No vivimos una realidad que invite a lanzar cohetes, pero los demás optamos por resignarnos y contemporizar. Uno no puede montar un cirio y amargar la velada a toda la concurrencia porque le han servido fría la tarta Tatin…

Carmen era periodista y había trabajado activamente

con Allende. Era, además, gran amiga de la Paya, compañera del presidente chileno los últimos años de su vida. Y a nuestra casa de Cadaqués nos fuimos un fin de semana la Paya, Oski, Carmen, Esteban y yo. La Paya había estado en el Palacio de la Moneda hasta el final, y había perdido allí en pocas horas a su hombre y a uno de sus hijos. Lo contaba sin lágrimas y sin levantar la voz (a mí se me iba helando el corazón y tenía que hacer un gran esfuerzo para no ser yo la que rompiera a llorar como una Magdalena), pero desde aquel día terrible encabezaba sus cartas, sin darse cuenta, con la fecha del 11 de septiembre, día en que para ella se había paralizado el mundo, se había detenido el tiempo.

No debía saberse que la Paya estaba en España. Sin embargo, nos tropezamos por la calle con José Agustín Goytisolo y, aunque le insistí en que no hablara de ese encuentro con nadie, a la otra mañana lo sabía toda Cuba. José Agustín era un gran poeta y un gran amigo, pero hay cosas que no se le pueden pedir a alguien porque van contra su naturaleza.

Carmen era una persona peculiar, hablaba poco y supongo que esnifaba y bebía bastante (un día tenían la casa, muy pequeña, llena de amigos y ella no atendía a nadie: estaba desnuda en la cama, en la habitación contigua, y salía de pronto, muda y sin ropa, a servirse una copa), pero quería a Oski, y a su manera cuidaba de él y estuvo a su lado en la clínica hasta que murió. Y, ¡oh maravilla!, ni un amago de celos, a pesar de que obviamente él había tenido desde la adolescencia líos de faldas y seguía con ellos. Entre Carmen y yo hubo una buena relación, sin rastro de celos en ninguna de las dos. Hasta el punto de que, cuando llegó la Navidad y Esteban no vivía ya conmigo, y le comenté por carta a Oski —entonces de nuevo en Italia— que temía encontrarme muy sola, vinieron a pasar las fiestas conmigo... con el dinero que había ganado Carmen trabajando unos días de oficinista. Se lo agradecí mucho a los dos.

Oski murió poco después en un mísero hospital de Buenos Aires, no a causa de la operación, que había sido un éxito, sino de una infección que contrajo en el quirófano. Carmen, que permaneció día y noche junto a su cama, sentada en una silla (parece ser que estuvo allí también su hija; yo sólo conocí años después a uno de los hijos, un judío bellísimo que vendía dibujos propios y de su padre), nos escribió a los amigos pidiéndonos dinero para lo más indispensable. Y Oski, el quejica insoportable, el permanente protestón, afrontó la muerte sin un lamento, sin un reproche, con entereza total (tengo junto a mi cama su extraordinario dibujo de la muerte de El Quijote). Porque ninguna de las múltiples indignidades de las que podía acusársele, y alguna de las cuales era cierta, había logrado que dejara de ser un caballero de los pies a la cabeza.

21

Un encierro (el de Montserrat) y una historia (la mía con Rosa)

Hay dos temas que me parece imprescindible tocar en el libro de mis memorias. Uno es la historia de Rosa, que dejé a medias en el momento en que ella fuerza la salida de Carlos de Seix Barral y crea su propia empresa; otra, el encierro de Montserrat, que conté ya en *Confesiones de una editora poco mentirosa* y del que otros autores han hablado con mayor conocimiento, pero al que no puedo dejar de hacer una breve referencia.

En diciembre de 1970, no mucho después de que creáramos Ediciones de Enlace, se produjeron en Burgos los juicios del franquismo contra miembros de ETA para quienes se pedía pena de muerte y se convocó clandestinamente un encierro en el monasterio. Lo más increíble para mí es que los servicios de seguridad no se enteraran, porque la convocatoria se transmitía de boca en boca (la expresión «de boca a oreja» me parece absurda), y corrió varios días por Bocaccio, donde no reinaban precisamente la prudencia y la discreción.

A mí me avisaron por teléfono, y me ocupé de decírselo a las dos Ana Marías. Un grupo de amigos pasó la tarde anterior tratando de convencer a Carlos, pero él insistió una y otra vez en que su posición ante los accionistas de Barral Editores no le permitía comprometerse... Lo entendí, claro, pero era triste ver reducido a esta dependencia, a estos miedos, a Carlos el Magnífico, Carlos el Grande. A Oscar Tusquets (que manifestó no creer en la eficacia de este tipo de encierros) le aseguraron que no subían a encerrarse sino a discutir si iban o no a hacerlo. Subió, le molestó que Rosa Regás estuviera en la puerta tomando el nombre de los que llegaban (Román Gubern los recibía como maestro de ceremonias), manifestó ante los asistentes (que creo no le entendieron siquiera, tan fuera de lugar quedaba su discurso) lo que pensaba, vio de qué se trataba, y se marchó. Sí se quedó en cambio Beatriz de Moura, que aparece en muchas de las fotos. (Se había acordado no hacer ninguna, pero salieron un montón.)

En Montserrat todos nos revelamos tal cual éramos, como en una partida de cartas que vaya en serio, todos hicimos lo que nos correspondía hacer, y a algunos los conocí mejor en esas cuarenta y ocho horas que en los años que llevaba tratándoles.

Matute no paraba de explicar a quien quisiera oírla que Julio le había indicado que para esos avatares había que llevar siempre consigo tres cosas: una manta, una botella de coñac y algo que he olvidado pero que me parecía absurdo. Julio había hecho la revolución en lugares remotos, había sido rey o presidente en un país del Lejano Oriente, y sabía de esto más que nadie, de modo que lo que él decía iba a misa. (Con Matute es imposible saber dónde empieza y dónde termina la fabulación, pero reconozco que, si la manta no sirvió para gran cosa, el coñac fue todo un éxito.) Moix, por su parte, estaba inmersa en uno de sus apasionados, obsesivos y dolorosos ensueños sentimentales, más muda, por lo tanto, que de costumbre, pero hay que admitir que vivir el amor a lo trágico no le hacía, ni le hace, perder el sentido del humor (humor negro a veces, pero de excelente calidad). Y yo me dedicaba a lo que se dedica una escritora —si no ocupa toda su atención un amante a medias real y a medias inventado, o está viviendo una fulgurante historia del tipo que sea—, yo me dedicaba a observar a los demás y a intentar entenderles. La verdad es que formábamos un trío un poco extraño.

Las primeras horas fuimos recibiendo en la sala de actos a los que llegaban. Terenci Moix, Joan Miró, Nuria Espert y algunos más nos hicieron una breve visita para expresar su solidaridad. Pero la mayoría había subido para quedarse. En la sala nos transmitían noticias oídas en emisoras extranjeras, y más tarde órdenes, cada vez más conminatorias y apremiantes de la policía para que abandonáramos el recinto. En los descansos, entre sesión y sesión, Guillermina Motta, Joan Manuel Serrat y otros tocaban y cantaban para distraernos, mientras que Raimon esperó el momento dramático de la salida del monasterio para enarbolar la guitarra.

Al mediodía almorzábamos juntos, en el refectorio, lo que nos daban los monjes. Isabel Bohigas, todavía esposa del arquitecto, y Montse Esther, para Oriol la mujer más elegante de Barcelona, socias de la inefable tienda Saltar i Parar, y más adelante del restaurante Las Violetas, se habían ofrecido inmediatamente a hacerse cargo de la intendencia, pero comíamos lo que nos daban los monjes, una alimentación correcta y más que suficiente, pero ni rastro de exquisiteces de Via Veneto, como se dijo para acusarnos de frivolidad. Ni vi tampoco que nadie hiciera el amor por los rincones o debajo de las mesas. Se puede criticar el encierro por otras razones, pero no por ser una especie de bacanal o de fiesta de Bocaccio.

Castellet intrigaba en las altas esferas, conferenciaba con el abad, nos transmitía mensajes y noticias. Finalmente compareció el abad en persona, y, sin más discusión, aunque con la sospecha de ser manipulados, abandonamos el edificio, en fila india, y entregamos a los agentes apostados junto a la puerta nuestra documentación, mientras se alzaba rotunda y airada la voz de Raimon, entonando una de sus canciones más populares y reivindicativas.

Después tuvimos que ir a declarar a la Comisaría Central y se nos impuso una multa, que era imprescindible pagar para recuperar el pasaporte.

La mayor parte de nosotros no había corrido riesgo ni sufrido perjuicio alguno, y tampoco creo que el encierro de Montserrat cambiara el curso de la historia. Pero dio mucho que hablar en España y bastante fuera de España, y no cabe duda de que al gobierno y a la policía franquista no les gustó en absoluto. O sea que desde la izquierda —desde cualquier izquierda, porque mientras vivió el Caudillo todos militábamos en el mismo bando— debiera considerarse positivo; poco importante si se quiere, pero positivo. No sé si la izquierda obrera se rasgó las vestiduras cuando alguien propuso hacer una colecta para pagar las multas de los que no tenían dinero. (En Montserrat había señoritos, pero también había individuos que no tenían un duro.) Sí sé que muchos amigos de izquierdas lo tomaron muy a mal y me siguen mirando reprobadores cuando Montserrat sale en la conversación, como si se tratara de una fiesta social a la que uno asistía para lucir y para salir al día siguiente fotografiado en los periódicos. Fiesta a la que algunos ofendió no haber sido invitados. No hubo una lista de invitados, salvo, claro está, de los muy famosos y destacados. A los demás se nos dijo por casualidad, o tal vez a mí me lo dijeron para que arrastrara a Matute. Obviamente no salí en ningún periódico. Pero me gusta haber estado allí.

Pasemos a la historia de Rosa. No, a la historia de Rosa en lo que a mí concierne. Porque hay muchas historias de Rosa —tantas como narradores— y seguro que la mayor parte son positivas. Esto no me molesta en absoluto. Lo único que me fastidia un poco —y no tiene remedio— es que una de las más positivas sea la suya. Rosa posee la rara cualidad de creer que siempre tiene razón, o, en el peor de los casos, que había razones más que suficientes para hacer lo que hizo. Es fantástico. No hay nada que dé a un individuo tanta fuerza. También es simpática, muy lista y amenazadoramente pencona. Oscar decía una *boutade* divertida: «Si además fuera guapa, se comería el mundo.» Es verdad que a mi señor hermano Rosa no le ha parecido nunca guapa, pero un altísimo porcentaje de hombres la ha considerado enormemente atractiva.

Yo supe primero de Rosa por su cuñada, la vi actuar en un cursillo de religión, la traté un poco —muy poco— en la universidad, y otro poco en Seix Barral, asistí a la fiesta de homenaje y desagravio, convencida de que era un disparate carente de sentido, y me sorprendió un poco que luego, en lugar de colaborar con Carlos, montara su propia editorial, La Gaya Ciencia.

El primer incidente que me pareció extraño fue que

me invitara a almorzar y me confesara, tras juramento mío de no repetirlo, que estaba preparando una edición de *Ulises.* Edición pirata, pues los derechos los había rescatado Carmen Balcells, y me había vendido (uno de sus fabulosos regalos de Rey Mago) los derechos de edición normal a mí y los de bolsillo a Alianza. Hábil intento, por parte de Rosa, de taparme la boca, fiando en mi estúpido sentido del honor. ¿Por qué, si no, iba a contármelo? Le funcionó. No lo dije a nadie y, cuando Jaime Salinas y Carmen Balcells se enteraron por otro conducto y descubrieron que yo lo sabía desde hacía tiempo, primero se enfadaron y luego me atribuyeron una memez irrecuperable (supongo que fue a partir de entonces cuando Carmen me asignó el dudoso título de gran señora de la edición).

Pero se trataba de un asunto sin trascendencia, y, por otra parte, no era imposible que Rosa hubiera hablado en un arranque de confianza, sin segundas intenciones, o para ver simplemente cuál era mi reacción.

El segundo incidente tuvo bastante más importancia: ocho editores independientes, vocacionales, contrarios al franquismo, etcétera, etcétera, estuvieron —estuvimos— al borde de tener que cerrar nuestras empresas. De nuevo habían unido sus esfuerzos Rosa Regás y Rafael Soriano, pero en esta ocasión era distinto. Por una parte, el resultado final, la hecatombe final, afectaba a mucha más gente. Por otra, se trataba de un acto que bordeaba la zona delictiva, y, para mí lo más importante, los dos protagonistas eran sin duda responsables —no se podía exculpar a Soriano, era gerente de la empresa y había tomado por su cuenta y riesgo, sin comunicarlo a los socios, decisiones peligrosas que excedían en mucho lo que autorizaba su cargo—, pero en grado muy distinto.

Había sucedido lo siguiente. Rosa había tenido, o había tomado de alguien, una idea brillante: una colección —creo recordar que limitada a cincuenta títulos—, de precio muy bajo pero de amable y llamativa presentación, donde en cada volumen una personalidad destacada del mundo político nos explicara en qué consistía un partido o una ideología. «¿Qué es el comunismo?» «¿Qué es la Falange?» «¿Qué es el socialismo?», etcétera. La colección, que se vendía también en quioscos, tuvo un éxito espectacular. Hubo que reimprimir con urgencia muchos de los títulos. Y entonces, deslumbrados por lo fulminante del resultado, embriagados por la euforia que les rodeaba, la ambiciosa Rosa y el irresponsable Rafael doblaron las tiradas de las primeras ediciones, reimprimieron títulos que algunos libreros pedían con insistencia y que no quedaban en almacén, sin asegurarse antes de que no había en otros puntos de venta exceso de ejemplares, y decidieron que la colección no se cerraría con el número de títulos proyectado. Para sufragar los gastos de producción, Rafael empezó a entregarle a Rosa, sin consultarlo ni comunicarlo siquiera a los editores dueños de la empresa, talones a cuenta de futuras ventas, pero, al mismo ritmo que se vendían los títulos nuevos, eran devueltos los anteriores. Cuando el asunto salió a la luz, los socios de Enlace se enteraron de que estaban, sin comerlo ni beberlo, al borde de la quiebra. Soriano quedaba en la calle. Y Rosa, que con el apoyo de su hermano Oriol, dueño de Bocaccio, parecía una garantía fiable —a Soriano le parecía una garantía fiable— y había asegurado que devolvería el dinero, no devolvió jamás nada (eso dicen los de Enlace y yo les creo, aunque cuente Moix que Rosa pretende haber devuelto la deuda entera). En cualquier caso, hay dos puntos por los que pondría la mano en el fuego. 1. Rosa Regás tiene la certeza de haber hecho en todo momento lo que debía, lo mejor que se podía hacer dadas las circunstancias. 2. El sexo no jugó, contra lo que podría maliciarse, ningún papel en esta historia.

Y llegamos al tercer incidente, del que soy protagonista, o coprotagonista. Rosa había tenido, mientras pululaba por Enlace (durante una temporada le encargaron poner orden en Ediciones de Bolsillo) otra idea. Ya he dicho que era muy lista y muy trabajadora, y las personas muy listas y trabajadoras me asustan un poco. Pero la idea era buena, como había sido buena la de los libritos políticos, y como tenían interés y calidad muchos de los títulos de La Gaya Ciencia. A mí me propuso crear una colección de bolsillo para niños, siguiendo el modelo de Ediciones de Bolsillo. Cada editor publicaba los títulos que le parecían adecuados, por su cuenta y riesgo, pero se integraban en una colección común, que tendría más fuerza, más presencia en las librerías y en los medios, y organizaría una promoción —catálogo, folletos, anuncios— conjunta. La colección se tituló Moby Dick y nos salió bastante bien. La vendía Enlace y liquidaba por separado a La Gaya Ciencia y a Lumen los títulos que les pertenecían. Al producirse el conflicto con Rosa, era impensable que Enlace siguiera ocupándose de su fondo, y ella lo pasó a otro editor, incluida la colección Moby Dick. Y el nuevo distribuidor debió de entender que toda la colección le pertenecía a ella. Resultado, Lumen dejó de cobrar las ventas que sin duda se producían de sus títulos. Creo que no hicimos nada al respecto. Las personas muy listas y trabajadoras pueden ser peligrosas, pero las que somos perezosas y bobas podemos ocasionar otro tipo de desastres.

Y llegó el *affaire* del libro infantil de Matute, *Paulina.* No era de los mejores pero sí uno de los que más se vendían. Lumen lo había publicado en la colección Grandes Autores, y Rosa me comentó un día que le gustaría sacarlo en bolsillo. Le dije que habría que hablarlo con Matute. No me volvió a llamar, ni me escribió tampoco. No existe ni una palabra escrita que insinúe el menor derecho de Regás sobre este libro, ni una alusión en una postal, una nota en un ejemplar. Nada.

Y Rosa empezó a sacar una edición tras otra. Lo que no pudo hacer con *Ulises* lo hacía, salvando las abismales distancias, con *Paulina.* Utilizó nuestros dibujos, no nos comunicó nada, no nos mandó ni un ejemplar y no pagó un duro a nadie. Piratería pura y dura, me parecía a mí. Y además vendía muchas *Paulinas.* De modo que mis distribuidores —Visor en Madrid y Enlace para el resto de España— protestaban airados, porque todos los ejemplares que vendía ella eran ventas que perdían ellos.

Daba una pereza terrible pelear con Rosa, pero por fin me decidí a ver a un abogado. Alguien me recomendó a Loperena. Yo le conocía de los grupos de teatro de la universidad y nos caímos bien. Le conté el caso y dictaminó que el único modo de evitar que siguiera sacando ediciones de nuestro libro era ponerle, Matute y yo, a Rosa, una querella criminal. Las dos dijimos que sí a todo. No sé absolutamente nada de medicina ni de leyes, de modo que doy por buenos los veredictos y estrategias de médicos y abogados, de los profesionales.

Cuando más adelante alguien comentó —de pasada y sin darle la menor importancia— que una querella criminal puede suponer penas de cárcel, quedé aterrada y se lo pregunté a Loperena, que me tranquilizó risueño. Una persona sin antecedentes y con un delito de esta índole era imposible, absolutamente *imposible*, que fuera a dar con sus huesos en la cárcel, imposible incluso que pasara una noche en comisaría.

Pero Rosa acababa de hacer unas declaraciones a la prensa. Era demasiado lista para aludir, ni siquiera de forma velada, a la vieja teoría de la envidia que podía suscitar en otras mujeres. Recurrió a algo distinto. Vino a decir más o menos (no tengo a mano la cita, pero el significado era éste) que mi pasado de jefaza falangista (yo nunca había sido jefa de nada) me había dejado como huella la costumbre de pisotear a los demás y la creencia de que podía permitírmelo. O sea, mi pasado falangista era la causa de que tomara a mal que se piratearan mis libros. Que además, según ella, no se pirateaban, porque (y en esto se basó toda la defensa) Matute le había dado en una conversación telefónica autorización para hacerlos. Todos los argumentos eran, pues, que yo había sido falangista y que existía un acuerdo telefónico, que Matute negaba. Argumentos tan débiles que ningún juez podía tenerlos en cuenta. Y a mí no se me pasaba el susto de que íbamos a ganar el caso, y de que entonces Rosa podía negarse a pagar una multa o incluso a que la soltaran sin multa alguna. Rosa podía empeñarse en ir a la cárcel de mujeres, y yo la veía en la puerta, enfrentando al grupo de fotógrafos, fans y amigos, con una sonrisa patética y a la vez irónica en los labios, una larga bufanda de lana, seguramente regalo de Juan Benet, que solía llevar ese tipo de bufandas, rodeándole la garganta y colgando casi hasta el suelo, y en el último instante, antes de cruzar el umbral, sus labios abandonaban la sonrisa y musitaban: «Es Esther Tusquets, la Falangista, quien me ha traído hasta aquí.» ¡Qué momento glorioso!

De modo que yo elevaba en secreto mis plegarias a

todas las deidades paganas que se me ocurrían, para que me hicieran perder aquel maldito pleito, que había resultado ser una querella criminal, que, dijera lo que dijese Loperena, podía sumirme en la miseria. Los dioses estuvieron divinos, insuperables. 1. Loperena tenía otro caso más importante y envió a un suplente que no conocía el caso. 2. Se había olvidado advertir a los testigos de Lumen (uno de los cuales había venido adrede desde Madrid) que debían llevar consigo un documento que acreditara su cargo en las respectivas empresas. No lo llevaban y no pudieron declarar. 3. Ana María Matute se había dejado convencer, o engañar, y unos días atrás había aceptado dinero en concepto de liquidaciones de derechos de autor por *Paulina*, y, por si esto no fuera suficiente, en el interrogatorio, nerviosa por haber cometido la torpeza de coger el dinero de Rosa, fue incapaz de recordar el título del libro objeto de la querella. (Ana María es adorable, pero con ella pueden ocurrir estas cosas...)

Ésta ha sido mi historia con Rosa Regás. Cuál es la suya con Esther Tusquets (caso de que la tenga), lo ignoro. En más de cincuenta años en el mundo del libro, y más de cuarenta dirigiendo mi propia editorial, he tenido, claro está, algunos conflictos, y es seguro que hay personas que sin que yo lo sospeche me tienen ojeriza, me detestan, me guardan rencor por algo que nunca supe o que hace tiempo he olvidado. Pero las viejas damas indignas hemos vivido mucho y sabemos que son pocas las cosas importantes (descubrir que nunca lo son las que se relacionan con el dinero —y era el caso de *Paulina*— elimina más de la mitad de los conflictos y los odios); sabemos que del ser humano no debe esperarse demasiado, y que entre los seres humanos está uno mismo (cuando mi madre me dijo, siendo yo adolescente, «sé que no eres capaz de cometer ni con el pensamiento la menor bajeza», me dejó anonadada, porque me sentía capaz de cometer, de pensamiento, palabra y obra, multitud de bajezas), sabemos que casi todo, menos tal vez la crueldad deliberada, es perdonable. Las viejas damas somos comprensivas, y tolerantes, y la indignidad a la que aspiramos va contra muchas normas, es irreverente, insumisa, descarada, impertinente, a menudo políticamente incorrecta, pero no nos autoriza a creernos en posesión de la verdad ni a mimar una imagen halagüeña de nosotras mismas.

Lo único que tengo contra Rosa Regás —aparte de que personalmente no congenie con su estilo— es que, cada vez que surge el tema en presencia de Ana María Moix, ella, siempre bondadosa, opine: «Pero tú no le habrías puesto a Rosa una querella, eso fue idea de *los otros*.» Pues no, Ana, no. Yo no habría puesto una querella criminal, pero hubiera demandado a Rosa, no por mi pasado falangista, ni por tener ningún problema personal, ni porque me comieran el coco los demás: lo hice porque creí que debía hacerse.

22

Me separo de Esteban y escribo *El mismo mar de todos los veranos*

El año 1978 fue un año decisivo en mi vida. Llevé a cabo dos proyectos, tan viejos —sobre todo uno de ellos—, que había perdido ya la esperanza de que se realizaran jamás. El más reciente era separarme de Esteban.

Desde mi vuelta de Nueva York la situación había ido de mal en peor, hasta tornarse insoportable. No sólo para mí: para los dos. Estábamos tan descontentos cada uno de nosotros de sí mismo como del otro. Pero, por raro que parezca, nos queríamos mucho, habíamos sido enormemente felices, pasábamos todavía buenos momentos y yo sabía que no volvería a encontrar a otro hombre como él. O quizás esperaba un milagro: despertar una mañana y haber dejado atrás aquella pesadilla, que todo fuera como al principio.

Lo cierto es que había renunciado ya a separarme, cuando de pronto, un día, comprendí que habíamos atravesado juntos todos los círculos del Paraíso y del Infierno (nos habíamos saltado el Purgatorio), que habíamos sido felices y desdichados como nunca antes y tal vez como nunca lo seríamos después, que nos habíamos amado *perdidamente* y nos habíamos detestado con parecida intensidad, que nos habíamos dicho las palabras más tiernas y las más atroces, que nos habíamos hecho recíprocamente lo mejor y lo peor de lo que éramos capaces, y que ahora habíamos llegado al final. O tal vez no fuera tan melodramático y literario. Era mera cuestión de supervivencia, habíamos llegado a un punto en que aquella situación podía acabar conmigo y me revolví como un gato panza arriba.

Esteban se fue de casa —Néstor y Milena se quedaron conmigo, ni se me habría ocurrido separarme de Esteban si esto hubiera comportado el riesgo de perderlos— enfurecido, y durante unos meses todo fueron agresiones y amenazas telefónicas. Sólo gracias a la mediación de Marisa, siguió viendo regularmente a nuestros hijos. Y luego un día me citó en un café, me contó que había tenido un sueño revelador, que ahora sabía que me quería y me iba a querer para siempre, que lamentaba haberse comportado durante años de aquel modo, que no lo entendía, que había sido una locura, una enfermedad, y que le gustaría reanudar cierto trato conmigo.

A partir de este momento y hasta su muerte nos hablábamos a menudo por teléfono, le consultaba yo los problemas concernientes a los niños, venía a cenar a nuestra casa (las dos perras enloquecieron de alegría cuando le volvieron a ver por primera vez) o salíamos a cenar fuera. Y uno de los elementos más tristes —no más dolorosos, ni más terribles, ni más graves, pero sí más tristes— de esta historia es que en aquellas cenas yo me aburría a morir.

Esteban murió relativamente joven, de cáncer, y, cosa

muy propia de él y horrible para mí, sin hablarlo con nadie. Un día había llamado para decirnos que no podía venir a cenar porque no estaba bien del estómago. Le propuse prepararle un arroz de enfermo, pero dijo que prefería no moverse de casa. Hubo otra llamada comunicándome que había ido al médico y que le iban a hacer unas pruebas, y una tercera asegurando que ahora estaba tranquilo, porque no era grave, y que se resolvería con una operación muy sencilla. Y estoy segura de que durante todo este tiempo él ya sabía que iba a morir.

Mi padre pasó a verle por la clínica un rato antes de la operación, y no se quedó a presenciarla: mi padre era uno de esos raros médicos a los que les basta ver a un paciente para intuir lo que ocurre. Esteban se moría, la operación era inútil, y él lo sabía y no lo hablaba con nadie y se dejaba operar. Recordé algo que me había contado de cuando era un niño de seis o siete años. Se había descubierto una mancha en un pie y había pensado: «Seguro que es lepra, me voy a morir.» Pero no se lo había dicho a nadie, durante días y días había vivido a solas esta angustia, hasta que advirtió que la mancha se debía a que desteñían sus zapatos. Ahora, después de la operación, no preguntó nada. ¿Y yo? A mí me habría parecido mejor acostarme a su lado, abrazarle, preguntarle lo que sentía, lo que pensaba, llorar a gritos, pero tal vez haya angustias y miedos que no pueden compartirse y tal vez ante la muerte estemos siempre solos.

Por otra parte, no tuve siquiera ocasión de hablar con él sin que hubiera nadie más en la habitación. Porque desde que ingresó en la clínica apareció allí Cata, no como su ex esposa: como si no hubiera dejado nunca de serlo. Por un motivo más triste había recuperado como Marisa la posibilidad de decir «mi marido», de ser la «señora de» y figurar socialmente como mujer casada. Cata montó guardia permanente, con Edgar y Elena, junto a la cama del enfermo durante el mes largo que Esteban tardó en morir (que permitieron que tardara en morir), y yo lo acepté, porque sus dos hijos mayores le querían muchísimo e iban a cuidar bien de él, y también por pereza, por comodidad, porque era para mí una vieja historia y porque tiendo a evadirme, cobardemente, de los escenarios donde reina la muerte. Tanto es así que equivoqué la hora de la ceremonia y llegamos Néstor y yo tarde a la incineración.

Esteban murió, Cata puso una esquela en la prensa, en nombre de «su esposa» y «sus dos hijos» (obviamente no se refería a mí y a los míos), y poco después moría de repente mi padre. Yo había perdido en apenas un mes a los dos hombres más importantes de mi vida. Y mis hijos habían perdido, aún adolescentes, a su padre y a un abuelo al que adoraban. También, años después, las dos mujeres más importantes de mi vida, mi madre y Mercedes, morirían con tan poco tiempo de diferencia que mamá no llegó a enterarse de la muerte de Mercedes.

El segundo proyecto, de índole muy distinta, era tan antiguo que se remontaba a mi primera infancia. Desde los siete o los ocho años yo tenía decidido que lo mío era ser escritora o actriz. Escribía poemas —como el de la primera comunión— y me subía a una silla para recitarlos o montaba con amigos pequeñas representaciones en los jardines de las casas de veraneo o en los terrados de la ciudad. Más tarde estudié un curso en el Instituto del Teatro, seguí participando en funciones universitarias y de aficionados, y también escribiendo durante todos los años de universidad. Después se acabó y quedaron en mi vida dos asignaturas pendientes, mientras me dedicaba a una profesión —la de editora— en la que nunca había pensado antes.

Estaba cerca de cumplir cuarenta años cuando decidí ponerme a escribir una novela y, por mucho que me desagradara lo que llevara hecho, seguir hasta el final, en lugar de abandonar a las pocas páginas, como había ocurrido en dos intentos anteriores. Andrés Bosch me había dicho que no sabías nada de una novela hasta que estaba terminada, del mismo modo que no sabías nada de un amor hasta que ibas a la cama. Tal vez estuviera en lo cierto.

Decidí escribirla a hurtadillas, sin que lo supiera absolutamente nadie, porque temía que, si hablaba de ella, se evaporaría, perdería aroma, como una botella de colonia abierta, y, por otra parte, no me apetecía propagarlo a los cuatro vientos y luego no cumplirlo o que el resultado fuera desastroso. Una parte la hice en mi despacho de la editorial —entre visitas, llamadas telefónicas, interrupciones constantes—, otra, la más extensa, en Cadaqués, con mis dos hijos todavía muy pequeños, los niños amigos de mis hijos, las canguros de todos ellos, un montón de invitados, y los constantes conflictos con Esteban... Allí comprobé que uno puede escribir en cualquier circunstancia y en cualquier lugar.

En poco más de un año mi novela estaba terminada, y consideré que, mejor o peor, era publicable. Sabía que Carlos la sacaría en Barral Editores, o Jorge Herralde en Anagrama, pero me pareció un fraude salir avalada por tan buenos editores sólo por amistad (efectivamente, lo primero que dijo Carlos al ver el libro fue: «¡Te lo hubiera editado yo!»), y preferí publicármela en Lumen.

Di el original a la imprenta, sin que figurara el nombre del autor, y me sentí muy halagada cuando Carmen Giralt —mi principal colaboradora en Lumen, durante años una de mis mejores amigas, compañera de múltiples viajes y compinche de desmesuradas aventuras— me preguntó: «¿De quién es la novela que me diste? La estoy leyendo y me parece fantástica.»

Diez días antes de que el libro se distribuyera en librerías, sólo estaban en el secreto tres personas: Carmen Giralt, Mercedes Torrents y José Batlló, poeta y editor, a quien debo que el título original, *Y Wendy creció*, sacado de *Peter Pan,* fuera sustituido por otro infinitamente mejor, *El mismo mar de todos los veranos.*

Entonces monté una gran fiesta sorpresa, a la cual invité a las personas que habían sido importantes para mí en las distintas etapas de mi vida y en los ambientes más diversos. Les dije que se trataba de celebrar algo (algunos supusieron que una reconciliación con Esteban, del que me había separado unos meses antes), pero no supieron qué hasta que vieron sobre la mesa de la sala un montón de libros ya editados. Es curioso que a los amigos del colegio y de la universidad les pareciera lo más natural del mundo, mientras que mis relaciones de los últimos veinte años no tenían la menor idea de mis intenciones de ser escritora.

Una historia de amor entre mujeres era todavía motivo de escándalo en 1978 y la visión que yo daba de la burguesía catalana era más que negativa, pero, a pesar de que el personaje de la madre hubiera ofendido a muchas madres, a la mía le gustó —que a ella le gustara atenuó el inicial escándalo de mi padre—, y, cuando supo que iba a dar una fiesta, me preguntó: «¿Quieres que vaya?», y yo dije: «Si crees que mi novela es motivo de celebración, sí.» Respondió que sí, y añadió: «¿Tal cual o como la del libro?» Naturalmente seguí el juego y afirmé que como la del libro. Y mamá apareció en mi fiesta vestida de largo, envuelta en gasas y con plumas de aves del paraíso surgiéndole del pelo.

Para mi gran sorpresa, *El mismo mar de todos los veranos* tuvo una excelente crítica y se vendió muy bien. Hay dos cosas que recuerdo con especial cariño. La primera fue que mi amiga Michi Strausfeld, ya entonces un importante enlace entre las editoriales alemanas y españolas, vendió los derechos de mi libro a una importante editorial de Hamburgo. Yo no lo podía creer y estaba tan contenta que prometí a las chicas que trabajaban conmigo —Lumen era, con excepción de mi padre y de Ricard Grau (hermano de una de mis mejores amigas de toda la vida, María Ángeles Grau), una empresa llevada por mujeres— destinar todo el anticipo que pagaran en una cena con ellas. Llegó el anticipo, ¡y ni pidiendo los platos más caros del mejor restaurante de Barcelona se podía gastar tanto dinero! De modo que las invité al Simpson's de Londres, con todos los gastos pagados. Fue un viaje divertido y accidentado. Al año siguiente iríamos a París con el producto de la venta de unos grabados (numerados y firmados por la autora, Aurora Altisent, que nos acompañó en el viaje) del libro, con sus dibujos y textos de Alexandre Cirici Pellicer, *Barcelona tendra,* que acabábamos de editar.

La segunda sorpresa agradable fue recibir un aluvión de cartas; rebasaban con mucho el centenar. Había más de mujeres, pero algunas de las firmadas por hombres figuraban entre las más hermosas. Recuerdo una muy breve, escrita en alta mar por un marino, preciosa, y, como ocurre a menudo, justo la carta que me habría gustado responder venía sin remite, porque quien la había escrito no esperaba reciprocidad. Muchas de las cartas hablaban de literatura, pero otras muchas de cuestiones personales, de modo que me vi convertida de pronto en una especie de consultora sentimental. Algunas lectoras se veían reflejadas, se identificaban. Casi todas con Elia, la mujer madura; algunas, con Clara.

Las guardé mucho tiempo, pero hace un par de años, en uno de esos arrebatos míos de ordenar y tirar (odio dejar rastros de mí), me deshice de ellas. Pero sí guardé —un rasgo sin duda de vanidad— la que me escribió Carmen Martín Gaite el 27 de mayo de 1978. Dice así:

> Querida amiga:
>
> Tu novela *El mismo mar de todos los veranos*, que acabo de terminar, me ha deslumbrado. Sumida todavía en el sortilegio reciente de su lectura, y antes de que dé paso a la tentación de una crítica reflexiva y razonable, te quiero dar las gracias por la tarde tan larga, tan diferente a todas, que me has proporcionado.
>
> Cuando se produce esta tentación, que se producirá, escribiré un comentario para *Diario 16*, donde colaboro a veces. Pero lo que siento ahora, mirando desde mi terraza cómo se consume esta tarde donde aletean pájaros moribundos, es algo muy distinto e inexpresable. Jamás entenderías la fuerza del fluido que, en estos momentos, me une a ti, por el puente prodigioso de palabras que has tendido en tu novela y que se derrumbará, después de haber pasado yo sobre él, al menor soplido, tan frágil era, tan inverosímil, tan oportuno y mágico, tan sabio.

¿Cómo has conseguido ponerlo en pie para que yo pasara?

Gracias.

La primera vez que yo había visto a Carmen Martín Gaite había sido en una sala de fiestas madrileña, a la que supongo habíamos acudido tras un acto montado por Distribuciones de Enlace. Me sorprendió que Carlos Barral le dedicara toda su atención y bailaran juntos baile tras baile. Lo hacían muy bien. Carmiña —así la llamábamos los amigos— cantaba, bailaba y contaba historias con mucha gracia, era un poco histriónica y numerera, como Matute, y, al igual que Matute, aunque por caminos distintos, se metía a cualquier público en el bolsillo. Yo aquella noche todavía no la conocía, y, cuando le pregunté después a Carlos quién era aquella señora mayor que nosotros, vestida de modo insólito y rebuscado, con un lacito de terciopelo negro en la melena canosa, con la que había bailado todos los bailes, me explicó que era Carmen Martín Gaite, una escritora estupenda, no tenía nada que envidiar a Matute, aunque fuera menos famosa (al parecer la comparación de las dos se producía de modo inevitable, pensé yo, como la de Delibes y Cela), y él se había mostrado especialmente cariñoso con ella porque su marido, Rafael Sánchez Ferlosio, acababa de abandonarla y Carmiña debía de estar pasándolo muy mal.

Poco tiempo después invité a Carmiña a estar unos días conmigo y con Ana Moix en la casa de Cadaqués. Fue allí donde nos hicimos realmente amigas. Ella pasaba momentos difíciles, pero procuraba mostrarse animosa. Hacía lo imposible por disfrutar al máximo y por lograr que lo pasaran bien los demás. Gozábamos de la barca y del mar, charlábamos por los codos, reíamos mucho. Por las tardes, mientras Ana y yo jugábamos con otros amigos a las cartas, se ponía guapa —pantalones cortos de color rosa y adornos en la melena entrecana— y se iba a dar un garbeo por el pueblo. A mis hijos, todavía muy pequeños, les parecía un personaje de cuento, una especie de bruja buena.

Hubo un solo momento en que vi a Carmiña hundida. Despertó con problemas de audición y temió quedar sorda. Y decía que aquello sería demasiado, que no iba a soportarlo. Su crisis duró poco, pero tuve una visión anticipada, tal vez la primera, de la vejez, de lo que debía de ser ese miedo a perder de día en día facultades.

Después volvimos a Barcelona en mi coche. Carmiña se pasó el viaje cantándonos coplas románticas y burlescas y populares, con gran jolgorio por parte de los niños. Antes de regresar a Madrid, quiso que la acompañara a Calafell para ver a Carlos. Nos recibió Ivonne recién salida de la cama, se apresuró a decirnos que no podíamos quedarnos a almorzar porque no tenía sitio, que fuéramos a tomar algo a La Espineta y Carlos nos buscaría allí. Fuimos, pedimos un pica pica y esperamos que llegara Carlos. Llegó, tomó una copa, estuvo tres minutos y se largó, farfullando algo que parecía una disculpa. Nosotras pagamos el aperitivo y regresamos a Barcelona... ¡Esos Barral!

Reedité de Carmiña un libro de ensayo, *Usos amorosos del siglo XVIII*, y más adelante, un día que nos encontramos en casa de Miguel y Mari Paz García, se me ocurrió pedirle que me escribiera un cuento para niños. Respondió resueltamente que no, que nunca había pensado en hacer nada infantil, pero poco después me notificó que había cambiado de opinión, y unas semanas más tarde me anunció el envío del texto: «No sé cómo agradecerte la sugerencia que me hiciste hace un mes en casa de Miguel y Mari Paz... Desde que acabé *El cuarto de atrás*, no había gozado tanto escribiendo una cosa, ni me había sentido tan en vena ni tan divertida. Ojalá le guste a Milena.» El cuento, muy bonito, muy distinto a lo que se publica habitualmente para niños, se llamaba *El castillo de las tres murallas,* y Martín Gaite escribió todavía otros dos libros infantiles.

Lo cierto es que, pese a un par de incidentes conflictivos —debidos a razones de trabajo— y a algún incómodo desencuentro —debido a las mismas razones—, rápidamente superados, mi relación con Carmiña fue una hermosa relación, que duró casi veinte años, hasta su muerte en julio del 2000.

23

Años de desconcierto, mi experiencia en una multinacional y triste despedida de Lumen

Siempre supe que la aventura de Lumen era posible gracias a la presencia de mi padre, a la rara mezcla que se daba en él de entusiasmo idealista y de sentido común, a su instinto para los negocios, a su capacidad de trabajo. Pero algo estaba cambiando. Le preocupaban problemas de dinero que no existían, y, cuando le pregunté cómo era posible que los hubiera si los libros se vendían bien, se mostró terriblemente ofendido, como si le estuviera exigiendo cuentas. Parecía incluso desconfiar de Oscar y de mí en cuestiones de dinero, sin motivo alguno, pues en este caso, si yo era de fiar, mi hermano lo era todavía más. Es muy curiosa la relación que tenemos los humanos con el dinero, y en Oscar se da una insólita mezcla de tacañería y desprendimiento. Tacañerías absurdas por cantidades insignificantes, y desinterés total ante cantidades importantes. Jamás mencionó el hecho evidente de que mi padre gastaba en mí más dinero que en él, nunca preguntó quién había pagado el piso del paseo de la Bonanova, y, ante un testamento tan impreciso como el de mi padre, que habría sido en otras familias motivo de enconadas discusiones —lo cual habría hecho las delicias de mi madre—, llegamos rápidamente a un acuerdo.

Mi padre quería, durante sus dos últimos años de vida, controlarlo personalmente todo en Lumen, salvo el programa de edición, y me tenía peor informada que nunca, justo en unos momentos en que él empezaba a tener olvidos y a cometer equivocaciones. O tal vez se debiera precisamente a esto, a una creciente inseguridad en sí mismo. Quedé atónita al oírle lamentar un día con amargura: «Ahora da igual que muera, porque mis nietos ya no me necesitan ni les importo», cuando yo sabía bien que mis hijos le adoraban. Intuí que él, que no había temido nunca la muerte, ahora empezaba a sufrir aprensiones y miedos. Era la vejez, y me pareció terrible.

Por eso, cuando una mañana bajó la criada de mis padres a decirme que el señor «estaba muy raro», y le encontré muerto en su cama, con el cuerpo ya frío, pero con el aspecto absolutamente apacible, los ojos cerrados, ni un rasgo de angustia en el semblante, ni un gesto crispado en las manos, comprendí que había muerto en pleno sueño, sin sufrimiento y sin miedo, y que a este privilegio se añadía el de liberarse del lento y pavoroso período final, en que el imparable deterioro le convierte a uno en alguien distinto y existe la absoluta certeza de que cada día será peor que el anterior.

No lamenté la muerte de mi padre, me pareció una bendición. También me lo parecería para ella, años después, la muerte, idéntica, de Mercedes, pero Mercedes era mucho más joven y yo la necesitaba demasiado, el dolor de haberla perdido fue demasiado desgarrador para que saber que había sido una muerte tan dulce pudiera servirme apenas de consuelo.

La muerte de mi padre supuso, en cualquier caso, para Lumen, el principio del fin. Yo no disponía de nadie para sustituirle. Puse a Carmen de gerente, pero, aunque actuó con la mejor voluntad del mundo, no funcionó. Y una editorial como Lumen es un artefacto muy frágil, muy delicado. Bastó que coincidieran en un mismo momento tres acontecimientos adversos —por primera vez bajó de forma notable la venta de *Mafalda*, la última novela de Eco no tuvo el mismo éxito que las anteriores, y en Estados Unidos cambió la política del gobierno respecto a la presencia del castellano en las escuelas y se redujo la compra de libros infantiles españoles a menos de la mitad— para que la gestoría que llevaba nuestra contabilidad encendiera las luces de alarma.

Yo tenía casi sesenta años, nunca me había gustado el papel de mujer empresaria, y no quería correr el riesgo de tener que reducir el plan de publicaciones ni sobre todo de tener que despedir a nadie. Decidí vender Lumen a una multinacional que me permitiera seguir dirigiéndola del modo más independiente posible. Me dirigí al ex director de Bertelsman en España, antiguo compañero ocasional de bridge, ahora trasladado a París, que siempre repetía que, si algún día se me ocurría vender Lumen, se lo dijera en primer lugar a él. Los contactos se iniciaron después de Navidad y el contrato se firmó —he de reconocer que sin excesivo dolor por mi parte— antes de Semana Santa. Yo dirigiría Lumen hasta que me jubilara a los sesenta y cinco años.

Seguí haciendo, pues, mi trabajo de siempre, en el lugar de siempre y con la gente de siempre. Desde los primeros encuentros todos habían hablado de «sinergia», y yo había encontrado en una enciclopedia la definición: «acción combinada de dos o más causas cuyo efecto es superior a la suma de los efectos individuales». Esperaba, pues, que Lumen y Bertelsman se potenciaran recíprocamente, o sea, que vendiéramos más libros. Pero resultó que la sinergia sólo se producía cuando las causas eran compatibles: la distribuidora de Plaza y Janés resultaba excelente para Plaza y Janés, no para Lumen; los vendedores habían sido adiestrados para vender a Stephen King, o incluso a Quino, no a James Joyce o a Virginia Woolf; las ideas del departamento de promoción —incluir el dibujito de Mafalda hasta en los libros de poesía— no encajaban en nuestro estilo. La gracia sinérgica no descendió, pues, sobre nosotros, o trajo pobres resultados. Los libros se vendían igual que antes.

Yo esperaba también que, tratándose de una multinacional alemana, todo sería muy formal y aprovecharían la Feria de Frankfurt para que los altos jefes me dieran la bienvenida y me conocieran, pero ni tan siquiera, en el cóctel que ofrecen todos los años, me presentaron a nadie. Daba por sentadas la eficacia y la seriedad, y descubrí que reinaba un caos parecido al de muchas empresas españolas y que no se respetaban las áreas sobre las que tenían derechos de venta para un título determinado (aparecieron muchas *Mafalda* de Lumen en países de América Latina, cosa que yo le había jurado a Quino era imposible sucediera y que le provocaba tremendos ataques de furia).

En las reuniones con los libreros, teníamos que exponer los editores los «argumentos de venta» de los títulos que íbamos a publicar, pero no se trataba de señalar la importancia de los autores ni la calidad de los libros (no se citó jamás a Kafka, a Proust, a Joyce, o a aquel cuarto autor que había inventado Barral para burlarse de nosotros), ni siquiera de contar con cierta gracia el contenido. Sólo había básicamente dos argumentos de venta: que se hiciera la versión cinematográfica —a poder ser con Julia Roberts y Richard Gere— y, por encima de todo, que saliera en televisión. Si me lo hubieran confesado el primer día, yo no habría perdido tanto tiempo hasta descubrirlo.

Por otra parte, no interferían apenas en mi trabajo, y en Lumen seguíamos editando los libros que nos gustaban (fueran o no «mediáticos»), pero, a menos que tuvieran un gran éxito de venta, empezaba a los cinco o seis meses mi lucha para que no destruyeran los ejemplares sobrantes y suprimieran el título del catálogo. Con aquella política se guillotinan en España cientos de miles de ejemplares al año y se consigue que la vida de los libros sea efímera.

También las multinacionales celebran grandes convenciones anuales. ¡Y qué convenciones! Aquellas en que participé eran una mezcla pintoresca de fiesta infantil para niños un poco zafios y mitin preelectoral en un pueblo norteamericano. Tenían lugar en Canarias, en Túnez, en la costa levantina, en uno de esos hoteles destinados a ferias y congresos, con suntuosos vestíbulos espectaculares y habitaciones bastante menos suntuosas.

En las sesiones, los editores exponíamos nuestros programas, y éramos a veces vituperados por el público, o sea por los libreros —«¡nos los vendéis como pura sangres y luego resultan burros de carga!», «en lugar de un autor que decís es igual que Vázquez Montalbán, ¿por qué no nos dais un libro del propio Vázquez Montalbán?», «¡eso no le interesa a nadie!»—, que nos consideraban unos ineptos, únicos responsables de los fracasos si los libros no se vendían.

Pero el Gran Jefe —un extraordinario vendedor que había llenado los países del Lejano Oriente de electrodomésticos alemanes de una firma cuyo nombre, como otras tantas cosas, he olvidado— no se arredraba ante nada. Arremetía contra los vendedores díscolos y los pulverizaba. Todo un personaje. En el avión había volado, junto con su mujer, en primera, mientras todos los demás íbamos, en el mismo avión, en turista. Cuando me invitaba a comer, una vez al mes, en un restaurante próximo a Lumen, pedía rápidamente el menú, borrando la posibilidad de que yo mirara la carta, pero se demoraba mucho eligiendo el vino y elegía uno de los mejores, porque le gustaban los vinos y presumía de ser (seguramente lo era) un entendido en la materia. En cierta ocasión —me contó—, había cometido un error. Iban a trasladarse a vivir a Ciudad de México y compró en Francia muchísimas botellas de un vino excelente, sin tener en cuenta que, a una altura de quinientos metros, se iba a echar a perder. Pero no importó —concluyó, riendo, la anécdota—, porque, antes de irse de México, vendió todas las botellas a sus amigos, y más caras de lo que le habían costado a él. De todos modos, cuando estaba conmigo su tema de conversación favorito era contarme una historia de gatos que había editado yo en castellano, y que él sabía que había yo editado, de donde era fácil deducir que la conocía tan bien o mejor que él.

Hubo dos actuaciones del Gran Jefe que superaron a todas las demás. Una coincidió con la convención en que se notificarían y discutirían los balances del año, y todos estábamos ansiosos por conocer los resultados, como niños que esperan las calificaciones de fin de curso para saber qué conclusiones se saca de ellas y qué cambios se proponen para el futuro.

Subió a la tarima el Gran Jefe, y habló durante una hora de cómo era la organización de Bertelsman en Portugal (igual pudo haber contado la historia de los gatos, y habría sido menos aburrido). De vez en cuando hacía un inciso, lleno de suspense, y advertía que nos esperaba una gran sorpresa, algo muy especial.

Y, en efecto, de repente se abrió de par en par la puerta, calló el Gran Jefe, se hizo un silencio sepulcral, reverente, y avanzó por el pasillo que cruzaba toda la sala, desde la puerta hasta la tarima, Carmen Balcells, majestuosa, magnífica, envuelta en una túnica blanca. Todos nos pusimos en pie a su paso, y, cuando el Gran Jefe la estrechó entre sus brazos, estalló un caluroso aplauso.

Pero había más: no sólo Carmen había tenido la gentileza de avalar y ennoblecer con su presencia el acto (lástima que se perdiera la docta disertación sobre la estructura de Bertelsman en Portugal), sino que nos traía un regalo: una camiseta en la que se anunciaba *Luna lunera*, y en el dorso, entre signos de admiración, se leía «Rosa Regás, qué buena estás».

Me pregunto si actuaciones como la que voy a referir a continuación se enseñan en escuelas de dirección de empresas, escuelas carísimas, con los mejores profesores en cada materia, y si se enseña también que para ganarse a los vendedores es preciso situarse al que se considera su nivel, o sea nivel cero. Si es preciso disfrazarse de moro, ponerse camisetas con eslóganes ridículos, cantar chorradas a coro, bailar en calzoncillos encima de las mesas, contar chistes verdes, hacer bromas obscenas...

Porque, al concluir el banquete de clausura de una convención, mientras todos mirábamos más o menos consternados cómo se nos iba derritiendo en el plato el helado que los camareros habían servido por error antes de tiempo, el Gran Jefe, bien trajeado y con corbata, empezaba así su discurso: «Cuando llegué a España me dijeron que la gente era muy religiosa, y enseguida comprobé que era verdad, porque en la oficina oía decir todo el rato: ¡hostia!, ¡hostia!, ¡hostia!»

Un día, cuando faltaba sólo un año para mi jubilación, me citó Juan Pascual, el Pequeño Jefe, en su despacho y me despidió. Me pagaban lo mismo, doblaban el sueldo de mi hija como directora literaria, y ponían de directora a Carmen Giralt. Lo acepté. Pero Marisa Blanco, directora entonces de «Babelia», suplemento literario de *El País*, Ana Maria Moix y Milena no me dejaron aceptar. Armaron un escándalo. Jorge Herralde escribió un magnífico y apasionado artículo en mi defensa (que agradecí y agradezco muchísimo, pero que no llegó a publicarse porque rectificaron antes mi despido). Juan Pascual me citó para decirme que le había entendido mal, que podía seguir en mi cargo el tiempo que creyese conveniente, que él me quería mucho y sabía que también yo, *aunque fuera demasiado tímida para demostrarlo*, le quería mucho a él. Respondí que me quedaría sólo cuatro meses, hasta la fiesta del cuarenta aniversario de la editorial, anunciado y planeado desde hacía mucho tiempo.

Se celebró la fiesta, me despedí y así terminó para mí Lumen.

En el título de este capítulo se lee «triste despedida», pero no me refiero a lo que acabo de contar. Llevaba cuarenta años de editora, eran muchos (si poco después formé parte de una nueva editorial, RqueR, fue más por mi hija que por deseos de seguir yo en el mundo de la edición), y de todos modos iba a dejarlo unos meses después, al llegarme la jubilación. Es probable que, de no haber vendido la empresa, de ser todavía una editora independiente, no hubiera pensado en retirarme, pero no era éste el caso. Y, a pesar de que reconozco ser, o haber sido, sumamente susceptible y picajosa, mi amor propio no había sufrido lo más mínimo. Todo era impersonal y remoto. Personas que no conocía ni me conocían habían decidido en Frankfurt o en Nueva York o en cualquier otra ciudad, despedirme a mí, o a cincuenta más, ¿cómo y contra quién iba a sentirme ofendida? Ni siquiera creo que Pascual fuera el responsable ni tuviera nada contra mí. O quizás sí. ¿Qué más da? ¿Qué me importaba a mí Pascual?

No, lo triste fue lo que ocurrió entre nosotros, entre la gente de Lumen, entre personas que habíamos compartido muchas cosas y que nos queríamos. Fue como si los mejores recuerdos del pasado perdieran su valor, quedaran manchados sin remedio. Una fea y oscura desbandada.

Después de separarme de Esteban, me sentí libre y, por primera vez en mi vida, sola. La compañía de dos niños pequeños era importante, pero muy distinta. Lo cierto es que, pese a echar de menos a su padre, sobre todo Milena, la vida resultaba ahora mucho más desordenada y divertida. En un mundo de mujeres y niños las normas suelen ser menos rígidas. Se respetaban poco los horarios, casi todos los juegos estaban permitidos y nadie protestaba si se veía mucho rato la televisión —yo la veía con ellos— o si armaban demasiado ruido. Por la noche, competían por dormir conmigo, y terminábamos siempre arrastrando un colchón hasta mi dormitorio, para que, por riguroso turno, un niño durmiera en él y el otro en mi cama. Los perros se echaban donde querían. O sea que dormíamos tres humanos y dos o tres perros en la misma habitación, amontonados y revueltos. Como gitanos, habría dicho mi madre. Y a mí me encantaba.

El éxito de *El mismo mar de todos los veranos* me animó a seguir escribiendo y saqué los dos siguientes títulos de la trilogía en dos años. Aunque parte del tiempo escribía llorando. Me había respondido la pintora Alejandra Vidal, cuando le pregunté qué hacía cuando se sentía tan mal que no podía contener las lágrimas: «Me seco los mocos y sigo pintando.» Pues eso hacía yo, sollozaba a gritos, me secaba los mocos y las lágrimas y seguía escribiendo. Siempre —qué raro me parece ahora, qué injustificado, qué difícil de entender— por razones amorosas.

Cuando me separé de Esteban, había empezado ya mi relación con José Batlló, el poeta y editor, de origen catalán pero crecido en Sevilla, que había vuelto a Barcelona con su mujer, había tenido con ella dos hijos, y dedicaba el poco dinero de que disponían a editar una revista de poesía, *Camp de l'Arpa*, y una colección de poesía, El Bardo, que finalmente tuvieron que dejar.

Entonces fue a verme Batlló a mi oficina, para venderme una serie de carteles, con poemas, a los que no había logrado dar salida. Y, de repente, se me ocurrió: en lugar de ocuparnos de vender aquellos carteles, que no tenían demasiado interés, ¿por qué no retomábamos en Lumen, dirigida por él y con el mismo nombre, la colección de poesía?

Empezamos la colección y poco después convocamos un premio. Y la colección se vendía, y el premio —con un jurado de excepción, en el que figuraban Barral, Valverde y Masoliver— era un éxito. Se concedía con tal honestidad que un año estaban ya en las oficinas de Lumen la prensa y otros invitados, esperándonos para que les comunicáramos el fallo, y nosotros seguíamos en el restaurante sin llegar a un acuerdo respecto al ganador.

Batlló era, y es, inteligente, sensible, cariñoso y entrañable, pero es también extremadamente peligroso, porque, entre todos los hombres autodestructivos con los que me he tropezado, que han sido muchos, él se lleva la palma, y es imposible destruirse a sí mismo sin dañar lo que uno tiene alrededor. Y en el alrededor de Batlló yo fui una temporada el objeto más próximo. Es muy difícil hacer feliz a alguien que se obstina en no serlo y muy difícil ser feliz a su lado. Es cierto también que su mujer no colaboraba demasiado, pero las esposas suelen mostrarse curiosamente reacias a poner algo de su parte para que sus esposos lo pasen bien con sus amantes. Unas egoístas.

Al final de nuestra relación, Batlló trabajaba en Lumen. Casi todos los empleados éramos del otro sexo (o sea mujeres) y todas le bailábamos el agua. Yo había ido con él al Corte Inglés para comprar sillas y una mesa y una sombrilla, y tomábamos casi a diario el aperitivo en la terraza. Había muy buen ambiente. Se aceptaban todas sus iniciativas e incluso habíamos empezado a dar trabajo a su hija. Era más de lo que él podía soportar, o sea que lo echó todo por la borda. Un libro del que era responsable fue corregido por un pésimo corrector y salió con tantas erratas que hubo que repetir la edición. Le reprendí, y me interpeló: «¿Consideras que la culpa es mía?» «Claro. Tú lo diste a este corrector y, si no era de fiar, tenías que revisar su trabajo.» Batlló repitió:

«¿Consideras que la culpa es mía?» Y yo respondí: «Sí.» Se levantó, salió de mi despacho, recogió sus cosas y desapareció de Lumen y de mi vida, seguido por su hija.

Pasé años sin verle, hasta que coincidimos un día en el cóctel del Premio Herralde, y caímos uno en brazos del otro, y recuperamos de golpe la amistad y el cariño de siempre.

Pero por muy amigos que seamos, y por mucho que nos hayamos querido siempre, eso no borra el hecho de que, en la etapa en que no vivíamos una amistad sino un amor, me las hiciera pasar canutas, ni que, unido al trauma que supone siempre una separación como la de Esteban y a que mi padre muriera ocho días después de que Batlló saliera iracundo de mi despacho, me hundiera en la única depresión auténtica de mi vida. Una depresión auténtica no consiste en un estado de ánimo, sino en una enfermedad. Esto sólo lo sabemos, aparte de algunos médicos, los que hemos estado de veras deprimidos.

Vida (coincidieron una vez más en este punto nuestras vidas paralelas, aunque en aquella ocasión ella se me adelantó) también había sufrido una depresión (tan delgada estaba que parecía salida de un campo de exterminio, pero en nuestra sociedad se identifica hasta tal punto la delgadez con la belleza, que todo el mundo, marido incluido, aseguraba encontrarla guapísima), también por razones amorosas, de la que estaba saliendo, y me vio a mí tan mal que me arrastró al despacho de su psicoanalista argentino, y pasé a ser paciente de otro psicoanalista argentino, éste judío, que compartía con él la consulta. Las dos, Vida y yo, albergamos serias reservas respecto al psicoanálisis, pero las dos lo prolongamos durante cinco años, o sea que algo debíamos de encontrar en las sesiones, puesto que no las interrumpíamos. Y reconozco que en ningún otro momento he estado tan motivada para escribir.

Jorge Belinsky, a veces llamado el Flaco, a veces llamado Bubú, a veces llamado el Mago, es la mezcla más curiosa de inteligencia e ingenuidad que conozco, un amigo total de sus amigos y una buena persona. Fue una suerte conocerle y una suerte tenerlo como psicoanalista, aunque yo establecí desde el primer día una resistencia feroz —le amé perdidamente, le odié ferozmente, sufrí como un perro apaleado (pero era yo la que manejaba el palo)—, fui un auténtico coñazo. Entonces no sabía qué era lo que yo quería conseguir de él. Ahora sí lo sé: quería moverle de su lugar, acabar con sus silencios, con su ecuanimidad, ser la más fuerte, y no lo conseguí. Tal vez aquello no fuera propiamente un psicoanálisis, pero Bubú, el Flaco, el Mago, logró algo muy importante: me marcó mis límites como no lo había hecho nadie hasta entonces.

Para poder soportar a Batlló sin sucumbir a la depresión, había acudido a Belinsky, y los disgustos que me daban Batlló y el Mago juntos me hicieron recurrir a un psiquiatra (al psiquiatra de todos nosotros, un tipo tan especial que le perdoné hasta su afición a los toros, Mariano de la Cruz, que nos recetaba pastillas y mimaba nuestra autoestima asegurando que éramos maravillosos, lo cual no es ninguna tontería, porque a menudo los humanos necesitamos oír en boca de alguien que somos maravillosos, sobre todo si nos estamos psicoanalizando) y a un amigo ideal, Pedro Porta, mucho más joven que yo, simpático, divertido, encantador, al que acababa de conocer y que, a pesar de tener entonces una vida complicada, fue capaz de cuidar de mí y de mis hijos mejor que nadie. Entonces pensaba ser psicoanalista, pero más tarde encontró una profesión en la que encajaba mucho mejor y en la que ha trabajado desde entonces con éxito: agente de músicos y cantantes de ópera.

Durante el tiempo que media entre la separación de Esteban y la fiesta de celebración de mi cincuenta cumpleaños —que marca el punto máximo de mi plenitud, tras el que comenzaría, lenta, la decadencia— hubo muchas fiestas, muchas cenas, muchas salidas nocturnas, muchos amigos, muchos viajes.

Entre los amigos figura uno del que he prometido dos o tres veces hablar: Mario Trejo. Mario es un poeta argentino, un buen poeta, del que nadie pone en duda la creatividad, la cultura y el talento. Talento que ha desperdiciado con auténtico empeño y eficacia, pues, que yo sepa, sólo ha producido un libro de poemas, *El uso de la palabra*, que costó dios y ayuda hacerle terminar, un fantástico espectáculo teatral al estilo del *Living Theatre*, que montó en Buenos Aires hace un montón de años, que gente de los puntos más remotos del país acudió a contemplar y que nadie ha olvidado, y cierta colaboración en alguna película de Bernardo Bertolucci. Mario tiene, sin duda, un gran atractivo para las mujeres —no para todas, pero sí para muchas—, que no ha perdido ni con el deterioro de una vejez mal llevada. Y también para muchos hombres, porque es ingenioso, divertido, brillante.

Mario es, sin embargo, un peligro público. Si se instala en tu casa, estás perdido. Es inútil dejar de pagar el recibo de electricidad, él seguirá allí entre las tinieblas. Cuando la situación se pone tan mal que no tiene remedio (el amigo cambia de piso o se va a otro país), Mario reúne sus pertenencias en unas treinta bolsas de plástico (una de ellas con el candelabro judío, otra con un retrato de Marilyn) y consigue que, en cinco o seis viajes de coche, un amigo lo traslade a su nueva guarida. Y allí se queja amargamente de la desconsideración de los amigos en cuyo piso vive sin pagar un céntimo, que, sabiendo que a él le gusta escribir en el salón, son lo bastante groseros para poner en marcha el televisor (que no puede estar en ninguna otra parte).

Mario se lamenta por muchas cosas, por extraños agravios. «¿Puedes creer que mi única hermana, que me ha hecho de madre y sabía cuánto la necesito, tuvo el valor de adoptar a un niño?» «Y tú, ¿cuántos años tenías?» «Treinta y ocho.» O treinta y cinco, o cuarenta, qué más da.

Mario me pide que monte una cena con personas importantes del mundo de la cultura a las que le interesa conocer. La monto. Los he citado a las nueve. A las diez Mario no ha llegado. Empezamos a cenar a las once. Mario no ha llegado. Terminamos a las doce y media. Mario no ha llegado. Se despiden a las dos. Mario no ha llegado. Me acuesto, y a las tres y media me despierta el interfono. Es Mario. Sube a mi piso, me explica que un lío de faldas, la llegada imprevista del marido, la necesidad de esperar a no sé qué, le ha impedido llegar antes. Bebe una copa de vino, come restos. Habla sin parar. Horas después se levanta y se aproxima a la ventana, ve que ha amanecido, y protesta enojado: «Vaya, he perdido la noche.»

También compartí con él una de las tres borracheras que he citado. Fuimos a cenar a un local informal, especializado en cócteles y tapas. Mario pidió una sangría, y yo iba a pedir una coca-cola, cuando al camarero se le ocurrió que, si me gustaban las bebidas dulces, intentara añadir azúcar a la sangría. Me encantó. Me serví varios vasos de la gran jarra de sangría que nos habían dejado en la mesa, con montañas de azúcar, y no fui consciente de que había bebido mucho, no advertí que estaba borracha, hasta haber pillado una curda monumental. Pero, como es normal en mí, la cabeza me seguía funcionando. De modo que informé a mi acompañante de que estaba borracha, *muy* borracha, y, a pesar de estar *muy* borracha, observé con asombro que Mario, que hablaba siempre como si hubiera crecido entre negros cocainómanos y artistas alcohólicos, en un mundo agresivo y peligroso, donde imperaba todo tipo de drogas y perversiones, se sentía ahora de repente incómodo y avergonzado porque la mujer que estaba con él había bebido demasiado. Como me reconocí incapaz de seguir su consejo y llegar sola hasta los lavabos, me dijo: «Está bien. Levántate, pues, y camina decidida hasta la puerta. Sin tambalearte ni llamar la atención. ¡Recuerda tu educación germánica!» Pensé intensamente en mis años de Colegio Alemán (porque a esto se refería seguramente la invocación a «mi educación germánica»), me levanté y, poniendo en cada paso toda la concentración de la que fui capaz, anduve erguida y sin tambaleos hasta la puerta. Era impensable que yo condujera un coche, y tuvimos que dejar el mío allí, donde al día siguiente le habrían puesto una montaña de multas, o se lo habría llevado la grúa antes de que fuéramos a recogerlo, y me arrastré como pude hasta un taxi. Gracias al Colegio Alemán resistí sin vomitar hasta llegar al jardín de casa. Trejo me metió en el ascensor, me ayudó a abrir la puerta de mi piso, susurró algo que era tal vez un «buenas noches», me empujó dentro y cerró la puerta a mis espaldas. Me derrumbé en el suelo antes de llegar a la sala. Vomité con tal violencia que las paredes quedaron cubiertas de un engrudo negro y apestoso casi hasta el techo. Mercedes, que había quedado de canguro de los niños y sabía que yo había llegado porque había dicho «buenas noches» al oírnos, no salía de su cuarto. Pensé que me iban a dejar morir allí, como castigo por haber sido una niña mala. La llamé, acudió por fin, me vio, y dijo con sorpresa: «Pero ¿estás sola? Me pareció que erais todo un grupo.» O sea que había creído que se trataba de que una caterva de borrachos había invadido la casa.

Pero la historia más insólita que viví con Mario fue la de sus papeles. Creo que todos mis amigos argentinos —eran muchos, antes de que la mitad de ellos regresaran a su tierra— habían conseguido el permiso de residencia o la doble nacionalidad antes de que él empezara los trámites habituales. Planeó mil estrategias raras, extravagantes, y en determinado momento las gestiones nos llevaron, por alguna misteriosa razón, a la comisaría de Gerona (o tal vez de Figueras, no lo recuerdo), donde un comisario, que al parecer tenía interés en conocerme, iba a resolver el dichoso trámite. El problema era llegar a la comisaría antes de que cerraran. Yo despertaba a Mario por teléfono, iba a recogerle y esperaba un montón de tiempo aparcada delante de su casa. A veces no merecía la pena intentarlo, otras llegábamos cuando acababan de cerrar, o cerraban mientras desayunábamos en la cafetería vecina, porque le había asaltado un hambre que no admitía demoras. Por fin un día hablamos con el comisario. Resultó que había escrito una novela sobre un oso, sobre la persecución de un oso, una especie de *Moby Dick*, pero sin ballena blanca, y con oso del Pirineo, oso nuestro, oso catalán. ¿Me importaría leerla? No, claro que no. La tenía en su despacho y me la dio en el acto.

Y a los pocos días había leído yo la novela —bastante larga y no mal escrita— y el policía había venido a mi casa para discutir la cuestión, y yo había puesto un rato antes varios potes de leche condensada a hervir al baño María —mi argentinismo me había hecho adicta al dulce de leche—, y lo había olvidado por completo, y estaba sentada en el sofá de la sala hablando de la caza del oso pardo y catalán del Pirineo, y considerando si los papeles de Trejo valían la publicación de una novela que a fin de cuentas no era peor que otras muchas y que tal vez encontrara compradores entre el cuerpo de policía de Gerona (o de Figueras), cuando sonó un estrépito terrible: habían estallado los potes y hasta el último rincón de la cocina rezumaba y goteaba una sustancia gomosa y pegajosa, a medio camino entre la leche condensada y el dulce de leche.

24

Reencuentro con una vieja amiga y culebrón de los Maragall

En la Universidad de Barcelona, en la especialidad de Historia, coincidí, a mi regreso de Madrid, con Mercedes Vilanova. En aquel entonces éramos poquísimos alumnos por curso; nunca llegábamos a veinte y en algunas asignaturas no pasábamos de cinco o seis, y dábamos las clases sentados en torno a una mesa.

Las clases de Vicens Vives eran formidables, sólo por ellas merecía la pena haber pasado por la universidad. Todas las noches leía un libro entero, y a veces lo comentaba al llegar. A mí me encantaban sobre todo sus sorpresas, sus salidas inesperadas, que te tenían todo el tiempo en vilo. Después de haber estudiado a fondo la figura de Napoleón —creo que por primera vez yo trabajaba a tope y con máximo placer—, entrabas en clase con la cabeza atiborrada de fechas y de datos, y Vicens Vives te hacía la primera pregunta: «¿En qué momento empezó a engordar Napoleón?» Te descolocaba y te obligaba a rebobinar y a empezar de nuevo desde una perspectiva distinta. O, después de pasar un rato intentando descubrir por qué había cambiado la actitud de los industriales y de la alta burguesía catalana, tras un encuentro con la regente, y pasar revista a todos los motivos políticos y sobre todo económicos, Vicens Vives se reía de nosotros: «Pero ¿acaso no habéis visto retratos, nadie se ha fijado en que María Cristina era muy guapa?»

Entre los alumnos destacaba Mercedes Vilanova. Ahora le digo que es un «perro verde» y me parece que entonces ya lo era. Antes de entrar en la universidad había estudiado en Estados Unidos y había dado sola, o al menos sin ningún adulto responsable, la vuelta al mundo. Pisaba muy fuerte y se atrevía a todo. A mí me pareció una temeridad que una universitaria española de veintidós años eligiera como tema de su tesis de licenciatura, que iba a dirigir Vicens Vives, «El eje Roma-Berlín durante la Segunda Guerra Mundial». Poco antes de terminar el último curso, nos notificó que se casaba, y corrió el rumor de que el novio era un científico genial que algún día ganaría el Premio Nobel. Con esto, la envidia y la antipatía que casi todos sus compañeros esgrimían contra ella se pusieron al rojo vivo. Pero los perros verdes ni siquiera se enteran de estas cosas. Mercedes tenía en el curso una gran amiga, Marulia Eguillor, que sigue siéndolo todavía hoy, y una monja del sagrado corazón, izquierdosa e inteligente, con la que siguió en contacto hasta que ésta murió.

Después de licenciarnos, dejé de ver a Mercedes. Supe que se había casado, había tenido dos hijos, habían pasado un tiempo en Israel, en América. Apareció en mi casa con un amigo cuando presentamos *El nombre de la rosa*, nos vimos en una cafetería y me contó que se había separado. Y volvieron a pasar un montón de años. Hasta que recibí una carta en la que se me convocaba a una reunión de los compañeros de curso que habíamos iniciado juntos, *cincuenta años atrás*, la especialidad de Historia. El almuerzo fue más bien lamentable, pero a partir de ahí se estableció la costumbre de que Mercedes, Marulia y yo comiéramos juntas una vez al mes.

En uno de estos almuerzos salió el tema de la enfermedad de Pasqual Maragall, que él mismo acababa de notificar a los medios de comunicación, y Mercedes nos habló de su gran y vieja amistad con la familia, de lo bien que les conocía y de lo cerca que, sin ostentar ningún cargo, había asistido a los acontecimientos políticos de los últimos años. Había mantenido una relación estrecha y extremadamente importante para ella con Basi, la madre, por la que sentía una veneración que me parecía en algunos momentos desmesurada. Nos contó también que todos los años un grupo de amigos se reunían la tarde del día de Navidad en casa de los Maragall-Garrigosa, y que en el 2007 Pasqual anunció que había encontrado el diario de su madre y que la protagonista era Mercedes. Después había ido a buscarlo y había leído un fragmento, donde Basi afirmaba, entre otras cosas, que conversar con Mercedes la ayudaba a ahondar, le daba una imagen que era el apoyo necesario para reanudar el hilo de su vida, que era algo casi milagroso.

Lo que contaba Mercedes me pareció muy interesante y le dije que tenía que escribirlo. Consintió en hacerlo, si participaba yo como autora. Me resistí bastante, porque el tema caía lejos de mis intereses, porque siempre me había limitado —salvo en los artículos de prensa— a la literatura de ficción, y porque mis conocimientos de la política inmediata eran ridículamente escasos. Por otra parte ella, autoridad mundial en el campo de la historia oral (fundadora en 1989 de la revista *His-*

toria, Antropología y Fuentes Orales, presidenta y fundadora en 1996 de la International Association of Oral History y auténtica maestra en el arte de la entrevista) no me necesitaba para nada. Pero insistió mucho y la idea me divertía, de modo que terminé cediendo y firmamos un contrato con Ediciones B.

Mercedes lo habló con Pasqual, él estuvo de acuerdo y empezamos, en su despacho de ex presidente en la Diagonal, donde todos le llamaban *president* (supongo que era una norma establecida, pero a mí me daba apuro y rehuí todo tipo de tratamiento), una extensa serie de entrevistas. Desde el primer momento supo que estábamos recogiendo material para utilizarlo en un libro, en una biografía que pondría especial interés en el factor humano, y durante las sesiones fue absolutamente consciente de que todas las palabras que allí se pronunciaban quedaban grabadas. Pasqual estuvo cariñoso, encantador. Nos hacía traer una coca-cola, un café, estaba pendiente de que nos sintiéramos cómodas. Contestaba con espontaneidad a las preguntas de Mercedes (yo intervenía muy poco), no a todas, pero a casi todas.

Después empezamos las entrevistas con Diana, en el domicilio particular de la calle Brusi, en la casa de pisos construida donde antes estaba el jardín de la «casa grande». Varios miembros de la familia seguían viviendo allí.

También Diana sabía que todo se grababa y que era para una biografía de su marido. Estuvo tan encantadora, o más, que Pasqual. Contestaba con desenfado a las preguntas; se extendía sobre las cuestiones familiares (a veces nos advertía «eso queda entre nosotras, ¿eh?, no es para que lo publiquéis», y lo respetamos siempre; es más, hay un montón de anécdotas que figuran en las cintas y que autocensuramos Mercedes y yo); nos facilitaba los datos que pedíamos (muchos de ellos relativos a temas que después se consideraron prohibidos); puso a nuestra disposición álbumes de fotos, carpetas llenas de dibujos, textos familiares, sobre todo de Basi. Dicen la verdad cuando aseguran que fueron amables y generosos con nosotras, que nos abrieron las puertas de su casa, que nos otorgaron su confianza. Pero es imposible que crean de verdad que nuestra intención era abusar de esta confianza, traicionarles, hacerles daño. Nuestra biografía pretendía ser —y creo es— abiertamente favorable a Maragall, está escrita, como dice Ricardo García Cárcel, «desde la simpatía».

Yo no conocía personalmente al matrimonio Maragall-Garrigosa, pero me cayeron muy bien los dos y hasta pensé que con Diana podía llegar a establecerse una amistad. El texto que luego salió en *El País,* «Epílogo triste», donde hablo de las entrevistas, no fue escrito para darlo a la prensa, sino para Diana. Digo: «Ha quedado [está escrito en tercera persona, pero la voz de la narradora es, inequívocamente, la mía] fascinada. Se diría que se ha producido un *feeling* instantáneo. Tan encantadora, tan simpática, tan directa, tan *suya*, le ha parecido la dueña de la casa, le hace tanta gracia el modo en que cuenta las cosas, la naturalidad desenfadada con que responde a las preguntas, las expresiones que usa, que le sugiere a su compañera que sus funciones de *escriba* son innecesarias, y que podrían limitarse a transcribir las entrevistas y publicarlas tal cual.»

Allí, en su casa, colocamos una tarde las fotos sobre una mesa, decidimos entre las dos cuáles usábamos y cuáles no, acordamos con qué criterio ordenarlas y fue Diana quien redactó los pies más personales, más incisivos, más graciosos. Y, sin embargo, meses más tarde, exactamente el 2 de octubre, me reclama en un e-mail —supongo que por consejo del abogado, para utilizarlo si se llega a un juicio— las fotos y me pregunta: «¿Cuándo quedamos para decidir cuáles saldrán en el libro?», como si nunca las hubiéramos mirado juntas, como si no supiera que el libro está terminado y que en la rueda de prensa, fijada para el 10, se había comprometido Pasqual a participar. En un e-mail del 20 de septiembre me había escrito Diana: «Me alegra que ya esté fijada la fecha. ¿Te parece bien que me ponga el salakof y la chaqueta safari?» Obviamente, entre el 20 de septiembre y el 2 de octubre la situación había dado un vuelco considerable...

El conflicto había surgido para nosotros —para Mercedes, para mí y para Ediciones B— cuando en pleno agosto, en mitad de las vacaciones, apareció en la prensa la noticia de que el 20 de noviembre una de las empresas de RBA ponía a la venta la autobiografía de Maragall. Y creo que lo había provocado el propio Maragall, al permitir y propiciar que se hicieran al mismo tiempo ambos libros, escribiendo uno de los dos y colaborando activamente en el otro. Si tenía un contrato con RBA, donde se comprometía a redactar para ellos sus memorias, no podía alentarnos a nosotras a que escribiéramos, con datos que él mismo y su mujer nos suministraban, un proyecto similar. De habérnoslo advertido el primer día, Mercedes y yo habríamos renunciado a la idea, o la hubiéramos modificado, escribiendo, por ejemplo, la historia de las tres mujeres Maragall. Ricardo García Cárcel, cuya crítica en *ABC* citaré más adelante, opina: «El mayor interés radica en el análisis del papel de las mujeres en la saga Maragall: la abuela, Clara Noble, de madre andaluza y padre inglés, la madre, Basilisa Mira, y la esposa, Diana Garrigosa.»

Sabíamos que Pasqual estaba escribiendo sus memorias, porque a veces el propio Pasqual o Diana se referían a ellas, y porque las citaba Jordi Mercader en la carta que escribió a Mercedes Vilanova proponiendo que RBA editara también nuestro libro (cosa imposible, porque ya estaba contratado de antemano), pero siempre creímos que era un proyecto a largo plazo (la propia Diana se lamentó alguna vez de que Pasqual no estaba por la labor y de que el libro no avanzaba).

El culebrón de los Maragall (y nuestro) se desarrolla en dos ámbitos muy distintos, aunque se interfieren. Uno es el que acabo de exponer: el conflicto de dos editoriales que van a sacar dos libros similares, competitivos, y que luchan, si no pueden evitar que se edite el otro, por sacar el suyo antes. Es un problema comercial, bastante frecuente, y, aunque intervengan otros factores, se trata básicamente de dinero. Creo que la actitud de RBA, de la que tengo pocos datos, es, no sólo comprensible, sino correcta.

Que las memorias salieran el 20 de noviembre nos pilló de sorpresa. Nos reunimos las autoras con nuestro editor, y acordamos ponernos frenéticamente al trabajo y sacar nuestra biografía en octubre. Ahora bien, esto era absolutamente imposible si antes de imprimir enviábamos el texto a los Maragall, que tenían un compromiso con RBA, para que lo revisaran. La ley no lo prescribía, y nada nos obligaba a ello, porque no se había hablado de esta cuestión ni una sola vez, pero, en circunstancias normales, sin esas prisas desenfrenadas, lo habríamos hecho, convencidas (¿acaso no he escrito yo, sobre mi propia familia, cosas mucho más graves, convencida de que es preferible construir sobre la verdad que sostener a toda costa una respetabilidad hecha de silencios y ocultaciones?) por otra parte de que no iban a proponer apenas cambios.

¿Qué ocurrió entre el 20 de septiembre y el 2 de octubre? Pues que una noche recibí una llamada enfurecida de Diana. Lo peor es que empezó mal, empezó increpándome por algo que era falso, que las dos sabíamos que era falso: «¡Tú te habías comprometido con nosotros a que vuestro libro no saldría hasta después de las memorias!» Yo, ni me había comprometido a nada ni había hablado tan siquiera del tema. Después se quejó de no haberlo leído antes y aseguró que una de sus sobrinas la había telefoneado para avisarla de que el libro salía ya y de que contenía cosas terribles sobre los Maragall.

Aquí entramos en el segundo aspecto del conflicto. La familia Maragall se sentía profundamente ofendida por lo que contábamos de ella. Y todo, absolutamente todo, era cierto, figuraba en las cintas o en los diarios y cartas de los padres de Pasqual. No podían querellarse sobre el material grabado, pero no teníamos constancia escrita de que el material que nos habían prestado fuera para que lo incluyéramos en el libro. Se suponía —supusimos nosotras— que nos lo habían dado para que lo utilizáramos, pero carecíamos de una autorización formal, de un documento escrito.

Nos llegó una carta, un bono-fax —firmado por Ernest Maragall, hermano de Pasqual y conseller de Ensenyament, por Marta Lorés i Maragall, sobrina de Pasqual, y por Airy Maragall, su hija, donde en nombre de toda la familia se dice entre otras lindezas: «Estamos muy dolidos... El libro insiste en algunas de las faltas de respeto que ya hemos sufrido en otras ocasiones en relación con la muerte de nuestro hermano Pau, desaparecido en circunstancias muy dolorosas para la familia. No queremos teñir su recuerdo con la falta de ternura con que está descrito su final. [En este punto, lo mismo Mercedes que yo tenemos especial interés en señalar que escribimos *con máximo respeto y ternura* lo que contaron los entrevistados —que es, por otra parte, del dominio público— y de haberlo hecho con toda la delicadeza compatible con no tergiversar la verdad ni caer en sensiblerías.] ... Que todos sepan que la familia Maragall i Mira está dolida por las razones siguientes: se ha tergiversado la verdad, se ha olvidado el rigor y hemos perdido por el camino una amistad de años con las autoras [el plural es erróneo: yo nunca fui amiga de los Maragall, ni siquiera les conocía personalmente, y en vista de lo ocurrido me pregunto hasta qué punto, pese a la larga y estrecha amistad que les unía, les conocía Mercedes], sin la cual el abuso de confianza no hubiera podido tener lugar. Nos reservamos las acciones judiciales que nuestros asesores nos aconsejen, pero no haremos nada que pueda aumentar todavía las expectativas de este *producto editorial de pésima calidad,* pese a la *excelsitud* (?) de algunas de las piezas literarias extraídas de los diarios privados de nuestros padres.» Las frases entre corchetes, las cursivas y el interrogante entre paréntesis son míos. Cuantos la conocieron coinciden en que Basi era maravillosa, pero calificar sus disquisiciones de «excelsas», como si de Teresa de Ávila se tratara, me parece un poco excesivo.

Se había llevado a cabo una primera edición, tengo entendido que de diez mil ejemplares, y uno se había enviado urgentemente a *El País*, para que pusieran en marcha la prepublicación que habíamos acordado, y que suspendieron al estallar el conflicto. Llegar a este periódico supone llegar a los medios, o sea a toda la gente de la profesión, y el tema tenía suficiente interés, o suficiente morbo, para ser expuesto y debatido en los medios de comunicación. Pero, para mi sorpresa, a nadie —excepto Arcadi Espada— parecía interesarle lo ocurrido. Silencio total. Incluso en la prensa de Cataluña. Creo que esto fue, en una historia en sí rocambolesca y siniestra, lo que más me impresionó. Tenía, pues, razón Carlos Barral, cuando afirmaba que había en Barcelona doscientas familias intocables. Y una de ellas eran los Maragall. Di gracias a los cielos por no pertenecer a una de estas doscientas familias, por pertenecer a una familia de la que podía decirse todo, de la que yo misma había dicho mucho; di gracias a los cielos por ser una vieja irrespetuosa, más adicta a la verdad que a la respetabilidad, que aspiraba a ingresar en el clan de viejas damas indignas, pero que no caería jamás en cierto tipo de indignidad.

Hablé con Lluís Bassets, que estaba en Nueva York, asistiendo a las elecciones, y por fin apareció el culebrón en *El País*, con las declaraciones de las dos partes enfrentadas. Que yo sepa, Bassets y Arcadi fueron los únicos que dieron la cara e informaron sobre un tema que parecía tabú. Y sólo se me llamó para un programa de televisión, y es muy de agradecer que me dieran oportunidad de dirigirme al gran público, pero, cuando insistieron en si era cierto que yo había prometido que nuestro libro no saldría antes que el de RBA, tuve que protestar que era la tercera vez que me lo preguntaban, y la tercera vez que respondía que no. A ellos correspondía decidir a quién creían.

Entretanto seguían las negociaciones entre RBA, Ediciones B y la familia Maragall. Con amenazas, agresiones, calumnias (un personaje que ocupa un cargo importante y merece credibilidad, aseguró que Mercedes Vilanova se había largado a Nueva York para escapar a la quema, que iba, qué disparate, a traicionarnos, a desmarcarse hasta donde le fuera posible), llamadas a Mercedes de amigos comunes defendiendo a Maragall, reuniones durísimas, intervenciones políticas, interminables llamadas telefónicas a Madrid, constantes cambios de actitud. Finalmente nuestros editores, o los que mandaban sobre nuestros editores, decidieron ceder. No sé cuáles fueron los términos del acuerdo. El hecho era que nuestro libro salía antes, pero se destruían los diez mil ejemplares que había en el almacén, y el texto sería «revisado» por la familia Maragall.

Por un lado suprimieron todo, absolutamente todo lo que hubiéramos podido contar con nuestras propias palabras pero nos había parecido mejor, más interesante para el lector, poner en boca de Jordi y Basi, y, al suprimir estos largos textos entrecomillados sin tener tiempo para sustituirlos por otros, algunos capítulos quedan inconexos y obviamente incompletos. Por otro, aplicaron una censura moral sorprendente en gente liberal y de izquierdas, sorprendente en realidad para cualquier persona sensata de nuestro tiempo. Caso de que hubiera intervenido en ella el conseller de Ensenyament de un gobierno socialista, la cosa tendría su miga.

Pienso ahora que Mercedes Vilanova y yo no hubiéramos debido ceder. Nos ganaron la partida por agotamiento y porque al final todos los implicados estaban de acuerdo, menos las dos autoras y Ana María Moix. Fue una derrota en toda regla, pero en cierto modo aleccionadora. Y prefiero, sin la menor duda, haber perdido la batalla que figurar entre los vencedores. La lección terminó cuando, al proponer a un editor independiente el libro sobre las tres mujeres Maragall, representativas del papel desempeñado por las mujeres de la burguesía catalana a lo largo de tres generaciones, respondió que sí le podía interesar, pero que antes de que se publicara tendrían que leerlo los Maragall. ¡Vaya si hay familias intocables en esta ciudad, y quizás en todas las ciudades del mundo!

Quiero terminar este capítulo citando la parte final de la crítica que publicó de nuestro libro, en un *ABC* relativamente reciente, o sea muy posterior a la salida del libro, Ricardo García Cárcel:

> El libro ha suscitado ruido mediático por la presunta censura impuesta por la familia al texto original. Cuesta, desde luego, creer que las alusiones de la versión original a las simpatías con las que Jordi Maragall, el padre de Pascual, acogiera la entrada de las tropas franquistas en Barcelona merezcan un expurgo, para salvar la inmaculada arqueología democrática de la familia, como si, a estas alturas, no conociéramos las implicaciones de la burguesía catalana en la Guerra Civil y en el franquismo, que no restan méritos a la lucha antifranquista de los cachorros de esa burguesía.
>
> Posiblemente, el libro no ha sido grato a los Maragall porque humanizaba demasiado a los hombres y mujeres de la familia (la pasión por las mujeres de Jordi, el padre, los problemas de enfermedades mentales de los hermanos...), desactivando, no sé si consciente o inconscientemente, el perfil mesiánico de la historia oficial de Maragall.
>
> En la batalla entre el hombre y el político, siempre queda mejor el hombre, con sus circunstancias, que el político. Y eso, teniendo en cuenta la insaciabilidad hagiográfica de la clase política en nuestro país, acaba convirtiendo esta biografía en un producto políticamente incorrecto.

25

Sonata de invierno

A mis cuarenta y tantos años, dejé de vivir historias y empezaron a sucederme simplemente cosas. No se trataba de que a mis cuarenta y tantos años me considerara acabada para las lides amorosas, ni de que me invadiera el temor de no poder ya gustar. Era algo más hondo y más íntimo, que se revelaría irreversible. A los cuarenta y tantos años fue surgiendo en torno a mí un velo cada vez más tupido, aunque difícil de detectar, que atenuaba los colores de cuanto me rodeaba, que mermaba mi capacidad de entusiasmo, de bajar la guardia —¿no habíamos pagado los dos, Esteban y yo, un precio tan elevado por hacerlo?—, de entregarme por entero a nadie ni a nada, de —y me había tenido por la más enamoradiza de las criaturas— volver a enamorarme *perdidamente*. Dejé de literaturizar tanto mi vida y las ajenas, de arroparla en rasgos folletinescos, de verme como una heroína romántica que vivía historias excepcionales, dejé de tomarme tan en serio a mí misma, y de considerarme el centro, no ya del mundo ancho y ajeno, sino de mi diminuto mundo, entre otras razones porque el centro de mi diminuto mundo habían pasado a ocuparlo para siempre mis hijos.

Escribí esto hace nueve años y estaba convencida de que era así. De que iba a ser así para siempre. Y, en efecto, desde mis cuarenta y tantos años hasta que escribí el texto citado, durante dos décadas, no hubo enamoramientos, ni grandes pasiones en mi vida. El mundo había perdido color. Recuerdo, es cierto, momentos fulgurantes, de mágica belleza, casi todos asociados a viajes, como la llegada —en compañía de Enrique Ortenbach, uno de mis amigos más queridos, muerto, al igual que José Orries, Gabriel Ferrater, Oski, Andrés Bosch, el propio Esteban, antes de lo previsible y esperado— en falúa a un templo medio sumergido en el Nilo, mientras el sol poniente lo manchaba todo de rojo y un viejo tocaba la flauta sentado en la escalinata; o el balcón de nuestra habitación del hotel de Atenas, desde el que veíamos a lo lejos, con mis hijos y con Enric, mi primer yerno, el Partenón, mientras tomábamos el desayuno; o Irek Mukhamedov, bailando lo que fuera, pero sobre todo *Espartaco*; o una comida en la terraza del Dramaten, antes de entrar a ver un Shakespeare o un Ibsen dirigido por Bergman; o los minutos de espera ante las puertas del Emporio Armani de Nueva York, a punto de que abrieran para las rebajas de Fin de Año; o, en general, las disparatadas compras con Milena, pasándonos de todos los presupuestos —el placer radica para mí a menudo en el exceso por el exceso— y cargadas con tantos paquetes que ni podíamos con ellos y se reían al vernos emerger con dificultad del taxi los conserjes del hotel...

Y, sin embargo, hace nueve años yo estaba equivocada. En primer lugar, ya no creo que los hijos deban ser para sus madres el centro del mundo. Supone echarles a ellos encima una carga excesiva. Para que su vida les pertenezca de verdad, he descubierto con el paso del tiempo, nuestra vida tiene que ser nuestra. La vida, como la muerte, es intransferible. Los hijos han sido una experiencia más importante de lo que suponía cuando decidí —y fue una de mis decisiones más acertadas— tenerlos, pero también más complejas y difíciles de llevar adelante. Sabiendo cómo habían sido las relaciones con mi propia madre, tenía motivos para sospecharlo. Lo que no sospeché es que quizás no iba a hacerlo mejor que ella. No sospeché que con mis dos hijos, Néstor y Milena —tan distintos entre sí como Oscar y yo—, iban a ser las relaciones tan duras y difíciles, y que, precisamente por asignarles máxima importancia, íbamos a darles tantas vueltas, a ser tan críticos, tan exigentes, casi imposibles de satisfacer.

A veces pienso que fui un coñazo como hija y que debe de ser una pesadez tenerme como madre. A veces pienso que tanto yo como Néstor y Milena habríamos preferido una madre de película italiana, sin dobleces ni complicaciones, un poco tontorrona quizás, pero protectora, besucona, incondicional, convencida de que éramos maravillosos, los mejores hijos del mundo, una madre que nos diera siempre la razón —ante nuestro padre, ante los maestros, ante los amigos—, que no nos juzgara jamás. Pero hay lo que hay y somos lo que somos. Seguramente no hemos podido o no hemos sabido hacerlo mejor. Queda el consuelo de que las relaciones entre nosotros no han sido banales, y de que ha habido, incluso en los peores momentos, mucho amor.

En cualquier caso, había decidido que las historias de

mis hijos sólo se tratarían aquí tangencialmente, en lo que hiciera referencia a mí, y que el tema quedaba aplazado —junto al siniestro descubrimiento de la vejez y la deliciosa sorpresa de ser abuela— para otra ocasión, para otros libros. Caso de que me dé tiempo y me apetezca escribirlos.

Donde me equivoqué de lleno fue al afirmar que no habría para mí más historias de amor, que no volvería a estar nunca *perdidamente* enamorada. Ignoraba hasta qué punto la vida es impredecible, y hasta qué punto puede ser a veces generosa. Desde los cuarenta y tantos años hasta los sesenta y tantos, a lo largo de casi dos décadas, no me interesé seriamente por nadie, sin que ello me provocara sensación de vacío ni asomo de nostalgia. Si hubo algún ligue ocasional, fue tan intrascendente que ni acierto a recordarlo. Y entonces, a los sesenta y muchos años, cuando sexo y amor estaban totalmente descartados, borrados, ocurrió algo imprevisible: volví a enamorarme.

Ni lo esperaba, ni lo buscaba, ni lo propicié. Sencillamente, sucedió.

El amor te atrapa como si fuera un virus, una enfermedad, contra la que estás indefensa, aunque te creyeras inmunizada, y termina cuando muere, sin que tú hayas podido intervenir apenas en nada. Para mí fue un milagro. Casi no me atrevía a creer en tan enorme suerte, en tan profunda felicidad. Tal vez, de haber sido yo una anciana (o una casi anciana) venerable y respetuosa, lo hubiera vivido, si no con vergüenza o sentimientos de culpa, al menos con cierto temor al ridículo, pero afortunadamente había emprendido ya el camino que me llevaría a convertirme en vieja dama indigna. Aunque se trata, y habría debido aclararlo en las primeras páginas en lugar de dejarlo para el final, de una falta de dignidad muy especial, y de las definiciones que encuentro en el diccionario sólo me vale una: «acción [considerada] reprobable, impropia de las circunstancias del sujeto que la ejecuta», y vale a medias, porque la palabra entre corchetes es mía. Pero, valga o no valga, la he utilizado porque me gusta.

Viví, pues, mi amor con una alegría y un descaro totales. Sólo mis hijos habrían podido ensombrecer mi felicidad, y no lo hicieron en absoluto. Es curioso, sin embargo, que Milena, cuando mi historia de amor había apenas comenzado, cuando no existía todavía propiamente historia, me dijera de sopetón en Londres, mientras compartíamos en un restaurante encantador una exquisita cena china: «Pero, por favor, no te cases.» Tan bruja como mi madre, adivinaba aquello que todavía no existía. Yo había conocido a Teo en un club de bridge, creo que no nos habíamos visto todavía nunca en otro lugar, él ni siquiera había permitido que le acompañara en coche a su casa. Lo único que Milena podía saber, y lo sabía con una certeza total, aunque se tratara de algo tan inusual en mí y tan inesperado, era que su madre estaba enamorada. Y lo único que quería evitar era que me lanzara de cabeza a compromisos serios y de consecuencias imprevisibles.

A mí casarme no se me habría ocurrido jamás, pero me había enamorado como en cualquier otro momento de mi vida. Descubrí, pues, que esa deliciosa y terrible enfermedad que llamamos amor es, si la contraemos, igual en la vejez que en cualquier otra edad. Por parte de él, sólo había una frase. «Eres lo mejor que me ha ocurrido en los últimos veinte años», me había dicho mientras, en un descanso, pedía la quinta cerveza de la tarde.

Por mi parte, había sido amor instantáneo, amor a primera vista. Qué raro es esto, ves a un ser de tu misma especie, en este caso del sexo contrario, un ser del que no sabes nada, le das la mano, cruzas con él dos palabras sin trascendencia alguna, y le amas. Luego enseguida, te precipitas a descubrirle o a inventarle. Olvidas que en el primer momento le has amado por factores exclusivamente físicos, dado que no habían aparecido otros; no tienes presente que, si se trata de amor a primera vista, le has elegido, o te ha elegido, como se eligen los animales antes de aparearse, siguiendo normas dictadas por la naturaleza. Y esto a los humanos, a una inmensa mayoría de humanos, no les gusta nada, aunque no me parece a mí el peor modo de elegir compañero, porque las normas de la naturaleza son simples y poco racionales, pero certeras.

He reflexionado sobre eso porque mi amor por Teo, contra lo que todos suponían, contra lo que todos daban por sentado —y, esto es peor, contra lo que los prejuicios del propio Teo le impedían entender—, no nacía de la compasión, ni de mis deseos de ayudarle, de compensar la mala suerte que había tenido en la vida, ni siquiera de un intento de escapar juntos a la soledad, aunque también yo consideré estas posibilidades mucho más razonables y creíbles que la verdad. Mi amor por Teo (como todos los amores a primera vista) dependía de factores físicos. Yo había amado a hombres muy atractivos, a hombres guapos, a hombres feos, a hombres de físico anodino, pero nunca pensé enamorarme de un hombre que llevaba la muerte encima.

Hubo una primera etapa en la que, a pesar de su gravísima enfermedad (hablé a solas con los médicos y opinaron que, con un enfisema muy avanzado y un estado general frágil, viviría, suponiendo que dejara de fumar, dos años; «por cinco, ya firmaría», dijo uno de ellos, y vivió siete, sin dejar nunca de beber ni de fumar) y la reciente muerte de su hija, fue bastante feliz. Y yo, incluso bajo la carga de la ansiedad y el miedo, lo era enormemente. Le llevé a cuanta zarzuela daban en la ciudad, vi las películas en versión doblada, hice de chófer en todo momento disponible, e incluso asistí a primeras comuniones y festejos familiares (cosa que no había hecho nunca por nadie). Hice muchas cosas que no había hecho nunca por nadie. Porque le amaba, porque quería compensar un poco lo mal que se había comportado con él la vida o la fortuna en los últimos años, porque me daba placer y porque tiendo a malcriarlos a todos, maridos, hijos, perros, amigos y amantes. Y ocurrió lo que ocurre siempre, que, si en los primeros días le parecía un milagro que yo le quisiera y me consideraba una diosa y no entendía qué había podido hacer que me fijara en él y hasta me compraba flores y me escribía poemas de amor (en uno de ellos aparece la expresión «amor invernal»), luego se habituó y todo cuanto yo hacía le parecía natural, o le parecía a veces poco, o le parecía exagerado.

Él mismo reconocía su machismo, se disculpaba por él, lo achacaba a la educación que los hombres de su generación habían recibido, lo cual deterioraba mucho nuestra relación, porque yo estaba dispuesta a interpretar el papel de geisha, pero sólo a veces y cuando me apetecía, y a él no le importaba mucho que yo fuera más o menos sometida —creo que en el fondo le gustaba así—, pero no podía soportar —y cuando su enfermedad se agravó hasta el punto de impedirle ir al club a dar sus clases se hizo inevitable— depender económicamente de mí, o sea de una mujer, de su mujer, cuando durante años había ganado dinero, había ayudado a sus hermanos, había accedido a una clase social superior. Ni podía soportar no estar en la cama al nivel que juzgaba obligado.

Era inútil tratar de convencerle de que el dinero no importaba, de que yo no tenía siquiera sentido de la propiedad, de que no me suponía ningún problema dar ni recibir, y todavía era más imposible hacerle entender que me encantaba hacer el amor con él, que seguramente me daba mayor placer ahora que el que me hubiera dado con las atléticas proezas de sus veinte años.

Por fin me lo traje a casa, porque sin trabajar no podía pagar el alquiler y porque estaba cada vez peor y, dado que iba a hacerme cargo de él hasta el final, era más cómodo tenerle cerca.

Mi enamoramiento había llegado a su fecha de caducidad. Discutíamos sin parar. Los dos nos quejábamos de que el otro nos trataba mal. Nos peleábamos y jugábamos al remigio. Y algunas veces, a media noche, yo me deslizaba en su cama, donde siempre tenía mi rincón, para estar cerca de él. Porque lo extraño, lo incomprensible, era que me seguía gustando su cuerpo, que era el único hombre al que me apetecía acariciar.

Nunca había amado a un hombre tan distinto a mí, con el que coincidiera menos en todo, y no dejaba de preguntarme el porqué. De todos los protagonistas de las historias que aquí he contado, o medio contado, habría podido dar una larga explicación de las cualidades o de los defectos que me llevaban a amarles, todos habían sido en cierto modo animales de mi mismo pelaje, hijos de una misma cultura, fieles a unos mitos parecidos, todos veíamos las películas en versión original, a ninguno se le hubiera ocurrido escuchar a Aznavour en castellano, ni ser en fútbol partidario del Español.

No lo entendía. Hasta que un día me di cuenta de que le llamaba Esteban y de que no era la primera vez que sucedía. Hice lo posible por controlarlo, sobre todo delante de mis hijos, que podían sentirse molestos, pero el nombre de Esteban me venía una y otra vez a los labios. Eran dos hombres de personalidad absolutamente distinta, ni el más remoto parecido... Salvo en lo físico. Altos y flacos, la misma piel suave, que no sudaba jamás, el mismo tacto, las mismas manos, el mismo olor...

Creí saber por fin la razón de que me hubiera enamorado de Teo. Como en algunos cuentos de Poe, el hombre al que más había amado había vuelto a mí, o por lo menos una sombra de él, en la que iba a ser, esta vez sí, esta vez no me cabía duda, la última historia de amor de mi vida. En cierto modo el círculo se había cerrado, y tal vez ahora, próximo el final, consiguiera ingresar en el dignísimo círculo de viejas damas indignas.

Índice onomástico

Índice